U0744399

新时代高等院校新闻传播学系列教材

新闻评论教程

XINWEN PINGLUN JIAOCHENG

田秋生　编著

暨南大学出版社
JINAN UNIVERSITY PRESS
中国·广州

图书在版编目（CIP）数据
新闻评论教程 / 田秋生编著. -- 广州 : 暨南大学出版社, 2024. 11. -- (新时代高等院校新闻传播学系列教材). -- ISBN 978-7-5668-4010-3
Ⅰ. G210
中国国家版本馆 CIP 数据核字第 20241VB400 号

新闻评论教程
XINWEN PINGLUN JIAOCHENG
编著者：田秋生

出 版 人：阳　翼
责任编辑：刘　蓓
责任校对：孙劭贤
责任印制：周一丹　郑玉婷

出版发行：暨南大学出版社（511434）
电　　话：总编室（8620）31105261
　　　　　营销部（8620）37331682　37331689
传　　真：（8620）31105289（办公室）　37331684（营销部）
网　　址：http：//www. jnupress. com
排　　版：广州市新晨文化发展有限公司
印　　刷：广东广州日报传媒股份有限公司印务分公司
开　　本：787mm×1092mm　1/16
印　　张：14. 25
字　　数：262 千
版　　次：2024 年 11 月第 1 版
印　　次：2024 年 11 月第 1 次
定　　价：58. 00 元

目　录

CONTENTS

第一章

新闻评论概说

第一节　新闻评论的定义与分类

什么是新闻评论？笔者认为，新闻评论是大众传播工具上所发表的针对受众关心的新近发生的事件或社会现象，进行分析与解释、阐明观点与立场的新闻文体。

第一，新闻评论是一种新闻文体；第二，新闻评论的传播渠道是大众传播工具；第三，新闻评论的对象可以是新近发生、发现，为受众关心的事件或现象；第四，新闻评论的目的是阐明意见和观点。

在明确新闻评论的定义后，再来看新闻评论的分类。如何为新闻评论分类呢？我们可以从传播渠道、评论主体、评论对象三个不同的角度来分类。

按照传播渠道的不同，可分为报纸新闻评论、广播新闻评论、电视新闻评论、网络新闻评论。不同的传播渠道，使新闻评论呈现出不同的文本和传播特征。其中，报纸新闻评论又可分为社论、评论员文章、短评、编后语、专栏评论、述评、杂文等。

按照评论主体的不同，可分为媒体评论、专业人士评论、普通受众评论。所谓媒体评论，是指媒体自身的新闻工作者所撰写的新闻评论，代表媒体自身的立场和观点；所谓专业人士评论，是指媒体外部的专家学者等所撰写的评论，此类评论多为受媒体所约而作；所谓普通受众评论，是指一般的读者、听众、观众、网民自发发表的评论。

按照评论对象的不同，可分为事件性新闻评论和非事件性新闻评论。所谓事件性新闻评论，是指针对一个广受关注的新闻事件所发表的评论。所谓非事件性新闻评论，是指针对一种普遍存在且广受关注的社会现象所发表的评论。

第二节　新闻评论的特点

新闻评论作为一种新闻文体，与别的文体有何不同？具有哪些内在的规定呢？这是我们本节要探讨的问题。

一、新闻报道与新闻评论：事实信息与意见信息

事物的特点是通过与其他事物的比较而显现出来的。作为一种新闻文体，新闻评论是与新闻报道紧密结合在一起的，但二者又有着明显的区别，下面我们就通过二者的比较来寻找新闻评论的特点。

2024年5月19日，新华社推出报道，披露了胖猫跳江事件的最新进展，引起了广泛的关注，5月20日，“新京报评论”微信公众号针对此事发表了评论。

下面就是这一新闻报道和新闻评论的原文：

重庆警方通报“胖猫”跳江事件调查情况

周文冲

5月19日晚，重庆市公安局南岸区分局发布“胖猫”跳江事件调查情况。

根据警情通报，谭某（女，27岁，重庆石柱人）和刘甲（男，21岁，网名“胖猫”，湖南临武人，下文以“胖猫”代称）以真实身份交往两年多，互见亲友，并在一定范围公开双方恋爱关系，经济上互有往来，共同攒钱谋划未来生活，双方存在真实恋爱关系，谭某未实施虚构事实或隐瞒真相、以恋爱为名骗取“胖猫”财物的行为，不构成诈骗犯罪。

5月11日，重庆市公安局南岸区分局对刘乙（女，28岁，湖南临武人，“胖猫”姐姐，下文以“刘某”代称）报案称谭某诈骗其弟“胖猫”钱财依法作出不予立案决定，刘某对不予立案决定表示认可。同时，经调解，近日刘某父母与谭某已达成和解，谭某全额退还了与“胖猫”恋爱期间经济往来的差额。

警方经依法调查查明，“胖猫”跳江后，刘某翻阅“胖猫”遗留的手机后，通过抖音账号多次发布“胖猫”与谭某私聊记录、转账截图等个人隐私信息。后又在发布怀念“胖猫”信息时，采取另注册账号在评论区点评引导、邀约亲友跟评的方式，继续曝光谭某相关地址、抖音账号等信息。刘某的行为导致谭某被网民攻击辱骂，网络出现多起威胁谭某人身安全的

言论，严重影响谭某正常生活，并造成网络空间秩序混乱。调查过程中，刘某认识到自己行为的违法性并认错，警方将根据进一步的调查情况依法作出处理。

“胖猫”的去世，引发网民关注热议。重庆市公安局南岸区分局在警情通报中表示，一个鲜活生命黯然消逝，令人痛心。愿逝者安息。

（新华社　2024 年 5 月 19 日）

“胖猫”事件反思：不跟风网暴是网民基本修养

南　木

5 月 19 日晚，重庆警方发布通报，详细回应了公众关心的“胖猫”坠江身亡事件细节。警方认定，“胖猫”与谭某存在真实的恋爱关系，谭某并未以恋爱为名骗取“胖猫”财物，不构成欺骗犯罪。

围绕“胖猫”的悲剧，网络上曾出现大量未经证实的猜测。有人给谭某贴上“捞女”的标签，指责其在与“胖猫”交往期间反复进行情感勒索，甚至认为她与“胖猫”交往就是为了骗钱。更有人义愤填膺地提出，谭某要对“胖猫”之死负责。

警方在通报中条理清晰地回应了网民关切的事实。简而言之：“胖猫”与谭某互有经济往来，共同攒钱谋划未来生活。在“胖猫”跳江前，谭某明确表示拒绝“胖猫”的转账。

此前，大量网民在事实并不清楚的情况下，就在这段情感纠葛中选边站，甚至参与、助长了网络暴力。死者已矣，生者如斯，人们固然能够以各种方式表达对“胖猫”不幸逝去的同情，但没有任何理由随意伤害其他无辜当事人。

反思这起事件，首先要为此负责的是“胖猫”的姐姐刘某。警方通报显示，刘某通过社交媒体账号多次发布“胖猫”与谭某私聊记录、转账截图等个人隐私信息，还与其妹妹联系多人代写文案、讨论如何博取网民同情，“就是要让谭某被网暴”。

刘某故意引导网络舆论对谭某进行攻击辱骂，不仅严重影响谭某的正常生活，还扰乱了网络空间秩序，其行为已涉嫌违法。对此，公安机关也表示将根据进一步的调查情况依法作出处理。

这些细节再次警示人们，在参与网络发言时，哪怕自己属于被同情的一方，也不能扭曲事实、误导舆论，为了个人利益而不惜编造谎言。煽动情绪、引爆流量从来不是网络维权的正确法则，平和、全面、客观地陈述事实，才是用互联网表达个人诉求的基本前提。

如今，很多网民恐怕多少会产生某种事件“反转”的“背刺感”。“雪崩之时，没有一片雪花是无辜的。”一些网民偏听偏信一面之词，就匆匆忙忙下场参与对谭某的道德批判、人身攻击，最终酿成了网络暴力风暴。

在错综复杂的网络舆论场里，辨别真相似乎变得越来越不容易，但有一些基本原则仍然值得遵循。比如，坚持多方求证，听听事件各方的表述；学会共情，但不被情感裹挟；避免“贴标签”、非黑即白、立假想敌等逻辑谬误……

倾听“远方的哭声”，是互联网推动社会进步的题中应有之义。同时应当警惕的是，网络参与决不能“谁哭谁有理”“谁的哭声大谁更有理”，听到“哭声”以后问清背后的真相，才是参与互联网的正确姿态。

此次，重庆警方以认真调查、翔实通报回应公众疑惑，提供了一个网络信息发布的样本。这也再次提醒人们，真相不会“抢跑”，永远是分析事实、评价事实的前提。

与此同时，与网络治理息息相关的平台、媒体、MCN 等机构，也要发挥积极而负责任的作用。要严格遵循互联网信息发布的各项原则，对信息真伪尽到核实义务，对有争议的内容多一分审慎、多一点求证，不在滔天流量前迷失方向。

随着网络舆论成为公共舆论的重要组成部分，每一个互联网参与者手中都掌握着一把“双刃剑”。拿起这把剑，需要热情，需要技巧，更需要法律意识。只有人人一起努力，提升网络素养，网络信息才更加经得起推敲，网络舆论才会更加成熟。

（新京报评论　2024 年 5 月 20 日）

前者是一篇典型的动态新闻，重在以叙述的手法提供新闻事实，明确地交代了新闻的五个 W，让读者获知何时、何地、何人、何事、何因，旨在提供事件的最新动态，强调及时、准确、客观、真实。

后者则是依托新闻所发表的评论，目的在于表明作者对此事的看法。在文中，作者对这起网暴进行了反思，指出这起网暴的首要责任人是“胖猫”的姐姐刘某，是她故意引导网络舆论对谭某进行攻击。此外，大量网民在事实并不清楚的情况下，就随性地选边站，参与、助长了网络暴力。在此基础上，呼吁网民保持理性。

作为指向同一个事件的两篇文章，二者在写作目的和写作手法上形成了鲜明的对照，具体见表 1 - 1：

表 1 - 1　新闻报道与新闻评论的区别

文体	特点
新闻报道	事实、叙述、客观、真相
新闻评论	观点、议论、主观、本质

二、新闻评论的特点

通过上面的比较，笔者认为，新闻评论的特点主要表现在三个方面：新闻性、说理性和鲜明的倾向性。

（一）新闻性

作为一种新闻体裁，新闻评论无疑必须具有新闻性。新闻评论的新闻性主要体现在两个方面：一是选题的新，二是观点的新。

所谓选题的新，是从评论对象的角度来说的，从前文所给出的新闻评论的定义可以看出，新闻评论的评论对象主要有两类，一类是新近发生的新闻事件，另一类是广受关注的社会问题、社会现象。

前者如《人民日报》2024 年 5 月 21 日发表的署名钟一平的评论《“台独工作者”一纸空文卖国祸台》，就是针对台湾地区领导人赖清德前一天所发表的就职讲话而写的。后者如《中国青年报》2024 年 5 月 21 日年发表的评论《别让“女大学生直播”成为有毒的流量密码》，就是针对新近出现的一种广受关注的社会现象——越来越多打着“女大学生”旗号的直播在校园开播，当中甚至不乏一些性暗示、打擦边球、曝隐私等乱象而写的。

新闻评论的新，既要在选题上出新，把握好评论的时机，还要在观点上出新，以新颖、独到的见解吸引人。

（二）说理性

新闻评论的说理性是由其传播目的所决定的。与新闻报道提供事实信息不同，新闻评论主要是为受众提供意见性信息。如果说新闻报道主要告诉受众新近发生了什么令人关注的事件、出现了什么令人关注的现象，新闻评论就是向人们解释为什么会出现这样的事件和现象，应该如何看待它们，进而引导受众采取正确的行动。

新闻评论的说理性直接体现在其文本结构和表现手法上。

如上文已提及的《别让“女大学生直播”成为有毒的流量密码》一文，全文共八个自然段，第一段概括性地交代评论对象——大量“女大学生直播”乱象的出现，随后便对此展开评论。第二段先对大学生正常接触直播给予了肯定，随后五个自然段对此现象展开了批评：其一，这类直播可能涉嫌侵犯他人隐私权、安宁权和肖像权；其二，部分大学生因为做主播，分散了精力，影响学习，甚至有人为了流量不惜走低俗路线；其三，有些涉嫌擦边的“女大学生”主播，并非真正的女大学生，而是打着这一旗号，迎合粉丝对于年轻女性的低俗凝视。最后一段，则从如何解决问题入手，提出通过提供选修课、直播指导等形式，让学生理性认识直播。

（三）鲜明的倾向性

众所周知，真实是新闻报道的生命，新闻报道务求客观、准确。因而，客观地叙述事实是新闻报道的基本要求。当然，这并不意味着新闻报道是没有倾向的。在新闻报道中，记者与媒体的倾向主要体现在对事实的选择上，即所谓的“用事实说话”。也就是说，新闻报道的倾向通常是隐藏在事实背后、含而不露的。

与新闻报道不同，新闻评论传达的是作者对某个事实或某种现象的认识、看法，简单地说，就是一种意见。意见本身是主观的，因而与新闻报道相比，新闻评论有着鲜明的倾向性，有着强烈的主观色彩。在新闻评论中，作者从不同的角度出发，分析原因和影响，预测趋势，表明态度，将自己的观点旗帜鲜明地表达出来。

如上文已提及的《“台独工作者”一纸空文卖国祸台》一文，首先对赖清德讲话进行了直接的批评，直指这位自称“台独工作者”的人，长期干着“台独”的勾当，却打着和平的旗号，可谓无赖至极。进而严正指出，赖清德释放谋“独”挑衅信号，严重损害两岸同胞利益，将台湾推向危险境地。最后强调，实现祖国完全统一，是任何历史时期都无法阻挡的大势。该文正面阐明了赖清德讲话的危害性，进而指出了实现祖国完全统一的必然性，讲得明明白白，可谓掷地有声。

再来看 1982 年 2 月《福建日报》上发表的的一篇著名获奖新闻评论：

有些案件为什么长期处理不下去？

今天本报又公布了两个重要案件。坏人受到揭露处理，这很好。

有些问题群众看得很清楚，干部也有很多议论，问题的性质已经非常明白，但是就是处理不下去，而且长期处理不下去。为什么？

一是自己屁股有屎；

二是派性作怪；

三是软弱无能。

还有什么？也许还有其他原因，但主要是这三条。

你这个单位的问题长期处理不下去，是什么原因，算哪一条，不妨想一想。

（《福建日报》　1982 年 2 月 7 日）

短短 163 个字的评论，掷地有声，如一把锋利的手术刀，对不正常的社会现象进行了无情的解剖，将问题的原因讲得明明白白。

多数新闻评论，都将自己的主要观点直接在标题中归纳出来，然后全篇围绕这一观点进行论述，使读者一目了然。如《再也不要干“西水东调”式的蠢事了》《不许诬告》《就是要彻底否定“文革”》等均属此类，看标题即了解作者的主要思想和主要观点。

第三节　新闻评论的功能

新闻评论作为一种直接的意见表达，其功能主要是反映舆论和引导舆论。新闻媒体既是发布消息的机构，也是一个舆论场，通过新闻媒介，不同阶层、不同利益集团的代表得以发表自己对新闻事件和新闻现象的看法，在媒体上，各种意见形成交锋。从理论上来说，任何人都有同样的发言机会，但由于不同人群所处的社会地位及其掌控的社会资源不同，人们实际上获得的发言机会是不同的，在社会政治经济生活中占主导地位的集团能够充分地表达自己的意见，而掌握社会资源较少的集团则往往难以发出自己的声音，甚至沦为“沉默的大多数”。于是，占主导地位的社会集团所发出的声音往往成为主导性意见，影响着公众的看法和态度，进而影响公众的行为，从而实现舆论引导。

具体而言，新闻评论反映舆论和引导舆论的功能主要表现在以下四个方面。

一、直接发言，正面引导

任何一个国家的新闻媒体都具有意识形态的属性，在我国，新闻媒体是党和人民的喉舌，自觉接受党和政府的统一领导，严格遵循党性原则，承担着以正确的舆论引导人的责任。针对国内外发生的重大事件，党和政府经常通过新闻媒体尤其是各级党委机关报进行发言，表明立场和态度，对社会公众进行积极的正面引导。党和政府的权威性使我国的新闻媒体具有特殊的权威性，代表党和政府发言的新闻评论往往能达到立竿见影的效果。

这种正面引导是如何进行的呢？且看以下几个经典案例：

【案例一】1996 年，市场的过度投机，引发股市泡沫，中国股票市场出现罕见的暴涨行情，从 4 月 1 日至 12 月 9 日，上证综合指数涨幅达 120%，深证成分指数涨幅达 340%。这种不正常的现象引起社会各界的高度关注，12 月 16 日，《人民日报》在一版发表特约评论员文章《正确认识当前股票市场》，文章长达数千字，分为四个部分：股市因何出现暴涨；股市有涨有落；坚持“八字方针”规范证券市场；进一步抑制过度投机。文章全面分析了股市暴涨的原因及其可能造成的严重后果，并明确地提出了解决问题的“八字方针”，表明了政府坚决抑制过度投机的态度。文章发表当天便达到了立竿见影的效果，个股几乎全线跌停，到 12 月 24 日，股指持续大跌，跌幅超过 30%。

【案例二】2003 年初，广州遭遇“非典”袭击，面对突来其来的疫情，民众纷纷恐慌，出现抢购食品和药品的风潮。危机之中，作为广州市党委机关报的《广州日报》一方面通过新闻报道向读者提供真相，以平复谣言，化解危机，另一方面连续发表了一系列的评论，来引导广大市民的行为。下面是其中的一篇评论：

危急关头更显诚信魅力

何智新

随着非典型肺炎病原体的现形，该病毒引起的恐慌已经消失。然而其引发的诚信话题，似乎才刚浮出水面。

2月8日，“疫”风乍起，健民连锁药店想到的，不是乘机“捞”一把，而是首先约法三章：保证质量、不得调价、保障货源，同时要求连夜配送。经查，该连锁药店板蓝根冲剂未突破一袋8.50元的高限。与此同时，作为产量占板蓝根冲剂市场半壁江山的白云山中药厂，面对暴利诱惑，依然本着“爱心满人间”的慈爱之心，坚持采用从GAP药材基地进料，并用指纹图谱监测产品质量。

与此形成强烈反差的是，另一些不法厂商或以次充好，或哄抬物价，或囤积居奇。它们被罚是自食其果，更要命的是砸了自己的招牌。通过上述事例不难看出，经过市场经济的洗礼，大部分企业对市场风险都有了充分的认识，但还有企业未认识到道德风险的危害。目前还有不少企业在为他们暴露出的信用危机买单。

经营企业有三种境界。第一种是追逐利润，第二种是生产财富，第三种是创造价值。那么，在哪里去寻求企业的价值资源呢？诚信是也。市场经济是一种信用经济。这对一个企业如此，对一个城市亦然。2002年广州市可谓双喜临门，一是GDP突破3 000亿元，二是人均GDP超过5 000美元。经过一年一小变，三年一中变，城市面貌焕然一新。可以自豪地说，广州已具备率先基本实现社会主义现代化的先发优势。但是，也必须看到，必须在继续强化广州硬环境的同时，着力提升城市的软环境，这个软环境中最重要一环，就是在全省乃至全国范围内，率先打造信用广州、诚信广州。而打造信用广州的主力，首先是广州的企业。

（《广州日报》　2003年2月19日）

该文通过对比的手法，对健民连锁药店和白云山中药厂企业的行为进行了赞扬，对哄抬物价、囤积居奇的不法厂商进行了鞭挞，为全市的厂商树立了榜样，起到了很好的正面引导作用。

【案例三】2005 年 4 月，由于日本在历史等一系列问题上的错误态度，并不断采取伤害中华民族感情的错误行为，国内一些大中城市相继发生群众和学生自发举行的涉日游行示威活动。为了维护安定团结的政治局面，也为了中日两国关系的健康稳定发展，党和政府希望群众和学生能以大局为重，冷静理智、合法有序地表达自己的情感，自觉维护社会秩序。为此，《人民日报》4 月 23 日头版发表何振华的署名文章《构建和谐社会人人有责》，第 4 版发表钟轩理的署名文章《积极做有利于社会稳定的事情》；29 日发表评论员文章《始终牢记没有稳定的社会局面就什么事也干不成》；30 日发表评论员文章《推动中日关系健康稳定发展的根本指针》。这些文章表明了党和政府的立场，也对民众的情绪和行为进行了有力的引导，起到了很好的效果。

二、针砭时弊，舆论监督

新闻评论既要有正面引导的作用，积极倡导和鼓励正确的态度与行为，又要对社会上的丑恶现象毫不留情地揭露和批评，二者是相辅相成的。新闻媒体舆论监督的对象是全体社会成员，但主要监督对象是涉及公共事务的组织或人员的行为。舆论监督的力量来自媒体的公开性，来自其影响的广泛性，或者说来自媒体背后所站着的广大民众。

进入 21 世纪以来，中国新闻媒体的舆论监督力度不断加大，新闻评论与新闻报道互相配合，在舆论监督中发挥着越来越重要的作用。

2003 年 4 月 25 日，《南方都市报》刊发记者陈峰、王雷的长篇调查性报道《被收容者孙志刚之死》，披露刚大学毕业两年的湖北青年孙志刚因未带身份证，在广州街头被广州市公安局黄村街派出所强制收容，后被屈打致死的消息。在报道刊出的同一天，配发了孟波撰写的评论，题为《谁为一个公民的非正常死亡负责?》。

评论首先明确地指出孙志刚的死因：

> 这是一起典型的非正常死亡案例，但死亡原因十分明确。根据中山大学医学院法医鉴定中心 4 月 18 日出具的检验鉴定书可以基本判定，孙志刚系被反复击打出血致死。虽然有关部门说孙志刚死于心脏病，但法医鉴定则说，孙志刚死亡之前内脏诸多重要器官未见致死性病理变化。

随后接着追问：

> 我们目前尚无法断定孙志刚到底是在哪一个环节被打的。但是，这并不妨碍我们追问这样一个问题：谁该为一个公民的非正常死亡负责？
>
> 具体而言，有两个问题。一个是孙志刚该不该被收容？目前收容制度受到了一些质疑甚至人大代表的批评，但是，其作为一项正在实施的制度仍然具有效力。我们的有关部门在执法时必须依法办事。根据《广东省收容遣送管理规定》，拥有有效证件、固定住所和生活来源的孙志刚根本不属于收容对象。第二个问题是，即使孙志刚属于收容对象，谁有权力对他实施暴力？

在追问之后，评论更深入一层，指出我们不应过多地关注孙志刚的大学生身份，而应从其作为普通公民的角度去关注这一事件。

> 一个风华正茂的年轻人这就这样被剥夺了生命，令人扼腕叹息。但是我们在关注此事的时候，不应过分关注孙志刚的身份——一个大学毕业生，一个风华正茂的年轻人，一个拥有美好前途的年轻人，还要还原出孙志刚的普通公民身份。否则，我们就可能因为对特殊身份的义勇而淹没了对“小人物”的关怀。在强大的国家机器面前，谁不是小人物呢？谁不是普通公民呢？

评论与报道互相配合，步步紧逼，揭示事件的本质，并代表民众对滥用公权、侵害公民生命安全的恶劣行径发出了愤怒的追问。此后，各大媒体纷纷跟进报道，最终不仅使违法者受到应有的惩罚，还推动了收容遣送制度的废除，在当代中国新闻史上留下了浓墨重彩的一笔。

三、释疑解惑

面对纷繁复杂的世界，受众不仅想及时了解外在世界的变动，而且渴望了解为什么会发生这些变动，这些变动会带来什么样的影响，应该采取什么样的行为进行应对。换句话说，受众不仅要知道事物的表象，还要认识事物的本质，以真正达成理解。个体的知识和生活经验是有限的，这就需要媒体在报道新闻的同时对新闻作出分析和解释，以解答人们心中的疑问。这一功能，主要是由新闻评论来承担的。

以房地产政策的调整为例，2024 年 5 月 17 日，央行连发多条重磅房地产新政：取消全国层面首套住房和二套住房商业性个人住房贷款利率政策下限；下调公积金贷款的利率水平；首套住房商业性个人住房贷款最低首付款比例调整为不低于 15%，二套住房商业性个人住房贷款最低首付款比例调整为不低于 25%。

消息出来，引发高度关注，人们议论纷纷，急于了解央行为何在此时推出系列新政，此举将给房地产业乃至中国的经济带来什么样的影响？将给普通人的生活带来什么样的影响？针对人们心中的疑问，各种媒体纷纷发表报道和评论，进行评说。其中，《新京报》在 5 月 18 日发表的一篇述评尤其突出。

述评由北京师范大学教授万喆撰写，题为《“史上最宽松”政策出台，楼市关键时刻关键之举》，作者首先对中国房地产发展史进行了简要的回顾，在此基础上，就此番调整提出了自己的观点：其一，此番调整是关键时刻的关键之举；其二，虽然短期调整是必要的，但建立更为成熟的市场机制至关重要；其三，伴随中国经济的增速放缓，中国房地产业更要找到新动力和增长点，与宏观经济转型升级的趋势结合起来。

四、公共论坛

在我国，新闻媒体不仅是党和政府的喉舌，同时也是人民的喉舌。媒体在反映党和政府意志、承担国家意识形态机器角色责任的同时，也要表达人民的意愿，作为民众交流意见、参与社会公共事务决策、行使民主权利的平台。

改革开放以来，伴随社会民主化进程，媒体作为社会公共论坛的功能得以重建并不断发展，新闻舆论日益趋向多元化，普通公民能够通过各种新闻媒体反映自己的意见，影响政府决策，维护社会公平和正义，推动社会良性发展。

其间，以《中国青年报》《南方都市报》《南方周末》为代表的一批报刊相继开设独立的时评版，大量刊发知识分子、专业人士和普通读者的稿件；广播电视类谈话节目蓬勃兴起，学者、专家和普通民众纷纷走进直播室；网络媒体的出现及其发展更是将这一趋势推向高潮，普通民众获得了比以往任何一个时代都更为充分的发言权。进入 21 世纪以来，民众舆论对社会公共事务的影响越来越大。孙志刚事件、宝马彩票案、刘涌案、圆明园防渗膜事件……正是公共舆论在不断推动着这些事件的进程，并促使事态得到公平合理的解决。

第四节　新时期新闻评论作者的素养

一、新闻评论作者的基本素养

对于这一问题，每一个新闻评论的研究者都有自己的答案，在我国，以下三种观点有着较为广泛的影响：

> 素质包括多方面的内容，择其荦荦大端，可以概括为如下几点：一、强烈的政治意识；二、准确的角色定位；三、扎实的理论根基；四、敏锐的新闻嗅觉；五、旺盛的求知愿望；六、良好的职业道德。①

> 应有以下几个方面的要求：（一）加强政治修养。一个评论工作者应提高自己的政治觉悟，站到时代的前列；加强道德修养，表现时代精神。（二）评论工作者应学习和掌握马克思主义的科学理论，掌握基本理论，学会分析问题；加强政策观念，做好党的“耳目喉舌”。（三）评论工作者必须注意文化知识的修养和基本功的训练，做到学识渊博，精通业务。一篇好的评论作品的写作，是各方面知识的综合运用和写作功底的集中表现。这就要求评论工作者勤于涉猎，重视知识积累，具备丰富的想象力。在丰富知识的同时，还要努力提高自己的文字表达能力。②

> 评论工作者究竟应当具备哪些基本素养呢？党报的评论工作者，首先应当是党的思想政治工作者，是具有真知灼见的政治家、目光敏锐的观察家、思想深邃的理论家和关心实际生活、充满激情的社会活动家。换言之，一个具有敏悟力、剖析力、表达力和知识面广的优秀评论工作者，应当具有政治家的热情和眼光，理论家的头脑和判断，社会活动家的活力和本领，

① 米博华：《浅谈新闻工作者应具备的基本素质》，《新闻战线》2002 年第 3 期。
② 刘建明主编：《宣传舆论学大辞典》，北京：经济日报出版社，1993 年，第 253 页。

> 杂家的智慧和博学，作家的技巧和感情。这样的评论员可以称为政论家。我们当然并不需要每个评论工作者都成为政论家，但是，应该以此为目标，高标准要求自己，刻苦磨炼砥砺自己，不断加强自身的修养。①

概括起来，这些论述可以归结为以下几个方面：一是政治理论素养，即新闻评论工作者应有坚定的政治立场，掌握并能运用马克思主义理论分析问题、解决问题，熟悉党的路线方针政策。二是知识素养，要有宽广的知识面，从而足以对新闻中涉及的社会各个领域的话题发言。三是表达能力和技巧，即能娴熟地运用文字，合理安排篇章结构，深入浅出，将自己的思想和观点表达出来。

应该说，前辈研究者对新闻评论作者的素养这一问题的论述是比较充分的，但对照新闻评论的现状和受众对新闻评论的需求，这些论述依然有其局限性。在探讨新闻评论作者素养的时候，前辈研究者都将新闻评论作者设定为专业新闻评论作者，尤其是党报新闻评论作者，其所撰写的评论是代表媒体编辑部甚至是同级党委发言的。但今天新闻评论的传播渠道、创作主体、传播功能已经发生了巨大的变化，因而对新闻评论作者也提出了新的要求。

二、媒介生态环境的变化对新闻评论作者提出了新的要求

在我们讨论新时期新闻评论作者的素养的时候，必须明确这样几个问题：首先，在当代中国，谁是新闻评论的作者？他们要承担什么样的任务？其次，他们所处的是一个什么样的时代？这个时代的媒介环境、受众需求有什么特点？下面我们就逐一来回答这些问题。

在当代中国，新闻评论的主体既有专业的新闻评论作者，又有媒体外的知识分子、专家学者，以及广大的普通受众。媒体外的评论作者，尤其是在某个领域学有专长的知识分子正扮演着日益重要的角色。

在新闻评论主体日趋多元化的同时，新闻评论作者承担的任务也日趋多样化。传统的媒体内部的新闻评论工作者（尤其是各级党委机关报的新闻评论员）依然承担着以正确的舆论引导人的使命，他们要通过新闻评论及时宣传党的路线方针政策，代表党和政府向公众发言。在此基础上，新闻评论作者还要承担以下三个方面的任

① 丁法章：《新闻评论教程》，上海：复旦大学出版社，2003 年，第 99 页。

务：①代表公众对社会进行监督，包括对公众行为和对国家政权、政府行为的监督。②对社会上新近出现的各种复杂社会现象和社会问题作出合理的解释，以解答受众心目中的疑问。③反映社会公众意见。通过以上手段，联系与沟通社会各个阶层，对社会进行整合。

再来看当代中国的媒介生态环境，十一届三中全会以来，伴随社会转型，包括媒体、传播者、受众、传播内容在内的大众传播的各个环节都发生了巨大的变化。

对于我国媒介生态环境的变化，学者林晖有非常精辟的表述："自1978年以来中国社会改革最大的特点是体制转轨与结构转型同步，即从计划经济向市场经济转轨，同时伴随着从农业社会向工业社会转型，从乡村社会向城镇社会转型，从封闭、半封闭社会向开放社会转型。"①

在这一大的社会背景下，我国的新闻事业进行了前所未有的改革，并取得了丰硕的成果。广播电视事业飞速发展、网络媒体迅速崛起，以传播经济信息、生活服务性信息、娱乐信息为主的新型媒介大量出现，原有的"一报两台"的格局被彻底打破。传媒经营管理体制的改革，使中国的大多数新闻传媒走上了市场化的道路，从而导致了传受关系的变化，从以传者为中心转向以受者为中心，传播者在更多的时候扮演的是信息服务者的角色，而非高高在上的说教者的角色，受众也由原来的说教对象变成新闻信息的消费者，拥有了广泛的信息渠道和强烈的主体意识。

时代对新闻评论作者提出了新的挑战，结合以上分析，笔者认为，在新的媒介生态环境中，面对不断变化的受众，我国的新闻评论作者要完成自己的使命，必须与时俱进，在原有的政治素养、知识素养、表达能力和技巧的基础上，还应该具备以下几个方面的素质：

（一）勇气、责任与良知

在谈论这些词语的时候，让我们权且避开严谨的学理分析，来面对一个真实的案例。2003年6月19日，发表在《南方周末》上的一篇题为《实现公正，即使天塌下来》的时评深深地打动了无数的读者。评论由孙志刚事件而发，直指收容遣送制度，全文如下：

---

① 林晖：《未完成的历史——中国新闻改革前沿》，上海：复旦大学出版社，2004年，第1页。

实现公正，即使天塌下来

在一波又一波取消收容遣送制度的呼吁声中，一些管理阶层的人员发出了微弱的质疑——废止这一制度，城市的治安如何维护？

我相信，除掉一些别有用心的人，管理层的这种忧虑是真实的，他们的用心也是善意的，似乎也是有根据的。因为根据统计数据，城市犯罪人员中，“三无”人员的比例远远高于普通市民。

但这种忧虑可以成为维持这一制度的理由吗？

200 多年以前，一位黑奴从非洲被带到了伦敦。在那里，他伺候主人近两年，潜逃了。主人抓获了他，给他戴上铁镣。事件被交付给曼斯菲尔德法官——英国法律史上一个界碑式的人物。全国都关注着这一案件，因为当时在英国约有 15 000 名奴隶，每个奴隶价值 50 英镑。如果奴隶们都获得自由，奴隶所有者们将损失 75 万英镑，这在当时是一个很大的数字，而法律并没有禁止奴隶买卖。曼斯菲尔德法官这样判道：

“奴隶制度的状况是如此丑恶，以至除了明确的法律以外，不能容忍任何东西支持它。因此，不管这个判决造成何种不便，我都不能说这种情况是英格兰法律所允许和肯定的。因此必须释放这个黑人。……每个来到英格兰的人都有权得到我们法律的保护，不管他在此之前受过何种压迫，他的皮肤是何种颜色。英格兰自由的空气不能让奴隶制玷污！”

15 000 名奴隶成了自由的人，尽情地呼吸着英格兰自由的空气。

秉承自由和法治的传统，英国当代最为著名的法官——丹宁勋爵在其法官生涯中，一再阐明这样的立场：“宪法不允许以国家利益影响我们的判决，上帝不让这样做！我们决不考虑政治后果，无论它们可能有多么可怕；如果某种后果是叛乱，那么我们不得不说：实现公正，即使天塌下来。”

为什么这样说？让我从知识论方面来简要地谈谈这个问题。

只要不是狂妄自大以至自以为无所不知的人，都会承认这样一个基本的道理，这就是，面对茫然无际的宇宙和不可确知的未来，人们时常茫然无措——人类是深可悲悯的一族。

就眼下这个收容制度而言，我们并不能确切地知道，取缔这一制度后，城市会不会更加混乱。我们同样不能确切地知道，维持这一制度到底能不能带来全社会的长期稳定。这是一个无法证实也无法证伪的命题。但如果农民不能幸福地生活，如果农民失去追求幸福生活的权利和机会，我们这些住在城里的人，又如何能够心安理得地享受这一稳定？毕竟，他们与我们一样，享有自由、平等、人权；毕竟，他们是我们的兄弟；毕竟，他们是交了国税的！

我以为，不管废止这项制度会造成何种不便，宪法必须执行——自由的空气决不能让收容制度玷污！

（《南方周末》　2003 年 6 月 19 日）

文章出自中国政法大学法学博士何兵之手，在《南方周末》当年所推出的年终专稿《致敬！2003 中国传媒》中被评为年度时评，致敬理由写道：“不平则鸣，有感而发，是我国的文化传统之一。即使在我国相对短暂的新闻发展史上，文人论政，也已成为自《循环日报》《大公报》等以降的报业传统。在一个健康开放的公民社会里，表达舆论、公众论坛、传递信息、社会监督，是大众传媒的天然功能。在孙志刚案后，各地传媒包括网络涌现出大量评论文章，其中不乏佳作，如《天堂里没有暂住证》等。本文发表时，关于收容制度存废的讨论正激烈，作者发出了‘实现社会公正，哪怕天塌下来’的呐喊，立场坚定，满怀激情又富有理性。特别是文中引述 200 多年前英国法官曼斯菲尔德关于废止奴隶制的判词，读来令人心灵震撼。”①

通过这个案例，我们可以真实地感受到什么叫勇气、责任和良知，我们要强调的就是一种铁肩担道义的精神。作为新闻评论作者，理应有高度的社会责任感，对事实和真相负责，对社会公众负责，能够不畏权势，抵制利诱，以文字为匕首和投枪，与丑恶现象作斗争。

（二）深入解读新闻的能力

在前文讨论新闻评论的功能时，我们已经讲到新闻评论的功能之一就是为受众释疑解惑。转型时期的中国社会，资源主要由市场配置，企业需要到市场中谋求生存和发展，个体在工作和生活方面也有了更多自主选择的权利。与权利相伴随的是在面临决策时的困惑，人们比以往任何时候都更需要深度信息来指导自己的行为。

---

① 《致敬！2003 中国传媒》，《南方周末》，2003 年 12 月 31 日。

例如，2024 年 5 月 19 日，伊朗总统莱希在直升机事故中不幸遇难，举世震惊。5 月 21 日，《新京报》社论版刊发了兰州大学教授王晋撰写的评论《伊朗总统意外遇难，带来的不确定性有多大》，作者分析指出：其一，伊朗保守派阵营短期内难有替代人物；其二，保持伊朗国内政治稳定是紧迫任务；其三，避免地区局势刺激和升级，也是伊朗所面临的紧迫任务。最后，作者总结指出：总体而言，伊朗总统莱希意外遇难，尽管带来了一些新的不确定性，却并不会刺激地区局势全面升级，也不会显著造成其国内政治动荡。

纷繁复杂的社会现象要求新闻评论作者有更强的解读新闻的能力，时代呼唤专家学者型评论员，时下专家学者在新闻媒体的大规模登场已充分证明了这一点。

（三）理性与独到性

任何一个研究新闻的人都知道独家新闻的可贵，独家新闻向来被称为“新闻中的新闻”。为了得到独家新闻，新闻媒体可以不惜血本，新闻记者可以付出生命。通过独家新闻，媒体可以赢得公信力和权威性，记者也可以实现自己的职业理想，受众则能在第一时间获得独一无二的有极高新闻价值的信息。

如果说独家新闻是新闻报道中的珍宝，有着深刻的独到见解的评论就是新闻评论中的精品。什么样的评论称得上这样的精品呢？能言人之所不能言，善言人之所不善言，敢言人之所不敢言。从审美的角度来看，笔者认为，新闻评论的美更多体现在其中所凝结着的智慧带给人的精神愉悦。一篇有独到见解的评论，往往让人茅塞顿开、豁然开朗，宛如太阳穿透厚厚的云层，光明照亮黑暗。

请看一篇中国新闻奖的获奖作品：

没有一条生命是为了牺牲而存在

西　坡

四川木里县森林大火，30 名扑火队员不幸殉职，其中 27 人是凉山州森林消防指战员，1 个 80 后，24 个 90 后，2 个 00 后。

消息传来，悲痛与惋惜之情溢于网络，人们纷纷向英雄致敬。英雄们的遗体运抵西昌时，不少市民和志愿者自发走上街头，迎接英雄回家。

这些一贯逆火而行的勇士用生命诠释了，什么是忠于职守，什么是无愧于心。而我们在安全无虞的大后方发表意见时，理应更深切地体会到“英雄”一词还有残酷的一面。

这些年，消防员群体给我们这个社会带来太多感动。与此同时，消防员也成了和平年代最危险的职业。当我们说 90 后如何如何、00 后如何如何的时候，不要忘记，每一代年轻人里都有一批人志愿放弃安乐奔赴危险。这种利他主义精神是一个社会最宝贵的财富。

我们还应该知道，多少鲜花和泪水都换不回逝去的生命。丈夫不会再回到伤心妻子身边，儿子不会再拨通母亲的电话，亿万人传阅的朋友圈已经永远定格了。

所以当人们探讨有什么办法让消防员牺牲更少，直到不再牺牲，这种议论不是说怪话，更不是亵渎英雄的贡献。英雄值得被歌颂，英雄也需要被保护。没有一条生命是为了牺牲而存在，所有家庭都有幸福美满的权利。

经济发展与技术进步，正是为了在危险来临之际，减少人员的伤亡概率。事实上，2018 年开始的消防体制改革，目标正是舆论呼吁多年的专业化、职业化。让消防救援更加科学、消防装备优化升级，与赞扬消防员的牺牲精神不存在任何冲突。

最后，我还想提一个现实的问题。消防员的工资待遇应该与这份工作的高风险相匹配。2015 年曾有一篇报道《森林后期管护却遭遇“人荒”，月薪 2 000 元留不住消防员》，现在读来令人唏嘘。为众人冲锋陷阵的勇士，理应被善待。

（澎湃新闻·澎湃评论　2019 年 4 月 2 日）

这篇获得第三十届中国新闻奖二等奖的作品，针对的是四川木里火灾致使 30 名扑火队员不幸殉职之事。本文的主要论点是“英雄值得被歌颂，英雄也需要被保护”，其论述的重点无疑是后半句，即“英雄也需要被保护”。面对灾难与伤亡，在向牺牲勇士致敬的同时，更需要切实反思，通过消防工作的改革，使该项工作更加专业化、职业化，以最大限度地减少人员的伤亡。正因为作者能直面问题、珍惜生命，方能提出真正有温度的、建设性的观点，直击人心，最终从众多的评论中脱颖而出。该评论所具有的强烈的理性精神、视角与观点的独到性也正是我们的新闻评论作者所应追求的。

复习思考题

1. 比较新闻评论和新闻报道的区别与联系。
2. 简述新闻评论的特点与功能。
3. 当代新闻评论作者需要具备什么样的素质？

第二章

新闻评论的历史与现状

第一节　我国新闻评论的缘起与嬗变

本节我们将梳理中国新闻评论的发展轨迹。回望一百多年来的中国新闻评论史，上至王韬在《循环日报》上所发表的忧国忧民的言论，下至今日网民针对频繁发生的矿难所写下的激愤的文字。时代在变，评论的主题在变，文体在变，创作主体在变，信息传播技术在变，新闻评论的传播渠道在不断扩展，新闻评论的表达形式也日益丰富多彩。

一、我国新闻评论的历史分期和主题变奏

描述我国新闻评论的缘起与嬗变，必然涉及新闻评论的历史分期问题。新闻评论向来被称为时代的风向标，同一历史时期的新闻评论在内容和表现形式上往往呈现出共同的特征，因而研究者自然也就根据历史分期来对新闻评论的发展进行分期。

由胡文龙等人撰写的《新闻评论教程》将中国新闻评论的发展分为五个历史时期："西方国家在中国宣传殖民主义的言论时期；我国资产阶级改良派报刊宣传变法维新的言论时期；资产阶级革命派报刊宣传民主、反对封建帝制的言论时期；新民主主义革命阶段，无产阶级和人民报刊逐渐兴起并日益发展，中国共产党领导的革命的进步的新闻事业，经过艰苦复杂的斗争，在全国取得胜利的言论时期；新中国建立后，党和人民报刊宣传社会主义革命和建设的言论时期。"①

研究者赵振宇则将中国新闻评论的发展划分为四个阶段：旧民主主义革命时期，我国新闻评论形成并初步发展；新民主主义革命时期，新闻评论发展成熟并不断丰富完善；从新中国成立到"文化大革命"结束的近 30 年间，新闻评论曲折发展；新时期新闻评论的革新发展。②

比较上述两种论述，二者关于具体分期的描述尽管有所差异，但分期的基本依据却是一致的，即政治的变迁。新闻评论作为政治性极强的一种新闻文体，受政治

---

① 胡文龙、秦珪、涂光晋：《新闻评论教程》，北京：中国人民大学出版社，1998 年，第 33 页。
② 赵振宇：《现代新闻评论》，武汉：武汉大学出版社，2005 年，第 76 - 85 页。

变迁的影响无疑是巨大的，但在阐述新闻评论的缘起和嬗变时，笔者希望让读者不仅能看到时代主题的转换及由此而来的新闻评论内容的变迁，也能看到中国新闻评论在传播理念、传播主体、传播渠道和表达方式四个方面的变迁。分期无疑是为了更为清晰地呈现中国新闻评论发展的脉络，但任何一种分期都避免不了简单化，因而存在自身的缺陷。

二、我国报刊言论的文体演进

在这一部分，我们试图回答这样一个问题：我国报刊言论是怎样由古代的论说文一步步演进为现代新闻评论的？即从文体的角度来追寻我国报刊言论的发展轨迹。

对于我国报刊言论的文体演变，李良荣先生在《中国报纸文体发展概要》一书中有过精辟的论述。根据李良荣先生的研究，我国报刊言论的文体演变大致走过了这样一条线路：言论不论政—报刊政论的出现—报章文体的确立—现代新闻评论的出现。或者换一种表述：在桐城派文章、八股文中挣扎的报刊言论—王韬、郑观应的报刊政论—时务文体—时评。下面就结合不同阶段的典型例文，对我国报刊言论的文体演变进行分析和阐述。

（一）言论不论政阶段

1815 年 8 月 5 日，世界上第一份以华人为对象的中文近代报刊——《察世俗每月统记传》在马六甲问世，由此拉开了中国近代报刊的序幕。在近代报刊出现后直至《循环日报》创刊前的数十年内，报刊上的言论深受桐城派文章的影响，内容空疏、文字矫揉，言论不论政，不触及敏感的政治问题。如刊登于 1872 年 8 月 22 日《申报》上的一篇《论谗人害人报》的言论就宣扬因果报应思想，文章起首就说：

> 夫天地有好生之德，恻隐之心人皆有之。一言一事，福祸随之。凡人于居心言语之间，可不慎重乎哉？世人于报应之说，每斥为虚谬荒唐之论，自古报应昭彰，捷如影响，指不胜书。今就眼前至近一事敢呈诸大方，庶几于世道或少有补云。

接下来该文用一个最长的段落讲了一个故事：一男子柳某在他人面前进谗言，致使一位帮亲戚经营布店的男子周行溪遭辞退，周行溪走投无路之下投江而死，后其冤魂来向柳某索命，柳某害人终害己，狂喊而绝。文尾作者总结说：

呜呼，当柳某进谗时，只知奉承居停。岂知他人之人死家破？固以此一言乎，抑岂料因此害人性命。适即自戕其命欤！是凡人于言语出口之际，宜加意防范焉。①

这篇论说用的是较为浅显的文言文，类似佛教说教，文章并未从事实出发，据事论理，而是为了说理敷衍讲述了一段故事，教读者明白因果报应，谨记善待他人。

（二）报刊政论的出现

1874年2月4日，《循环日报》在香港创刊，王韬（1828—1897）以其作为阵地，撰写了一系列政论，宣传自己的变法主张和改良思想，其中产生较大影响的有《变法》《变法自强》《重民》《尚简》《治中》等文章。

王韬的政论冲破了八股文和桐城派文章“言论不论政”的束缚，提出报刊应“指陈时事无所顾忌”，明确主张“文章贵在乎纪事述情，自抒胸臆，俾使人人知其命意之所在而一如我怀之所欲吐，斯即佳文”。从内容上看，王韬的政论直接针对时政，旗帜鲜明地提出自己的意见和主张。从文字表达上看，他的文章也抛弃了桐城派文章讲究“义理、考据、辞章合一”的为文之道，采用简洁的文言，清楚地陈述自己的观点。

以《变法（中）》一文为例，文章第一段通过对中国历史的演进和更替的回顾，论述了变法的必要性和正当性：

《易》曰：“穷则变，变则通。”知天下事未有久而不变者也。上古之天下一变而为中古；中古之天下，一变而为三代。自祖龙崛起，兼并宇内，废封建而为郡县，焚书坑儒，三代之礼乐典章制度，荡焉泯焉，无一存焉，三代之天下至此而又一变。自汉以来，各代递嬗，征诛禅让，各有其局……秦、汉以来之天下，至此而又一变。②

---

① 李良荣：《中国报纸文体发展概要》（第2版），福州：福建人民出版社，2002年，第158页。
② 王韬：《变法（中）》，《循环日报》，1874年。

作者说明，从上古到中古，到三代，又到秦汉，再到秦汉以后，中国历史就是在不断变革中向前推进的，而今天又走到了一个变的关键路口。

接下来第二段通过对中西方现状的比较，继续进行论证：

呜呼！至今日而欲辨天下事，必自欧洲始。以欧洲诸大国为富强之纲领、制作之枢纽。舍此，无以师其长而成一变之道。中西同有舟，而彼则以轮船；中西同有车，而彼则以火车；中西同有驿递，而彼则以电音；中西同有火器，而彼之枪炮独精；中西同有备御，而彼之炮台、水雷独擅其胜；中西同有陆兵水师，而彼之兵法独长。其他则彼之所考察，为我之所未知；彼之所讲求，为我之所不及。如是者直不可以偻指数。设我中国至此时而不一变，安能埒于欧洲诸大国，而与之比权量力也哉！①

在论证了变法的必要性之后，进入下一段，话锋一转："然而一变之道难矣。"难在何处？王韬写道："今观中国之所长者无他，曰因循也，苟且也，蒙蔽也，粉饰也，贪罔也，虚骄也。"此处一针见血地指出变法的最大障碍在于国人观念上的因循守旧和坐井观天式的自大、自满心理。

既然变法乃势在必行，究竟应该如何变呢？在发出"变之道奈何"的问题之后，王韬从四个方面开出了自己的药方：

其一曰取士之法宜变也……其一曰练兵之法宜变也……其一曰学校之虚文宜变也……其一曰律例之繁文宜变也。②

最后一段对全文进行总结：

凡是四者，皆宜亟变者也。四者既变，然后以西法参用乎其间，而其最要者，移风易俗之权操之自上，而与民渐渍于无形，转移于不觉。盖其变也，由本以及末，由内以及外，由大以及小，而非徒恃乎西法也。③

---

① 王韬：《变法（中）》，《循环日报》，1874年。
② 王韬：《变法（中）》，《循环日报》，1874年。
③ 王韬：《变法（中）》，《循环日报》，1874年。

全文文字简洁，逻辑清晰，层次井然，观点鲜明，有着很强的说服力。但从第一段的文字中，我们也可以看到王韬在讲变法的时候，还要借用《易经》的话语，从上古一直说到秦汉以来。虽然要从经典和历史中去寻找变法的合理性，没能摆脱"托古证今"的毛病，不过瑕不掩瑜，王韬的政论毕竟起到了一个承上启下的作用，为后来报章文体的形成奠定了重要的基础。

（三）时务体——独立报章文体的形成

《循环日报》的创刊，开启了中国报刊的政论时代，报刊言论为之焕然一新，而梁启超则在此基础上将近代报刊的政论推向一个新的高峰。

梁启超（1873—1929），广东新会人，中国近代最重要的政论家和启蒙思想家之一，与康有为齐名的维新派主要领导人，二人史称"康梁"。1895 年，梁启超在北京负责编辑京师强学会机关报《中外纪闻》，开始在言论界崭露头角，1896 年至 1897 年在上海为《时务报》主持笔政，由此名声大噪。维新运动失败后，在日本横滨先后创办并主编《清议报》《新民丛报》。

时务体因《时务报》而得名，《时务报》的第一册发表了梁启超的《论报馆有益于国事》和《变法通议》两篇文章，《变法通议》一文洋洋七万言，连载二十一期，后三篇发表在《清议报》上，时务体就此形成。梁启超为时务体的代表人物。此外，写作时务文章的还有康有为、谭嗣同等维新派健将，《时务报》《国闻报》《清议报》《新民丛报》是他们的主要言论阵地。

对于时务体，梁启超有过这样的概括："启超夙不喜桐城派古文，幼年为文，学晚汉魏晋，颇尚矜炼，至是自解放，务为平易畅达，时杂以俚语韵语及外国语法，纵笔所至不检束，学者竞效之，号新文体，老辈则痛恨，诋为野狐。然其文条理明晰，笔锋常带情感，对于读者，别有一番魔力焉。"①

这段话指出了时务体作为一种新的报刊文体的主要特点：平易畅达、条理明晰、自由奔放、感情炽烈。且看梁启超名篇《少年中国说》的倒数第二段：

> 任公曰：造成今日之老大中国者，则中国老朽之冤业也。制出将来之少年中国者，则中国少年之责任也。彼老朽者何足道，彼与此世界作别之日不远矣！而我少年乃新来而世界为缘。如僦屋者然，彼明日将迁居他方，

---

① 丁淦林：《中国新闻事业史》，北京：高等教育出版社，2002 年，第 74 页。

而我今日始入此室处。将迁居者，不爱护其窗栊，不洁治其庭庑，俗人恒情，亦何足怪？若我少年者，前程浩浩，后顾茫茫，中国而为牛为马为奴为隶，则烹脔鞭棰之惨酷，惟我少年当之。中国如称霸宇内主盟地球，则指挥顾盼之尊荣，惟我少年享之。于彼气息奄奄与鬼为邻者何与焉？彼而漠然置之，犹可言也。我而漠然置之，不可言也。使举国之少年而果为少年也，则吾中国为未来之国，其进步未可量也。使举国之少年而亦为老大也，则吾中国为过去之国，其澌亡可翘足而待也。故今日之责任，不在他人，而全在我少年。少年智则国智，少年富则国富，少年强则国强，少年独立则国独立，少年自由则国自由，少年进步则国进步，少年胜于欧洲，则国胜于欧洲，少年雄于地球，则国雄于地球。红日初升，其道大光；河出伏流，一泻汪洋；潜龙腾渊，鳞爪飞扬；乳虎啸谷，百兽震惶；鹰隼试翼，风尘翕张；奇花初胎，矞矞皇皇；干将发硎，有作其芒；天戴其苍，地履其黄；纵有千古，横有八荒；前途似海，来日方长。美哉我少年中国，与天不老！壮哉我中国少年，与国无疆！

（《清议报》 1900年2月10日）

文章使用半文半白的浅显文字，运用对偶、排比等修辞手法，句子长短不一，自由奔放，气势磅礴，一泻千里，发出了一个古老民族在贫弱年代的自强不息的声音，读来使人激情澎湃，无怪乎“举国趋之，如饮狂泉”。

王韬的政论，文字虽浅，仍为文言文，时务体则采用半文半白的文字，夹杂俚语、韵语，更容易理解；王韬的政论虽开始冲破桐城派的束缚，仍有时需“托古证今”，时务体则“纵笔所至，略不检束”，完全冲破了“义法”的束缚。当然，通过梁启超的文章我们也可以看到，时务体也有堆砌辞藻、过于铺陈之嫌。

（四）时评——真正意义上的新闻评论

自1815年第一家中文近代报刊《察世俗每月统记传》创刊以来，在半个多世纪的岁月里，我国报刊上的言论一直是以长篇论说为主的，这也就是所谓的“政论本位时代”。不管是王韬的政论还是梁启超的时务文章，绝大多数为长篇政论，并非新闻评论，以宣传维新派的思想和政治主张为目的，并不联系具体的新闻事实，也不讲求时效性，与一般的论说文并无本质区别。

真正意义上的报刊新闻评论是何时出现的呢？这就得提及“时评”的兴起。

1902年，梁启超在日本横滨创办的《新民丛报》正式开设了“国闻短评”栏；创刊于1900年的《中国日报》于1904年设立了“时评”栏；《东方杂志》《国风报》等刊物上也设立了“时评”栏目。[①] 1904年6月12日，由狄楚青在上海创办的《时报》则被认为对“时评”这种新文体的发展起到了里程碑式的作用。

与此前报纸上的长篇论说不同，“时评”结合具体的新闻事实，一事一议，篇幅简短，针对性强，直接陈述作者对新闻事实的观点和意见。例如，1907年1月18日《时报》报道了美国公使向清政府请求招收开掘运河工人的新闻，报纸为新闻配了这样一条时评：

巴拿马河工不可往，往者非病即死。

美人招巴拿马河工尤不可往，往者非病死即受虐。此其理由，国人知之，政府知之。然而美公使仍向政府请求不已，何也？必政府未尝拒之也。

政府固尝闻议拒矣，然而奸民辈能立合同，回国招工，何也？必政府拒之而未尝决绝也。

谓政府不知而政府岂真聋聩？谓政府不理，而政府竟无心肝？无以名之，名之曰：非真爱民。故吾不责奸民，而惟责政府。

全文仅一百多字，紧扣新闻事实，由现象入本质，层层深入，矛头直指政府，分析事件的根本原因在于政府“非真爱民”，对政府表示了强烈的谴责。

再来看于右任以“骚心”为笔名撰写的载于1910年12月17日《民立报》的一篇时评：

上海之百面观

一日走入中国人开之洋货铺，问有代卖之自造卫生衣否？其经理人怒而言曰：“我们货都是外国好的。”这真是数典而忘其祖。

又问何不加卖中国货？某经理人曰：“我不卖你们中国货。”记者即曰：“阁下何国人？洋货卖的连国都不晓得了。”某面赤而退。

中国人开洋货铺，五光十色，布置的实在得法。及其开本国货销行处，

---

① 马少华：《早期的时评——论我国近代新闻评论产生发展的形式规律》，《国际新闻界》2003年第5期。

则死守老法子，门面越旧越破越好，这真是中国人的晦气。

中国人输入外货，无所不用其极，连外国的竹头木屑，都贩运进来，骗骗两个钱，恨不得把土货一下打死，这真是国民不洗的大辱。

全文二百余字，使用口语化的白话文，前两段以叙事为主，后两段为议论，夹叙夹议，批评了当时上海滩某些商人一心钻到钱眼里，盲目媚外，不顾民族大义的现象。该篇时评从选题、结构和文字上各方面来看，都已与今天报纸上的短评基本没有差别了。

从桐城派文章到王韬的政论，再到时务体，到最后时评的出现，历经近百年的时光，新闻评论作为一种文体在中国终得确立，在五四运动、抗日战争、解放战争时期都发挥了重要的作用。当然需要说明的是，时评的出现并不意味着政论的消亡，由此以后，中国的报刊言论出现了政论与时评并行的局面，后来，政论也逐渐加强了时效性和新闻针对性，向新闻评论靠近。

第二节　新时期我国新闻评论发展的现状与趋势

中华人民共和国成立后，伴随社会主义建设如火如荼地开展，我国的新闻评论也有了新的突破。1954 年，中共中央对党的新闻评论工作作出指示，“全国性的报纸应根据党的总路线和各项政策决议，逐步做到对国内和国际发生的重大问题发表有高度思想政治水平的评论；各地方报纸除了转载《人民日报》的重要社论外，也应该逐步做到对于当地实际生活和地方工作的各种中央问题经常发表正确的评论”①。这为党的新闻评论工作指明了方向。但随着“文革”的到来，新闻评论却一度发挥了负面作用，直至改革开放才迎来了新的发展。

在本节，让我们回到当代，并将目光聚焦于新时期，了解改革开放以来新闻评论的变迁及其今天所呈现的面貌。

---

① 中国社会科学院新闻研究所编：《中国共产党新闻工作文件汇编》（中），北京：新华出版社，1980 年，第 323 页。

一、传播渠道的拓展与文本形式的创新

改革开放40余年，中国社会经历了千年未有之变革。社会学家李培林将其分为三个阶段：①1978—1991年为改革开放背景下的社会建设新时期，此阶段党和政府抛弃了“以阶级斗争为纲”，把工作重心转移到经济建设上来，开辟了改革开放新时期。②1992—2012年为社会主义市场经济体制下的社会建设阶段。1992年，中国共产党在第十四次全国代表大会上，明确提出要建立“社会主义市场经济体制”，开辟了市场化改革的新阶段。③ 2012年至今为新时代中国特色社会主义社会建设时期，中国社会主要矛盾转化为人民日益增长的美好生活需要和不平衡不充分的发展之间的矛盾。此阶段，保障和改善民生成为社会建设的主题，以人民为中心的创新、协调、绿色、开放、共享的新发展理念成为社会建设和各项工作的指导理念。[①]

社会变革也伴随着传媒变革。20世纪80年代初，我国的传媒开始拨乱反正，强调按新闻规律办事，重新回归新闻功能。20世纪90年代后期，传媒经营管理的市场化改革日渐深入，[②] 由此导致了传受关系、传媒结构、传媒经营、传媒内容与形态的全方位变化。在回归新闻功能与历经市场化变革的同时，传媒业还经历了技术变革。有学者将改革开放40年媒介技术进化的历史分为四个阶段：第一阶段为1978—1994年，传统纸媒告别“铅与火”，进入“光与电”的时代，而电视也从模拟电视向高清电视进化。第二阶段为1994—2008年的“数与网”时代，这一阶段也是Web1.0时代，从交互性看，此阶段是网站对用户为主，基本上是单向的传统模式，当然也有有限的互动。第三阶段为2008—2014年的Web2.0时代。Web2.0技术主要包括：博客、百科全书、简易信息聚合（RSS）、网摘、社会网络（SNS）、对等网络（P2P）、即时信息（IM）等。这类技术的特点是，与用户的交互作用得以实现，用户既是网站内容的消费者，也是网站内容的生产者。第四阶段为2014年至今的“众媒—融媒—智媒”的快速迭代时代。网络和数字技术裂变式发展，带来媒体格局的深刻调整和舆论生态的重大变化。[③]

改革开放40多年来，传媒业的整体发展状况发生了翻天覆地的变化。1978年，全国仅有报纸186家，一般4至8版，且均为党报。1980年，全国有广播电台106

---

① 李培林：《新中国70年社会建设和社会巨变》，《北京工业大学学报》2019年第7期。

② 张涛甫：《当代社会转型与中国传媒业改革》，《复旦学报》2005年第4期。

③ 吴飞、沈晓娴：《媒介技术的进化历史与中国传媒变革的内存逻辑》，《新闻与写作》2018年第12期。

座、电视台 38 座，每家也只有一两个频道，日均播出时间以小时计算。①

2023 年国家新闻出版署发布《2021 年新闻出版产业分析报告》显示，2021 年，全国共出报纸 1 752 种，总印数 283 亿份。其中，全国出版综合类报纸 171. 1 亿份，专业类报纸 92. 6 亿份，生活服务类报纸 3. 5 亿份，读者对象类报纸 13. 9 亿份，文摘类报纸 2. 0 亿份。②

国家广播电视总局发布的《2023 年全国广播电视行业统计公报》显示，截至 2023 年底，全国开展广播电视和网络视听业务的机构超过 5 万家，其中，广播电台、电视台、广播电视台等播出机构 2 521 家，广播电视节目制作经营机构约 4. 1 万家，持证及备案的网络视听机构 2 989 家。③

2024 年 3 月 22 日，中国互联网络信息中心（CNNIC）在北京发布的第 53 次《中国互联网络发展状况统计报告》显示，截至 2023 年 12 月，我国网民规模达 10. 92 亿人，较 2022 年 12 月新增网民 2 480 万人，互联网普及率达 77. 5%。截至 2023 年 12 月，我国 IPv6 地址数量为 68 042 块/32；“. CN” 域名保有量为 2 013 万个，连续 9 年稳居世界第一；3 家基础电信企业发展蜂窝物联网终端用户 23. 32 亿户。④

新闻事业的发展使新闻评论的传播渠道得到大规模的拓展，也使新闻评论的文本形式得以丰富。在改革开放之前，我国的新闻评论几乎等同于报刊评论。

20 世纪 80 年代初，广播谈话节目开始兴起；80 年代中期，音响评论出现；1987 年 1 月 1 日中央人民广播电台《午间半小时》开播，强化了主持人在杂志型节目中的串联与点评；1994 年 10 月 1 日中央人民广播电台《新闻纵横》栏目开播；进入 21 世纪以来，直播式热线谈话节目逐渐成为广播评论类节目的又一主要节目形态。

1980 年 7 月 12 日，中央电视台《观察与思考》栏目开播，它标志着我国第一个固定的电视评论性栏目的问世，也标志着一种有别于报刊、广播评论，更具电视传播特征的电视评论样式——电视述评的出现；1994 年 4 月 1 日开播的《焦点访谈》，将电视述评推向一个高潮，并引发了全国各地创设类似节目的热潮；2003 年 5

---

① 王润泽：《改革开放 40 年来新闻传播的历史变革》，《新闻与写作》2018 年第 12 期。

② 国家新闻出版署：《2021 年新闻出版产业分析报告》，https：//www. nppa. gov. cn/xxgk/fdzdgknr/tjxx/202305/P020230530667517704140. pdf，2023 年 2 月 23 日。

③ 国家广播电视总局：《2023 年全国广播电视行业统计公报》，https：//www. nrta. gov. cn/art/2024/5/8/art_113_67383. html，2024 年 5 月 8 日。

④ 中国互联网络信息中心（CNNIC）：《第 53 次〈中国互联网络发展状况统计报告〉》，https：//www. cnnic. cn/NMediaFile/2024/0325/MAIN1711355296414FIQ9XKZV63. pdf，2024 年 3 月 22 日。

月1日中央电视台新闻频道试播，推出《央视论坛》《国际观察》两个针对国内、国际新闻事件的纯粹评论性栏目，节目由主持人给出话题，并进行组织和串联，由特约评论员和专家学者对事件进行评说，给出观点和意见。①

伴随网络媒体的出现，一种新的评论样式——网络新闻评论开始出现，并与网络媒体一样得到了突飞猛进式的发展。1999年中国驻南斯拉夫大使馆被炸事件及由此而来的“强国论坛”的设立，标志着网络新闻评论正式被主流媒体网站所接纳；进入21世纪后的2003年则被称为中国的网络舆论元年，这一年，孙志刚事件、刘涌案、宝马肇事案等一系列重大的事件，由于受到网络舆论的持续高度关注，在不同程度上改变了事件的结局。网络舆论发展到了一个新的高峰。从文本形式的角度来看，网络媒体的诞生，还催生了两种网络媒体特有的评论样式——留言板跟帖和论坛评论，这也是后来社交媒体评论的雏形。

时至今日，原来的单一的报刊评论已发展成为报刊评论、广播新闻评论、电视新闻评论和网络新闻评论共生的局面。

二、评论选题和评论功能的拓展

我们常说，新闻的选题主要来自两头，一是来自上头，即党和政府的路线、方针政策和会议精神；二是来自下头，即突发事件和社会生活中涌现的热点、难点。与此相应，这两类新闻也就成了新闻评论的选题。在中华人民共和国成立后相当长的历史时期内，我国的新闻评论选题明显呈现出“上头大下头小”的两头严重失衡的状况，新闻评论的选题主要针对前者，即党的路线、方针政策发言，而与百姓生活密切相关的各类新闻则难以进入新闻评论的视野。

进入新时期以来，我国新闻报道领域不断拓展，从时政报道、宣传式报道占据绝对主导地位，到经济新闻、社会新闻、娱乐新闻、体育新闻与时政报道并重。相应地，我国新闻评论的选题内容和范围也不断拓展，从以时政评论、思想评论为主，发展到时政评论、思想评论与经济评论、社会评论、法制评论、教育评论、体育评论、文化评论并重。新闻评论在选题上呈现出多元化的局面。

以2024年5月21日的《南方日报》A04版（见图2－1）为例，作为该报的评

① 涂光晋：《新闻评论的历史性变迁》，《中国记者》2004年第12期。

论专版，当天刊出7篇评论，首篇刊发的评论题为《坚决打好打赢防汛救灾这场硬仗》，5月19日，全省强降雨防御工作视频会议召开，此文即旨在落实推进政府中心工作。第二篇题为《伊朗总统莱希遇难，影响究竟有多大》，属于国际新闻评论，是对伊朗总统直升机失事遇难的评论；第三篇题为《追寻更美好的“诗和远方”》，是对当下国内文旅市场火爆现象的评论；第四篇题为《大学生直播别随波逐“流”》，是对大学生直播乱象频出这一社会现象的评论，可归为社会评论；第五篇题为《老年人再就业对年轻人不友好?》，是针对近期有专家建议鼓励低龄老人再就业一事的评论，兼具经济评论与社会评论的双重属性；第六篇题为《整治“缺斤短两”不能只靠博主》，讨论的是如何规范市场秩序；第七篇题为《技能报国，职业教育大有可为》，探讨的是职业教育的价值，属于教育评论。

A04|评论

坚决打好打赢防汛救灾这场硬仗

伊朗总统莱希遇难，影响究竟有多大

追寻更美好的“诗和远方”

整治“缺斤短两”不能只靠博主

大学生直播别随波逐“流”

老年人再就业对年轻人不友好?

技能报国，职业教育大有可为

图2-1　《南方日报》2024年5月21日第A04版

从新闻评论的功能来看，改革开放前的新闻评论，主要承担着党和政府代言人的角色，以宣传党的路线方针政策、指导生产和建设、指导百姓生活、发动群众运动为主要功能。新时期的新闻评论继承了这一传统，继续发挥着党的喉舌的功能，但与此同时，又承担了舆论监督、公民意见表达、帮助受众解读新闻的功能，使新闻评论的多种功能得以全面发挥。对于新时期新闻评论功能的拓展，有学者将其概括为以下五个方面：一是从“舆论引导为主”到“舆论引导与舆论监督相结合”，二是从“传播意见性信息为主”到“传播事实性信息与传播意见性信息相结合”，三是从“评价议论为主”到“评价议论与深入解读相结合”，四是从“观点表达为主”到“观点表达与情感宣泄相结合”，五是从“媒体意见发布为主”到“媒体意见发布与公众意见整合相结合”。①

① 涂光晋：《新闻评论的历史性变迁》，《中国记者》2004年第12期。

三、评论主体的多元化

在中华人民共和国成立后相当长的历史时期内，新闻评论的创作主体只局限在很小的群体内，新闻评论尤其是党报的言论被视作代表党和政府发言，新闻评论写作是非常严肃的，只有职业的新闻评论作者和党的某些领导干部有资格写作新闻评论。

改革开放后，评论主体日趋多元化，从普通记者到专家学者再到普通公民，皆进入了新闻评论创作主体的行列。在新闻评论创作主体走向多元化的进程中，有三个关键点：一是 20 世纪 90 年代广播电视谈话节目和深度报道栏目的兴起，二是 20 世纪末网络媒体的兴起，三是 21 世纪初报纸时评热的兴起。

广播电视谈话节目和深度报道栏目的兴起，使普通百姓获得了部分话语权，有机会在话筒和镜头前，面向公众表达自己的意见和观点，使普通百姓的声音可以通过大众传媒传递出来，使普通百姓由倾听者和受教育者变成了意见的表达者。

报纸时评热的兴起，使许多专家学者和普通百姓成为报纸评论的写作者。

网络媒体的兴起，则给普通百姓提供了一个自由交换观点和意见的公共平台。由于网络的海量特征，网民在发布意见时不受版面和时段的限制，每一个有发言欲望的网民都能成为评论的创作主体；由于网络的匿名性，网民能够抛开现实生活中的许多禁忌，在很多时候更为真实、更为尖锐地表达自己的观点。

综上所述，原来的职业新闻评论作者独步天下的局面已被彻底冲破，评论主体的多元化已是不争的事实，记者评论、专家学者评论与普通百姓评论已成三足鼎立之势。

伴随这一进程，新闻评论作者的角色也由原来的指导者和教育者更多地转向民众引导者、意见表达者和新闻解读者，其服务性功能大大加强。

新时期新闻评论发生的上述变化是我国新闻事业发展变化的一个侧影，这些变化并非偶然。一是缘于社会大环境的变化，即中国社会的转型，由阶级斗争为主转向以经济建设为中心，由计划经济体制转向市场经济体制，社会的日益开放，为新闻评论的发展提供了更为宽松的言论空间，转型时期涌现出来的错综复杂的社会矛盾，则为新闻评论提供了层出不穷的话题。二是缘于媒介生存方式的转变，由财政拨款转向在市场中自谋生存，从而引发了激烈的市场竞争，形成了不同级别、不同类型的媒介共存的局面，导致了以传者为中心向以受者为中心的转变。新闻评论成为媒介竞争的重要手段之一，在不同类型的媒介上呈现出丰富多彩的面貌。三是缘于媒介技术的进步，尤其是网络媒体的兴起，在技术上为广泛而自由的普通百姓表达提供了前所未有的可能性。

第三节　当代美国报纸新闻评论

作为当今世界最发达的资本主义国家，美国的新闻评论的理念和操作手法在西方发达国家中有相当的代表性。在本节，我们将向大家介绍当代美国报纸新闻评论的基本状况，希望以此作为了解当今西方发达资本主义国家新闻评论的一个窗口。

一、形式与内容要素

当代美国报纸一般都辟有言论版，全国性大报都为其留出两个版面。言论版的文章主要有以下几个种类：

（1）社论。由本报社论委员会的专职评论员撰写，属于不署名文章，代表报社立场。大报每天有三至四篇社论，议题包括地区事务、国内事务和国际事务。

（2）读者来信。又称读者投书，由普通读者撰写，对新闻和社会公共事务发表看法，文章较为短小，文后标明作者的署名、地址。大报每天刊登的读者来信多达十多篇。

（3）社外作者来稿。多为专家学者的来稿，篇幅较长，就新闻和社会公共事务发表与社论不同的观点，在文尾有对作者背景的介绍。

（4）个人署名专栏。由专栏作家写作，轮番刊出，文章内容和文字风格较为轻松活泼。

以下通过分析《纽约时报》（*The New York Times*）、《国际先驱论坛报》（*International Hreald Tribune*，今《国际纽约时报》）、《华尔街日报》（*The Wall Street Journal*）的社论版个案，来对当代美国报纸新闻评论的具体情况作进一步了解：

《纽约时报》的言论版有两个整版，位置居于 A 叠的倒数第二版和第三版。打开 A 叠的最后一页，两个整版的评论就呈现在读者面前。

居于左边的版面是“EDITORIALS/LETTERS”，即“社论/读者来信”，该版面从中间剖开，左边为社论，右边为读者来信，各占三栏宽。

居于社论板块最上方的是《纽约时报》的内报头，标明报名和报纸各板块的负责人；在内报头之后从上至下刊出三到四篇社论。居于右边的是十多篇读者来信，由编辑制题将同一主题的信件集纳在一起，每封读者来信的背后均写明作者姓名、地址、写信时间，有的还交代作者身份。下方有一块一栏宽的位置为纽约时报公司的介绍，上面附有纽约时报公司的总负责人和各个部门负责人的名字等信息。

与社论/读者来信版相邻，居于右边的是 OP/ED，即“社论版对页”，一般刊发四篇言论，其中两篇为社外作者来稿，两篇为个人署名专栏。该版一般每天都有一张宽达三栏左右的漫画，右下方还常刊出广告。

《国际先驱论坛报》的言论版也有两个整版，与《纽约时报》不同，该报言论版放在新闻叠的中间，左边的版为“Views/Editorials & Commentary”，即“社论和评论”，右边的版为“Views/Opinion & Letters”，即“观点和来信”。

其“社论和评论”版的左边一般为两栏宽的位置，自上而下刊有内报头和三篇左右的社论，右边四栏宽的位置，则刊有专栏和社外作者评论，还有世界各地媒体的言论摘要精选；其“观点和来信”版刊有一组读者来信、数篇社外作者的评论文章和一两幅漫画。

《华尔街日报》的言论版与《纽约时报》类似，同样有两个整版，位置也是在新闻叠的倒数第二版和第三版。左边的版面刊出社论和社外作者署名评论，各有三篇左右；右边的版面刊出读者来信、专栏文章和内报头，通常在版面右下方有广告。

二、特点

（一）言论的独立性

言论的独立性表现在两个方面：一是指言论和新闻分开；二是指站在公众的立场上，对社会公共事务发表独立的见解，进行建议和批评。

新闻与言论分开，是西方新闻事业的重要传统之一。新闻提供事实，强调客观公正和准确无误；言论则要体现报社和社会各方对新闻和社会公共事务的意见和观点，具有主观性。

在多数美国报社中，社论部是一个特殊的部门，社论部的主编在地位上与报纸的总编地位相当，直接听命于报纸发行人，而无须向总编负责。从言论版的版位上也可反映这一点，包括《纽约时报》《华尔街日报》在内的许多美国报纸都将言论版放在新闻叠的倒数第二版和第三版，由于新闻叠的最后一版常用于刊登广告，因而这两个版实际上就是新闻叠的最末，由此从版位设置上将新闻与言论分开，以保证新闻的客观性和言论的独立性。言论的独立性不仅表现在社论版相对于新闻版的独立，还表现在社论作者自身观点的独立，尽管社论要代表报社的立场，但报社不强求社论作者写出符合报社立场而违背作者本人信念的东西。

作为美国的第一大报，《纽约时报》就经常发表批评政府的评论文章。如2002年初，美国国防部向国会提交了一份秘密报告，该报告将一些国家列为危险国家，将包括中国在内的主权国家置于导弹瞄准范围，并声称必要时可实施先发制人的核袭击，在国际社会引起强烈反响。针对此事，《纽约时报》在2002年3月12日发表社论，强烈谴责美国国防部的做法，指出该报告“破坏了《不扩散核武器条约》”，其降低美国使用核武器限制条件的做法是“不顾后果的愚蠢”行为。①

当然我们也应看到，如同新闻的客观性一样，言论的独立性也是相对的，在某种程度上，要完全避免外界的侵扰只是一个理想和目标，实际上是难以做到的。

（二）言论的多元性

首先，从言论主体的角度来看，当代美国报纸的言论主体是多元化的，既包括报社社论部的专职评论员，又包括专栏作者、社外学者专家，以及大量的普通读者。其次，从文体上来看，既有严肃的社论和社外作者投稿，又有篇幅短小、文体不拘一格，但求直抒胸臆的读者来信，还有轻松幽默的个人署名专栏。

更重要的是，言论版上的观点呈现出多样性，尤其是对同一个事件的各种不同观点能在言论版上共生，互为参照。下面来看两个案例：

比如，2005年7月2日的《纽约时报》在头版刊登了美国最高法院女法官桑德拉·戴·奥康纳（Sandra Day O’Conner）宣布即将退休的消息，言论版就此发表了多条评论，首先是在社论/读者来信版，左边头条刊登了一篇社论，题为*Justice O’Conner*（《法官奥康纳》），右边最上方则刊登了9封针对此事的读者来信，集合在“A turning point for the court and for the nation”（最高法院和国家的一个转折点）这一主标题下，在社论版对页头条位置，则发表了一篇题为*Robed in Mystery*（《身穿长袍的神秘人士》）的社外来稿，对这位大法官的经历和贡献进行了叙述和评论。

---

① 辜晓进：《走进美国大报》，广州：南方日报出版社，2002年，第56页。

这些来自社论部评论员、普通读者和社外投稿人的不同稿件，呈现出多样化的形态，代表了社会各界对其人其事的意见。

又如《今日美国》的社论版，在一篇社论之下，往往安排两篇观点对立的文章，叫作“Today's Debate”（今日争论）。一篇是“Our View”（我们的观点）；另一篇是“Opposing View”（反对观点）。2002年3月27日的社论版上“今日争论”的主体是“Medical Privacy”（医疗隐私）。其中，“我们的观点”文章的题目是*HHS Weakens Protections*（《HHS削弱了保护》）。HHS是美国政府机构健康与社会服务部（Health and Human Service）的缩写。这篇文章对美国政府在医疗信息的隐私性保护方面的退步提出了批评。因为新的规定取消了患者必须以文书形式明确同意，医院才能公开他/她的医疗信息的条款，而改为让患者看一个“Notice”（注意事项），这个注意事项中包括同意医院公开其医疗信息。这样的程序可能使患者稍不注意就放弃了自己的权利。而“反对观点”的题为*Less Paper Work is Better*（《少一些文书会更好》）。这篇署名文章的观点是：这样一个注意事项同样能保障患者的隐私权。在文章结束之后，报纸还特别注明：这篇反对文章的作者迪克·戴维森（Dick Davidson）是美国医院联合会的主席，也是HHS的主席，他拒绝写“反对观点”。①

三、理念与准则

当代美国报纸新闻评论之所以呈现出独立性和多元性，是与其所秉持的理念直接相关的。

指导当代美国新闻实践的理论基础是社会责任理论。20世纪40年代，美国新闻媒介对新闻自由的滥用，损害了信息和思想的自由流通，使媒介遭遇了来自社会各界的激烈批评，自由主义报刊理论面临深刻的危机。

1942年12月，由时任芝加哥大学校长哈钦斯任主席的“新闻自由委员会”成立，4年之后，委员会提供了一份研究总报告《一个自由而负责的新闻界》（*A Free and Responsible Press*），在报告的第二部分，委员会对大众传媒提出五项具体要求，这也就是社会责任论对大众传媒的基本要求，即大众传媒要拥有：

第一，一种就当日事件在赋予其意义的情境中的真实、全面和智慧的报

① 马少华：《冲突与宽容的言论生态——中美报纸言论版的比较研究》，《国际新闻界》2002年第3期。

道；第二，一个交流评论和批评的论坛；第三，一种社会各群体互相传递意见与态度的工具；第四，一种呈现与阐明社会目标与价值观的方法；第五，一个将新闻界提供的信息流、思想流和感情流送达每一个社会成员的途径。①

这五项要求既是新闻报道的原则，也是新闻评论写作与编辑的原则。直接指导新闻评论包括大众传媒要对新闻事件作出合理的解释，大众传媒要成为社会各阶层交换意见和态度的论坛和工具，要阐明社会的目标与价值观。正是在社会责任论的指导下，美国报纸评论确立了四个最重要的目标：

（1）为读者大众服务。
（2）为读者、社区和国家提供一个论坛——一个自由交换观点的市场。
（3）做社会的守望者。
（4）为你的读者提供信息并引导他们去促成变革。②

美国全国社论撰稿人大会也依此确立了《基本准则声明》。该准则声明对社论撰稿人提出了全面而具体的要求，规定社论撰稿人应当诚实、尊重事实、不谋求私利、给予不同观点表白自己的机会、不写有悖自己良知的东西等。

基本准则声明

美国全国社论撰稿人大会

（1）社论撰稿人应当诚实。全面地提供事实。把社论的基础建立在只具部分真实性的报道之上是一种欺骗。撰稿人绝不能明知故犯地误导读者、提供虚假情况、歪曲任何一个人的模样。不能放过任何一个人的模样。不能放过任何可能引起严重后果的错误而不加以纠正。

（2）社论撰稿人应当以证据的力量以及对公众利益的深入思考为基

① ［美］新闻自由委员会著，展江、王征、王涛译：《一个自由而负责的新闻界》，北京：中国人民大学出版社，2004年，第11－12页。

② ［美］康拉德·芬克著，柳珊、顾振凯、郝瑞译：《冲击力：新闻评论写作教程》，北京：新华出版社，2002年，第4页。

础，来从所述事实中得出公正结论。

(3) 社论撰稿人决不可利用自己的影响力来谋求任何形式的私利。不能接受贵重礼品、免费旅行以及其他能（或可能）给人格完整造成损害的好处。撰稿人应当随时对实际的或表面上的利益冲突保持警觉，其中包括可能源自以下几方面的利益冲突：金融证券，第二职业，出任政治、公民及其他组织公职工参与其中。对有关问题进行及时、公开的披露能最大程度地消除嫌疑。编辑应努力使报业辛迪加遵循这些准则。为了进一步增强社论版的可信度，撰稿人还应当促进其所代表的机构对实际的或表面上的利益冲突的规避。

(4) 社论撰稿人应当意识到，如果一些别的什么人也被给予言论自由的机会，那其他公众会更为赞赏《第一修正案》的价值。所以，应当给予不同观点表白自己的机会，忠实地编辑以真实地反映各种见解。批评的对象——不管这种批评是一封信、一篇社论、一幅卡通画还是一篇署名专栏文章——尤其应当拥有作出回应的机会；编辑应当坚持报业辛迪加必须固守这些准则。

(5) 社论撰稿人应当经常检查自己的结论。撰稿人应乐于接受新信息、修正老结论。当自己的观点有实质性变化时，必须让读者明白。

(6) 社论撰稿人应当有勇气树立牢固的观念，决不写任何有悖自己良知的东西。许多社论版上的文章并非出自一人之手，而健全的集体判断只能通过健全的个人判断来取得。应当尊重经过深思熟虑的个人意见。

(7) 社论撰稿人应当始终不渝地履践自己保守隐私的承诺。但作出这样的承诺，只能是出于满足公众获取信息需求的目的。

(8) 社论撰稿人应阻止那些由外部供稿机构提供、而以本报名义刊发的社论。如果没能公开这类社论的来源，那你的职业道德就有问题了。当那个供稿机构在为某种特殊利益服务而你却无动于衷时，那就尤其应该受到谴责。

(9) 社论撰稿人应当倡导深思熟虑的新闻批评，特别是业内批评，并促进本声明确立的规范标准的遵守执行。①

(1975 年 10 月 10 日通过)

---

① ［美］康拉德·芬克著，柳珊、顾振凯、郝瑞译：《冲击力：新闻评论写作教程》，北京：新华出版社，2002 年，第 7－8 页。

正是这些理念和准则规范了美国报纸评论的写作和编辑，决定了当今美国报纸评论版的面貌。

四、对我国报纸新闻评论的影响

美国报纸新闻评论的编辑方式对当代中国报纸的新闻评论也产生了影响，对市场化程度较高的都市报的影响尤其明显。下面我们就以在国内报纸时评热中独领风骚的《南方都市报》为例来进行分析。

2002 年 3 月 4 日，《南方都市报》开风气之先，在全国首辟时评版。2003 年 4 月 2 日，《南方都市报》增辟来论版，将时评版由一个版增加到两个版。后来，《南方都市报》进一步对其时评版进行调整。时至今日，其时评版每周一均为两个版，被安放在头版之后，A2 版头条每天刊出一条本报社论，社论下方有一篇作为小社论的"街谈"，是本报记者所写的文笔轻松幽默的短小评论文章，接下来是若干普通读者的简短来稿，此外该版还常摘转载国内其他媒体的评论。A3 版主要刊登社外专家学者、特约评论员的专栏评论文章，一般有三至四篇。

不管是版面设置、社论的日常化、批评性言论的增多，还是言论主体和言论品种的多元化结构，《南方都市报》都参照了美国报纸的言论版。其 A2 版类似于《纽约时报》的社论/读者来信版，A3 版则类似于《纽约时报》的社论版对页，主要刊登社外作者的评论。

对于该版的理念，其评论部主任曾有这样的表述："具体到评论分析的具体事件与领域，时评当以一种建设性的态度与取向为重。这同样是因为转型中国的社会责任所系。因此，南都时评以此为念，愿意做一个盛放言论的平台，但更愿意做一个自有建设性主张和立场的阵地。"①

所谓"建设性的态度""盛放言论的平台"，即表述了对于言论创作主体多元化和观点多元化的倡导与宽容。

必须强调的是，中国报纸的新闻评论与美国报纸的新闻评论还是有着本质的区别，这也决定了中国报纸新闻评论在观点的冲突上表现不明显，更多的是不同角度的互相补充，而不是观点的对立。中国报纸的新闻评论是马克思主义新闻观指导下的新闻评论，它从人民的立场出发，为人民发声，而美国报纸的新闻评论是资产阶

---

① 李文凯：《重要的是形成风格——〈南方都市报〉时评的理念与操作》，《中国记者》2005 年第 4 期。

级思想引导下的新闻评论，为一定的阶级立场服务。因此，我们要带着批判的眼光来看待美国报纸的新闻评论。

复习思考题

1. 结合实例，分析中国报刊言论的文体演进。
2. 简述新时期我国新闻评论的现状与发展趋势。
3. 简述当代美国报纸新闻评论的特点及其对我国新闻评论的影响。

第三章

新闻评论的选题、角度与观点

第一节　新闻评论的选题

所谓选题，就是选择与决定评论的对象，也就是解决“评什么”的问题。选题是新闻评论的第一个环节，是评论的起点与基础，在很大程度上影响着评论价值的大小及其成功与否。我们常说，“题好一半文”，实际上，不仅是“题好一半文”，甚至可以说，“题好方有好文”，“好题”是“好文”必不可少的组成部分。那么，新闻评论如何选题？

从案例分析入手，我们选择的分析对象为第二十九届中国新闻奖文字评论的选题。第二十九届中国新闻奖文字评论类获奖作品共 13 件，含特别奖 1 件、一等奖 2 件、二等奖 4 件、三等奖 6 件，具体信息如表 3 - 1 所示。

表 3 - 1　第二十九届中国新闻奖文字评论类获奖作品选题状况①

<table>
<tr><th>获奖级别与刊发媒体</th><th>作者（主创人员）</th><th>题目</th><th>选题背景</th></tr>
<tr><td>特别奖《人民日报》</td><td>集体</td><td>创造历史的伟大变革——纪念改革开放 40 周年（上）</td><td rowspan="2">2018 年适逢改革开放四十周年，评论紧扣这一主题而展开，这两篇评论作品主题重大、引导有力，都是在重要节点响亮发声的重要评论作品</td></tr>
<tr><td>一等奖新华社</td><td>集体</td><td>新华社评论员：向着更加壮阔的航程——致敬改革开放 40 周年</td></tr>
<tr><td>一等奖《经济日报》</td><td>吕立勤</td><td>对“私营经济离场论”这类蛊惑人心的奇谈怪论应高度警惕——“两个毫不动摇”任何时候都不能偏废</td><td>2018 年 9 月 12 日，署名吴小平的《私营经济已完成协助公有经济发展　应逐渐离场》的网文流传网上，引起哗然</td></tr>
</table>

① 本表相关信息根据中国新闻奖获奖作品公告整理，见中国记协网，http：//www. zgjx. cn/cnnewsaward2019publicly/index. htm，2019 年 11 月 1 日。

（续上表）

获奖级别与刊发媒体	作者（主创人员）	题目	选题背景
二等奖《湖北日报》	李思辉（李波）	传达不过夜不如落实不打折	《中国纪检监察》杂志刊文称，有的领导干部时时把上级精神挂嘴上，表态比谁都早，会议传达不过夜、一开到半夜，但抓落实干劲韧劲不足。这两则新闻触发了作者的思考，意识到“传达不过夜，开会到半夜”，往往也是一种值得警惕的形式主义
二等奖《中国教育报》	刘涛	让劳动光荣成为青年坚定信念	“劳动精神”自党的十八大以来，得到中央高度重视，但社会对其认识仍有滞后。评论在五四青年节刊发，呼吁“劳动光荣”，强调“劳动教育”，指出在教育实践上推进劳动和德智体美并行发展
二等奖《湖南日报》	夏似飞、陈淦璋、彭艺	坚持“房子是用来住的，不是用来炒的”定位	2018 年上半年长沙出现“买房越来越难，房子越来越俏”问题以及投机炒作乱象
二等奖《文汇报》	黄启哲	明星什么时候起“不能批评”了？	某偶像因歌技不佳引争议。他没有虚心接受批评，反用歌词傲慢回复，回避自身专业能力，曲解批评为“动了谁的奶酪”，引发粉丝与网友的骂战
三等奖《宁波日报》	易其洋	哪来那么多“表叔”“表哥”	“留痕主义”这个话题，是作者在基层走访和调研时“听来”的。在社区、学校、医院、村镇，与采访对象闲谈聊天时，作者多次听说，现在基层人员做工作，啥事都要填表格、留“痕迹”，弄得“表叔”“表哥”到处都是，做实事反而少了时间和精力
三等奖《宝鸡日报》	赵风	留“心”比留“迹”更重要	基层干部的苦恼让作者困惑，他们加班加点，忙于工作，却常常并不被群众认可，甚至招致群众反感。为什么会出现这种现象？通过记者深入调查，过度倚重“痕迹管理”、以“文档”取代实际调查的形式主义、官僚主义逐渐浮出水面。恰在此时，习近平总书记在中共中央政治局第十次集中学习会上，对这种现象提出了严厉批评。总书记的讲话让记者茅塞顿开

（续上表）

获奖级别与刊发媒体	作者（主创人员）	题目	选题背景
三等奖《西藏日报》	廖嘉兴	牢固树立马克思主义历史观——论深入开展马克思主义“五观”“两论”教育	党组织开展马克思主义“五观”“两论”教育
三等奖《法制日报》	秦平	依法纠正产权错案彰显法治中国新高度	保护民营企业家合法权益是2018年法治中国建设的强音，而张文中案再审改判，不仅是我国涉民营企业家错案纠正第一案，也是司法机关依法保护民营企业家产权的标志性案例。此案被收入2019年最高人民法院工作报告，体现了司法机关对涉产权刑事申诉案件的清理力度，此案在政治上和法律上的意义都十分重大
三等奖《北京青年报》	潘洪其	以法律利器狠刹“戏说英烈”歪风	一段时间以来，历史虚无主义思潮甚嚣尘上，波及史学、文艺、教育、新闻舆论等多个领域，本文作者对此一直保持高度警惕。2018年9月28日，西安市雁塔区人民法院对叶挺烈士近亲属起诉西安摩摩信息技术有限公司名誉侵权案一审公开宣判，判决被告公开道歉并支付精神抚慰金。文章将此案被告行为及网络上频出的“戏说英烈”行为作为历史虚无主义的典型，分析其错误实质和危害，提出了遏制、惩处侵害革命先烈人格利益违法犯罪的建议和措施
三等奖《内蒙古日报》	李振南	融入生活是最好的传承	作者在参加首届蒙古族时装与帽饰设计大赛时，看到大赛首次设置时尚和生活类民族服装展示环节，通过进一步采访主办方、设计师与蒙古族群众，形成了本文的思路

从选题及其功能来看，上述13件作品可主要分为三种类型。

第一类为重大时代主题类。其中，特别奖作品、刊发于《人民日报》的《创造历史的伟大变革——纪念改革开放40周年（上）》，一等奖作品、新华社评论员文章《新华社评论员：向着更加壮阔的航程——致敬改革开放 40 周年》均属此类。2018 年适逢改革开放 40 周年，对改革开放 40 周年的纪念与宣传是当年一马当先的宣传舆论主题，这两篇文章都是紧扣这一主题展开的。

第二类为正面思想价值引导类。如一等奖作品《对“私营经济离场论”这类蛊惑人心的奇谈怪论应高度警惕——“两个毫不动摇”任何时候都不能偏废》、二等奖作品《明星什么时候起“不能批评”了?》均属此类。前者所针对的是所谓的“私营经济离场论”的谬论，后者所针对的是某些明星妄自尊大、不愿接受批评的不良现象。

第三类为舆论监督类。如二等奖作品《传达不过夜不如落实不打折》、三等奖作品《哪来那么多“表叔”“表哥”》、三等奖作品《留“心”比留“迹”更重要》等，均属此类。三篇获奖作品不约而同地针对形式主义、官僚主义展开了批评。

回到本节的核心问题——新闻评论该如何选题？在这个环节，要解决的就是判断特定议题评论价值大小的问题。那么，我们判断议题评论价值大小的依据是什么呢？笔者认为，可以概括为三个最重要的关键词：时机、关注度、评论空间。

所谓时机，即推出评论的由头，如党和政府政策的出台、新闻事件的发生、新闻现象的普遍存在等。从一般意义上而言，时机的要求是不言而喻的，新闻评论是对新闻的评论，这里的“新闻”，可以是事件，也可以是现象，还可以是观点。而“新闻”的发生与公开传播，便是新闻评论的前提。从操作的意义上而言，一些面上的议题，需要有特定的时机。比如前述有关改革开放 40 周年的两篇获奖作品，就是依托于改革开放 40 周年这一特定的时间节点展开的。

所谓关注度，即议题引发公众关注的程度，具体而言，又可分为重要性与趣味性两个方面。重要性来自其与社会、公众、个体利益相关的程度，相关程度越高，则越重要。趣味性在此并非仅指日常生活中的有趣，它指的是引发公众兴趣的程度，如体育赛事、明星绯闻等，这些新闻未必与受众的利益相关，但能成为一种社会谈资，往往有很高的关注度。需要进一步指出的是，有的议题兼具重要性与趣味性，有的议题则只是具备其中的某一个维度。如第三十一届中国新闻奖二等奖作品《钟华论：在民族复兴的历史丰碑上——2020 中国抗疫记》，是针对全国抗击新冠疫情所展开的评论。新冠疫情对每一位个体的生命健康构成了巨大的威胁，也冲击了基本的社会秩序与个体生活秩序，其重大性显而易见。另一件二等奖作品《多国囤粮：一堂活生生的粮食安全“警示课”》，涉及吃饭问题和粮食安全问题，关系到人的基本生存。2023 年 7 月 5 日，一则新闻引发广泛关注，中国香港歌手李玟因抑郁症轻生去世，享年仅48岁。作为一线明星，李玟的相关新闻自带流量，何况是自杀身亡。另外，这条新闻也隐含着重要性，即抑郁症对众多患者健康的严重威胁。

所谓评论空间，即指议题的复杂性与争议性。一个简单的偶发事件，如天气突变可能带来重大的危害，但本身可以讨论的东西很少。前述二等奖作品《坚持“房子是用来住的，不是用来炒的”定位》，所针对的是2018年上半年长沙“买房越来越难，房子越来越俏”的问题以及投机炒作乱象，作为一个经济热点现象，有着复杂的社会动因，可言说的空间自然也大。

第二节　新闻评论的角度

在确定选题之后，随之而来的第二步即寻找并确定分析的角度。所谓“横看成岭侧成峰，远近高低各不同”，事物是有多面性的，从不同的角度，站在不同的位置去看待同一个事物，会有不一样的风景与面向。新闻评论的写作也是如此，从不同的角度，会得出不一样的结论，给人以不同的思想启迪。

一、逻辑思维角度不同

2009年11月18日，众多媒体刊发消息，报道北大正式公布了获得2010年“中学校长实名推荐制”的中学、该校校长姓名及其可推荐学生的名额，消息引发高度关注，随之也引来各种评论。先看下面这条新闻：

北大校长推荐制只挑重点高中　多集中在省会

昨天北京大学招办正式公布了获得2010年“中学校长实名推荐制”的中学以及校长姓名，同时公布了相应中学的推荐名额。昨起，这一名单开始在北大招生网上公示。

北京获得推荐生名额最多

在北大进行的13个试点省份里，江苏省获得这一资格的中学最多，共有10所，不过以推荐名额而论，北京市具有的推荐名额最多，共可推荐12～16名考生。

昨天北大招办通过其网站公布了获得2010年“中学校长实名推荐制”的中学名单。这39所高中均为各省份的示范性中学，也就是通常意义上的重点高中。推荐生总名额在59～92人之间。

在这13个试点省份中，江苏有10个中学获得了校长推荐资质，是获资质学校总数最多的省份，不过每所中学只有一个推荐名额，全部只有10个推荐名额。相比较而言，北京只有四所中学获得了校长推荐资质，但获得12～16个推荐名额，位列各省份之首。

除了北京和江苏，黑龙江和浙江获得的推荐名额也比较多。其中，黑龙江三所中学获得了7～10个推荐名额，浙江三所中学获得了3～10个推荐名额。

在试点省份里，吉林和新疆获得推荐资质的中学最少，均只有一所。不过吉林的东北师大附中的校长有5个推荐名额，而新疆维吾尔自治区的乌鲁木齐市第一中学的校长只有1个推荐名额。

入围中学多集中在省会

在这13个试点省份中包括北京、天津和重庆三个直辖市。这三个直辖市中，除了北京有四所中学具有“中学校长实名推荐制”资质，天津和重庆均有两所中学，均有2～6个推荐名额。

其余10个省份获得推荐资质的中学也多集中在省会城市。比如河南（2所）、湖北（3所）、湖南（4所）、陕西（2所）、吉林（1所）、新疆（1所），这6个省份所有中学均地处省会城市。其余的一般也是在副省级城市或另一中心城市。

（央广网　2009年11月17日）

新闻发布后，多家媒体刊出评论，且看其中较有代表性的三篇。

第一篇是刊发于《华商报》的评论，题为《北大的独食与偏食》，作者王志安联系日常生活的经验，从故事讲起，论证北大此举的本质无异于母亲给小儿子吃独食与偏食。就论证的角度而言，它更多地着眼于“是什么”。

北大的独食和偏食

王志安

小时候我们家子女多，饭菜常常不够吃，每次开饭前，妈妈就让我这个最小的男孩儿先上桌吃几口。多年之后，我姐姐对妈妈的偏心仍然耿耿于怀。她说，这不公平！当时我姐姐其实只有七八岁，但她就能意识到我先上桌吃饭不公平，可现在，许多口口声声教书育人的大学却还不如我当年七八岁的姐姐。

北大自主招生，让中学校长实名推荐，在我看来，就是父母让自己的宝贝儿子吃独食。原本各学校一起招生，全国各地的考生上场厮杀，比的是实力，也有一点点运气。现在北大却在大家招生之前，先下锅捞几筷子。言下之意，就是不但要把通过考试选拔出来的好学生弄进北大，还要把那些万一考试没考好，但也是块好料的尖子生网罗进来。北大的校长说，这叫改变过去千军万马过独木桥，一考定终身的弊端，而尽可能地人尽其才。这道理我妈当年就明白，她说肉就这几口，得尽着小儿子吃！

谁说好学生就都得上北大？如果好学生都上北大了，那清华肯定不干，人大也会着急跳脚，他们也会纷纷哭着喊着提前上桌吃饭。那中国传媒大学这样的学校还不气死，好学生都被抢走了，自己学校的学生打进门起就比北大清华矮好几公分，老师们再怎么努力，中国大学的格局恐怕也永远是北大清华第一第二。北大清华力争上游当然没错，但如果排名是靠吃偏食来保证，这个第一的成色就打了折扣。说到底，大学教育，传授知识还在其次，育人更重要，而这，首先要求大学要懂得公平的含义。

北大作为全国最好的大学，谁都想上，但早有好事者统计，北大的本科生里来自农村的生源比例，只有不到20%，如果您觉得这个比例太低，我要告诉你，北大口口声声说要改变一考定终身的中学校长实名推荐制度，有机会获得推荐的农村学生，可能连百分之五都不到，搞不好就是百分之零。按照北大的规定，全国共有39所学校的校长有实名推荐的资格，具体名额各不相同。这些学校基本上在全国各地都是响当当的名校，多数都集中在省会。39所学校中，县一级的学校，从名单上看，明确的只有两所。一所是江苏省天一中学，另外一所是江苏省淮阴中学。还有个别学校猛一看看不出来级别，但即便还有县级中学，也就一两所的事。也就是说，在这样一个学校分配额度里，县一级的学校只占5% ~10%。可即便在这仅存的几所县级中学里面，农村学生又能占到多少比例？这些农村学生，又有几个能入校长大人的法眼，获得推荐的资格？不久前，北大一位副校长说，其实许多来自农村的学生，并不比那些所谓的高考状元能力差。这我相信是句实话，可就是这些实力上并不差，只是没机会生在北京、天津这样的大城市的孩子，在那个千军万马挤独木桥的时代，至少还能拼力气去挤一挤。现在，桥是有了两座，可另一座他们却连挤的机会都没有。北大作为一所全体纳税人花钱建造的公立学校，不知道有没有意识到，这是一种赤裸裸的制度歧视。

我们再来看看北大给试点的13个省市分配的推荐名额。北京4所学校12 ~16个名额，广东2 ~6个，河南2 ~6个，江苏10个，浙江3 ~10个。如此分配体制，和北大在各省招生的数额比例差不多，也和全国各地高考录取的学生数额比例相似。北京作为首都，还是一如既往地享受着最好的优待。而河南这样的省份，却只有北京的六分之一。如果说，在全国范围内改变高考录取数额的不公平，北大作为一个学校力不从心，但在自己完全可以作主的推荐范围，仍然沿袭被人诟病的旧逻辑，再怎么说自己是兴利除弊，恐怕都没人相信。

我母亲晚年，有一次聊天的时候终于对我姐姐说：孩子，当年亏待你了！我姐姐一扭身，眼泪就流了下来。但愿，这样的错误和伤害，不要在北大身上重演！

（《华商报》　2009年11月21日第B2版）

同样是探讨教育资源分配不均衡的问题，第二篇评论《一份重点中学名单背后的沉重话题》与王志安所写的评论不同，则将目光转向教育资源分配不均衡背后的制度与社会历史成因，进而探讨解决问题的办法。文章指出，重点学校的形成，有政府资金重点支持的因素，也有学校管理者治校有方，教师敬业努力，学生勤学上进等多种因素。如何解决问题呢？加大对普通学校的资金投入，改善办学条件和教师待遇，是缩小校际差距、均衡教育资源、提升教育整体水平、实现教育公平的根本。文章的着眼点落在了“为什么”与“怎么样”上。

一份重点中学名单背后的沉重话题

王甘武

近日，北大公布了“中学校长实名推荐制”获得资质的39所学校名单，有落选中学对北大的标准提出异议和不同意见。尽管北大招办表示，推荐制是一个“增量”尝试，不会让未获得推荐资质的中学利益受损，但以北大的特殊地位，这样的推荐资格给予谁，都将是莫大的荣誉和最好的宣传。已有不少人在担心，这种推荐会让更多的资源流向大城市、名中学，从而扩大这些有优质资源的学校和落后地区、普通中学之间的鸿沟。

北大此举，对于打破高校招生“一考定终身”，开辟多种途径选拔优秀学生的意义不言而喻。但在当下学术腐败和社会风气的大环境里，公众对这样不看高考分数的“绿色通道”抱有疑虑也在情理之中。对教育公平话题的高度关注，映射出教育公平不尽如人意的实际。城乡差别，区域差别，重点校和非重点校差别，投入有限和分配不均的差别……种种历史原因和现实国情，让这个话题愈发沉重，更加复杂。

新任教育部部长袁贵仁强调，“要把均衡教育资源、促进教育公平作为教育改革的重中之重”。公众和一些媒体以及“落选”中学也以此为标准和理由，质疑甚至否定承认差别的“中学校长实名推荐制”的合理性。

由此观之，在相当一部分人的意识或潜意识中，让天下所有的中小学生进同一所学校，上同一个老师的课，接受同一份高考试卷测试，再按照同一个分数线录取，这样的教育或许才算机会均等和公平。但实际上，这样的参照标准不仅解决不了实际问题，而且会让我们考虑问题的思路偏离正确轨道。

重点学校的形成，有政府资金重点支持的因素，也有学校管理者治校有方、教师敬业努力、学生勤学上进等多种因素。内外因的结合加之“马太效应”，让各地涌现出一批代表当地教育最高水平，充分展示当地教育政绩的重点学校。当地政府对其自然宠爱有加，学生和家长自然也是趋之若鹜。相对于数量众多、质量平平的普通校，重点学校犹如鹤立鸡群。优质资源的稀缺匮乏，和教育机构统一工资标准福利的统一管理模式，客观上催生了有“经营能力”的重点校变着花样乱收费，家长千方百计“自愿”交费挤进重点校的乱象。

校际差距是客观存在，缩小差距的目标当然应该坚持，但必须实事求是，从有利于鼓励先进、帮助后进的角度制定政策，而非通过扯重点校的后腿来实现与普通校“看齐”。为什么有的地方让重点校教师到普通校交流任教的办法乏人响应、陷入困局，除了自身福利待遇、职业发展的顾虑之外，违背了继续推动重点校加快发展的大原则，当是重要原因之一。

加大对普通学校的资金投入，改善办学条件和教师待遇，是缩小校际差距、平衡教育资源、提升教育整体水平、实现教育公平的根本。但现实难题是，在一定时期和范围内，可以投入教育的资金总是有限的。给重点校多了，给普通校的就会少。目前的突出问题是，重点学校“赢者通吃”，财政拨款、政策支持、社会捐助、家长赞助，体制内和体制外的钱可以左右逢源、伸手就有，而普通校却落得个政府不疼、家长不爱的结果，谋求发展困难重重。教育投入不能雪中送炭，却愿锦上添花的做法，无疑在加剧教育资源的配置失衡。

如何把有限的教育投入用好，实现均衡教育资源的长远目标，笔者认为，当务之急是教育部门知行合一，在承认校际差距的基础上，把促进优质教育发展壮大和帮扶普通学校提高质量结合起来，针对两者不同实际，采取差异化政策，有针对性地管理和帮扶。比如一些重点中小学，自我发展、自我管理的条件较好，能力较强，完全可以转为民办，面向市场，减少直至停止拨款，在一定程度上按照市场规则提供优质教育服务，不受公办学校事业单位工资福利待遇标准的限制，搞“上不封顶”，进一步激发教职工办优质教育的积极性、主动性。教育经费主要投向普通学校，加大资金扶持力度，切实改善办学条件，落实教师法定待遇并改善福利，激励、吸引人才脱颖而出。

一个给政策，一个给资金，用差异化方式解决制约重点校快速发展和普通校难以发展的不同问题，相信更符合中国的实际，更符合学生和家长的心愿。

（新华网　2009 年 11 月 21 日）

第三篇评论与上文同一天发表，是曹林所写《南师附中证明校长推荐很难腐败》，该文直言，因为公开和透明，校长推荐经得起考验，很难腐败。作者的着眼点在于“怎么样”上。

南师附中证明校长推荐很难腐败

曹　林

南师附中迅速“出炉”了“校长推荐上北大”的第一人——该校高三（1）班的匡超。

不得不佩服南师附中的神速！我想，南师附中校长之所以如此神速地推荐，可能基于以下几个原因：其一，匡超太优秀了，众望所归没有什么好争议的。其二，为了回应质疑。这个制度在公平和防腐上引起的质疑几乎让人吃不消，尤其是有推荐权的校长，成了公众怀疑的焦点，南师附中校长可能是想借这个实际行动向心中打满问号的舆论传达自己的推荐标准：我这样推荐学生，推荐这样的学生，你们还会不放心吗？

南师附中校长敢于这么快确定人选，就是因为在被推荐者必须接受舆论如此苛刻审视的情况下，校长推荐确实很难腐败。

公开和透明，一切都必须拿到台面上来接受公开评点和众议，接受无数双眼睛最苛求的审视，这是校长推荐制的核心所在——如果不是看到现实中的校长推荐，而仅仅是在逻辑上盯着“校长推荐制”那些抽象上的漏洞，是看不到这种效果的。这就是南师附中这次神速的推荐让我们看到的东西。

许多人曾质疑北大的这个制度：你的推荐标准到底是什么呢？标准掌握在校长手中，一切由校长评判，很容易滥用。

标准，标准，我痛恨这个词。在既有的高考指挥棒下，一旦设立个什么标准，很快就会异化成一种应试指标，师生都会围绕这个标准而努力，结果又回到了应试的老路上。高考改革，破除应试之弊，就是为了革“标准依赖”的命。评价的权力不是由那个“工具化的标准”所主宰，而是由教育家、教育者、懂教育的人。

在提拔推荐人才的问题上，我们很热衷于“硬杠杠”，喜欢说：“不能用客观的指标和公认的数量进行衡量，那如何避免腐败呢？”这纯粹是静态和僵化地看待标准，其实，虽然没有一个公认的、量化的、硬杠杠式的标准，但在一种公开透明的体制下能经得起公开的评点和众议，那就是一种最权威、最好、最符合教育规律的标准。就像南师附中这样，看上去是校长在按自己的标准推荐学生，其实不然，因为推荐之名单得拿到阳光下接受最苛刻的审视，这种压力下，校长必须尽可能按公认的标准去推荐，让他的推荐无可挑剔，让推荐无可争议。

是的，是校长在推荐，但公众的眼睛却左右着校长的手，迫使其必须经得起公众评价，这只看不见的手，就是真正的标准。

（《扬子晚报》 2009 年 11 月 20 日）

至此，我们可以发现，针对北大公布实名推荐名单及相应名额分配这一新闻，不同的评论主体选择了不同的分析角度，给出了各自的观点，这个案例典型体现了新闻评论在逻辑思维层面的角度。从理性的思维逻辑来看，对于评论对象，我们往往沿着以下的线路展开分析，即“是什么—为什么—怎么样—怎么办”。所谓“是什么”，就是透过现象看本质，分析隐藏在表象背后的实质，正如《北大的独食和偏食》的作者王志安，通过这份名单看到了北大此举乃“吃独食和偏食”的本质。所谓“为什么”，即探讨事物背后的复杂社会动因及其生成机制，正如作者王甘武看到了名单背后重点中学形成的原因。而“怎么样”，则是探讨事件与现象所带来的社会影响，正如作者曹林通过南师附中的案例，指出北大的实名推荐制可说明北大招生的透明与公开。最后是“怎么办”，即如何解决问题，作者王甘武提出要通过加大对普通学校的投入等举措来缩小重点学校与普通学校之间的差距，以实现教育公平。

二、专业视野角度不同

除了逻辑思维的角度，还可以在不同的专业视野中去分析问题。2014 年下半年，香港发生非法“占中”事件，持续两个多月，造成巨大的负面影响。事件结束后，新华网连续刊发了三篇评论，以下我们具体分析。

首篇推出的文章，从法律的角度对香港“占中”展开了批评，关键词是“非法”，文章立足基本法，一针见血地指出，这场活动的组织者、策划者、指挥者提出了一系列挑战基本法权威的非法主张，“占中”属于非法聚集活动。

坚决维护基本法权威——香港“占中”反思录之一

关海平

持续两个多月的违法“占中”最终以失败告终，但其已经给香港铸成诸多直接或潜在的破坏，严重损害香港的社会秩序、经济民生、民主发展和法治根基，不啻香港的一场“噩梦”。“后占中”时代的香港，迫切需要痛定思痛，尽快回到正确的发展轨道。

回顾整个“占中”事件，我们不难看出，在这场旷日持久的非法聚集活动中，其组织者、策划者、指挥者提出了一系列挑战基本法权威的非法主张，诸如“真普选”“公民提名”等，其真正野心在于妄图改变基本法所规定的中央同香港特别行政区之间的关系，削弱、架空甚至对抗中央对香港特区的有效管治。同时，部分香港市民对“一国两制”和基本法存在模糊认识和片面理解，对基本法的权威性缺乏足够认识，结果一度被违法主张所蒙蔽，被非法活动所裹挟。

“一国两制”是国家的一项基本国策，香港基本法是“一国两制”方针政策的法律化、制度化。坚决维护基本法，坚定不移推进“一国两制”，是实现香港长期繁荣稳定的必然要求，也是实现中华民族伟大复兴中国梦的重要组成部分，符合国家和民族根本利益，符合香港整体和长远利益。在经历了“占中”乱象之后，我们该吸取的最大的教训，就是应坚决维护基本法的权威，这是依法治港的根基所在，是重建香港核心价值的根基所在，是维护香港长期繁荣稳定的根基所在。

长期以来，香港被视为法治社会，拥有良好的法治精神，成为香港吸引外来投资的竞争优势，对保持香港国际金融中心的地位举足轻重。香港最近一项民调显示，有92.7%受访者“同意”或“非常同意”法治是香港核心价值。

基本法是依法治港的法律基石，它把“一国两制”伟大构想和国家对香港的一系列方针政策用法律的形式固定下来，为香港的平稳过渡、顺利回归和长期繁荣稳定提供了法律保障。香港基本法涉及方方面面，内容相当丰富，但贯穿其中的灵魂就是“一国两制”。坚决维护基本法权威，切实推进依法治港，必须把坚持“一国”原则和尊重“两制”差异、维护中央权力和保障特别行政区高度自治权、发挥祖国内地坚强后盾作用和提高港澳自身竞争力有机结合起来，任何时候都不能偏废。必须加强对基本法的宣传教育，提高全社会的基本法意识和法治观念。必须做到全体香港居民依照基本法行使权利和履行义务，共同维护香港的法治……只有这样，才能有效应对香港在发展中面临的困难和挑战，才能把路走对、走稳。

当务之急，就是在有关香港政改的问题上，严格按照基本法办事，循序渐进发展符合香港实际情况的民主政治。希望香港社会在基本法和全国人大常委会有关决定的框架内，理性务实讨论，广泛凝聚共识，继续按照“五步曲”法定程序开展下一阶段的政改工作，实现在 2017 年行政长官由一人一票普选产生的目标。

展望未来，希望香港同胞继续沿着“一国两制”方针和基本法的轨道稳步前进，与祖国内地共同开创中华民族更加美好的明天。

（新华网港澳频道　2014 年 12 月 25 日）

随即推出的第二篇文章，关键词则在于“和谐”，从政治的角度展开分析，指出“占中”的政治主张挑战“一国两制”，违法行为挟持民意，非法占道影响民生，凡此种种，均对社会和谐造成破坏，给香港社会造成“累累伤痕”。

包容共济促和谐 ——香港“占中”反思录之二

孙　楠

违法“占中”给香港社会造成“累累伤痕”。反思“占中”，一大教训就是要包容共济，努力促进社会和谐，这也是香港经济社会发展、市民安居乐业的关键所在。

本次煽动“占中”非法聚集的少数人，用违背基本法的政治主张挑战“一国两制”，是在破坏和谐；用违法行为挟持主流民意，是在破坏和谐；为了一己之私长期霸占道路，瘫痪交通，影响民生，是在破坏和谐；面对大多数市民的反“占中”呼声，少数顽固分子一意孤行甚至对抗法庭禁制令，是在破坏和谐；因为“占中”和反“占中”，朋友反目甚至兄弟阋墙的情形不断上演，是在破坏和谐……一场“占中”闹剧，给香港社会造成巨大撕裂和分化，少数人甚至还在继续制造“裂痕”，这是大家不愿意看到的。

古有云：和则治，治则兴；争则乱，乱则衰。香港同胞应该倍加珍惜、全力维护和谐稳定的大局，以国家的根本利益和香港的整体利益、长远利益为依归，避免纷争与内耗，形成协同与合力，共同应对经济社会快速发展中的困难和挑战。

首先，必须维护并促进“一国”和“两制”之间的和谐。香港社会要树立正确的国家民族观念，增强对国家的认同和向心力，从维护国家主权、安全、发展利益，保持香港长期繁荣稳定的根本宗旨出发，把坚持“一国”原则和尊重“两制”差异、维护中央权力和保障特别行政区高度自治权有机结合起来，任何时候都不能偏废。要充分认识到，“一国”是实行“两制”的前提和基础，“两制”从属和派生于“一国”，并统一于“一国”之内。香港依照基本法实行“港人治港、高度自治”，必须在坚持“一国”原则的前提下，充分尊重国家主体实行的社会主义制度，特别是尊重国家实行的政治体制以及其他制度和原则。要真正做到在“一国”之内，“两种制度”和谐并存，共同发展。

其次，要保持并促进香港和内地的良性交流和互利共赢，把发挥祖国内地坚强后盾作用和提高香港自身竞争力有机结合起来。目前，内地是香港最大的贸易伙伴；香港是内地最重要的贸易伙伴和主要出口市场之一，是内地最大的境外融资中心；内地与香港还互为外来直接投资的最大来源地……我们要充分认识到，香港与内地日益紧密的交流合作，拓宽了香港与内地优势互补、共同发展的道路，利于香港同胞的福祉，利于中华民族整体利益。

应该看到，随着交往的日益频繁，两地关系也出现新的情况，民众交往中难免发生一些小摩擦、不和谐。对此，两地同胞要多一些包容、理解，少一些误解、隔阂。内地民众理应尊重香港市民的生活习惯、心理感受，遵守香港当地的法律法规。香港市民也理应有足够胸襟笑迎八方来客，切勿戴着“有色眼镜”歧视内地游客，更不能任由极少数人借题发挥、“上纲上线”，破坏两地同胞之情，抹黑、诋毁“一国两制”。

同时，香港内部的和谐与稳定也至关重要。香港是一个自由开放多元的社会，也是中外交融的国际商业都市，维护社会和谐稳定，不仅符合香港社会各阶层、各界别、各方面以及外来投资者的共同利益，也是保持香港作为国际金融、贸易、航运中心地位的重要条件。不论是面对经济民生议题，还是处理民主政治问题，社会各界都应发扬包容共济、尊重法治、维护秩序的优良传统，求同存异、互谅互助，不断巩固社会和谐稳定。必须指出的是，少数政客为了反对而反对，搞所谓“不合作运动”，频频“拉布”阻挠议会议事和政府施政，最终只会损害香港民生福祉和整体利益，“买单”的终归是广大市民。

“既是同舟在狮子山下，且共济抛弃区分求共对，放开彼此心中矛盾，理想一起去追。”一曲脍炙人口的《狮子山下》，曾令万千香港同胞热血沸腾。经历了“占中”的阴霾，大家必定更加珍视团结的价值。让我们秉持“团结奋斗、和衷共济”的“狮子山精神”，凝聚在爱国爱港旗帜下，支持行政长官和特别行政区政府依法施政，集中精力发展经济，切实有效改善民生，循序渐进推进民主，“众人划桨开大船”，携手建设更加美丽的香港。

（新华网港澳频道　2014 年 12 月 29 日）

第三篇文章的关键词落在了“经济”上，文章开宗明义，交代本文是在前文从政治角度展开分析之后，对“占中”事件从经济层面展开分析。文章剖析了“占中”背后的经济动因——经济内在增长动力不足、贫富差距过大、楼价过高以及社会流动链条断裂等结构性经济问题，进而指出，企图通过政治运动等手段来解决问题完全是一条错误的方向。

集中精力发展经济——香港“占中”反思录之三

郭万达

对于“占中”，我们已经从政治角度进行了深入分析。这场非法街头运动也需要我们从经济层面进行反思。

近些年来，香港经济保持了稳定发展的良好局面，继续保持国际金融、贸易、航运中心地位。但与此同时，也暴露出了经济内在增长动力不足、贫富差距过大、楼价过高以及社会流动链条断裂等结构性经济问题，一定程度上导致了香港社会的焦躁。在少数别有用心者的蛊惑和误导下，部分市民将经济问题“泛政治化”，企图通过政治运动等手段来解决问题，这完全是一个错误的方向，只会加剧解决问题的难度，甚至陷入恶性循环。

解决当前香港经济民生层面的深层次问题，还是应该回归经济层面，需要香港社会和衷共济，凝聚共识，集中精力，采取扎实有效的改革措施。

具体来看，当前香港经济的“结构性问题”既有发达市场经济体共性的一面，也有其特性的一面。比如，香港是一个小型开放的城市经济体，其受外部市场的影响较大，这就决定了香港的结构调整更加脆弱和敏感，因而更需要主动调整。

笔者认为，可尝试从三个方面解决问题：一是通过“市场竞争结构”的改革，打破高地价、高楼价“高成本”因素对企业竞争力的制约，增强市场的活力；二是通过“产业增长结构”的改革，强化产业政策的导向作用，解决香港经济增长的内生动力不足和过于依赖“外部”因素的矛盾，增强香港经济自主创新、自我调节的功能和可持续创新能力；三是通过“民生利益结构”的改革，推进解决居民收入、就业、民生、贫富差距等一系列问题，完善社会福利制度，增强民生供给。

必须强调的是，上述举措不可能靠市场力量实现，必须依靠一个高效有力的特区政府，也离不开社会各界的支持与配合。然而，违法“占中”不仅挑战香港的法治，分化撕裂社会，也削弱特区政府的权威，徒增香港自身的内耗。如今，街头的“占中”虽然落幕，但香港反对派依然在立法会搞所谓“不合作运动”，频频“拉布”阻挠政府议案。这种在立法机关的变相“占中”，大大降低了特区政府施政效率，“受伤”的终归是香港经济和广大市民。

解决香港经济的深层次问题，开创香港更加美好的明天，需要香港社会扭转“泛政治化”的错误倾向，需要形成理性和谐的社会氛围，需要社会各界全力支持特区政府依法施政、积极作为，也需要香港与内地加强交流与合作，充分把握国家全面深化改革的重大机遇。只有这样，香港的经济转型升级才可能成功，香港的年轻人才会有更多的机会、更好的明天。

（新华网港澳频道　2014 年 12 月 29 日）

综上，新华社推出的三篇系列评论分别从法律、政治、经济的角度对“占中”

事件展开分析，从横向的层面展现了新闻评论角度的可供性维度。

某种程度上，逻辑思维的分析角度是一种纵向的推进，而不同专业的分析则是横向的展开。当然，这只是两种寻找角度的基本路径，新闻评论也还有其他的角度，比如，有一类评论是要表明立场与态度，对一个事件、政策或观点，你是赞成，抑或反对，为什么？总之，新闻评论可选择的角度是多元的，但在具体的写作中，不必面面俱到，而是要尽量选择自己有独特见解的角度。

第三节　新闻评论的观点

一、什么是观点

接上节，通过不同角度对评论对象展开分析，所获得的认识就是观点。比如王志安所撰《北大的独食和偏食》一文，作者提出的核心观点就是，北大此举本质上就类似于母亲给小儿子吃独食与偏食，换句话说，是受宠爱者行使特权。同样针对此事，王甘武看到了教育资源分配不均衡的问题，并提出了用差异化方式解决重点学校与普通学校之间所存在的发展鸿沟的观点。与前两位作者不同，曹林通过南师附中的案例，提出校长推荐制很难腐败，经得起考验。而上一节围绕香港违法“占中”事件的三篇文章，也分别从法律、政治与经济的角度提出了不同的观点。反思录之一直指“占中”违背基本法，是一场非法聚集活动。反思录之二则指“占中”造成社会撕裂，影响民生，破坏社会和谐。反思录之三批评“占中”背后有社会经济动因，而企图通过政治运动来解决经济问题完全是行不通的。

马少华认为：“新闻评论中出现的观点，从内容上看，是评论作者对新闻事件的认识或由新闻事件触发的认识。”① 曹林认为：“观点，是一篇评论中最核心的要素，是评论的灵魂和核心。”② 两位论者分别回答了“什么是观点”及“观点在评论文章中处于何种地位”。可见，观点就是评论者对评论对象的核心认识。在一篇评论文章中，观点是核心和统帅，评论的过程实际上就是从提出观点到论证观点使

① 马少华：《新闻评论教程》，北京：高等教育出版社，2010 年，第 18 页。

② 曹林：《时评写作十讲》，上海：复旦大学出版社，2012 年，第 94 页。

之成立的过程。

了解了什么是观点，让我们再结合两篇作品，感受观点对新闻评论的重要性。第一篇评论为《屡禁不止的“掐尖招生”，背后问题在哪里》，该文发表于2024年5月16日的中国青年报客户端。其评论对象为部分地区部分学校存在违规招生，一些小升初环节更是存在“掐尖招生”现象。作者深刻地指出，此类乱象屡禁不止，表面上是监管不力造成的，但深层原因，更多是教育资源不均衡造成的恶果。因此，解决问题的关键就在于，相关部门要尽量减少教育资源分布不均的问题。

屡禁不止的“掐尖招生”，背后问题在哪里

黄　帅

日前，央视新闻曝光了部分地区部分学校存在的违规招生问题，一些小升初环节中存在“掐尖招生”现象，此类现象屡禁不止，严重损害了教育公平。

“掐尖”又名“点招”，是指个别学校通过各种违规手段，在派位入学之前就锁定并招收尖子生，以此与普通学校拉开生源差距的做法。对学校而言，这种招生手段是为了选拔优秀学生，但是，更宏观地看，这种做法既不利于教育公平，其中的某些“暗箱操作”也可能造成更多隐患。

据报道，有些地方通过选拔考试“掐尖”。根据现行规定，由学校自行或与社会培训机构联合组织的、以选拔生源为目的的各类测试、面试，本来是被严格禁止的，但在一些地区依然大量存在。一些被教育部明令禁止的杯赛，也在背地里进行——这正是为了让学生具有所谓的“点招”资格。事实上，这些杯赛却未必具备权威性和公正性，甚至就是为了方便一些有“门路”的家长和孩子来搞特权的。

一些“黑竞赛”和“黑证书”也在其中大行其道，比如，某家培训机构发布的名为“红色精神”的研学夏令营等，其实就是由华杯赛脱胎而来的奥数竞赛。但教育部早有规定，“大师赛、希望杯、华杯赛等均属违规举办的黑竞赛，坚决打击违规黑竞赛”，那种打着“研学营”或“杯赛”旗号的活动，不仅无助于孩子的健康成长，也有损招生公平和教育的公正，相关部门对此应该发现一起，严查一起。

以上诸多乱象，表面上是监管不力造成的，但深层原因，更多是教育资源不均衡造成的恶果。很多家长和老师，其实并非不知“掐尖招生”里面有很多“暗箱操作”，但为了让孩子能上更好的学校，不得不参与其中。

很多学校的老师，身处其中也无所适从。学生能去更好的学校，也能“证明”他们的“教学成果”。基于此，一些老师明明知道靠所谓的“选拔考试”和“杯赛”是不正当途径，但还是直接或间接地帮助学生获得这些升学的机会。一些有“门路”的家长，更是会借助手中的资源，为孩子谋求升学的捷径。如此一来，最终受伤的还是那些没有特殊资源、老老实实遵守升学规则的学生。如此结果，绝不是教育部门想看到的，也是民众难以接受的。

因此，加强对违规现象的监管和处理固然重要，但更重要的是，相关部门要尽量减少教育资源分布不均的问题，强化教育相对弱势区域的教学实力，拿出优惠政策，让更多普通学校的孩子能得到更优质的教育。

在基础教育阶段，再怎么强调教育公平的重要性都不为过。也只有这样，才能从根本上消除“掐尖招生”现象，给更多孩子创造一个理想的学习环境。

（中国青年报客户端　2024 年 5 月 16 日）

第二篇评论《别把超时加班美化为“拼搏和敬业”》为第三十届中国新闻奖二等奖作品，该文的评论对象是所谓的“996”现象。作者以《中华人民共和国劳动法》有关劳动时间的规定为依据，明确指出：其一，“996”制度是违法的；其二，将超时加班美化为“拼搏和敬业”的企业文化，是用温情的姿态，变相强迫劳动者加班；其三，超时加班不仅阻碍了企业的可持续发展，更可能损害高质量发展的耐力。因此，企业不能逾越法律红线、忽视员工健康权与休息权。

别把超时加班美化为“拼搏和敬业”

郑　莉

辛勤劳动不等于无所顾忌的加班和漫无边际的任务指标；“为幸福而奋斗”也不应当成为企业逾越法律红线、忽视员工健康权和休息权的代名词。

近日一则由互联网程序员引发的新闻登上了热搜榜——一名程序员在GitHub社区上建立了一个“996. icu”（即工作996，生病ICU）的项目，披露部分互联网公司“996”工作制现象，大量“996工作者”涌入并控诉。

“工作996，生病ICU”，意味着长期过劳工作，最终面临健康风险。由此引发的“996”加班问题再次进入公众视野。许多被证实采用“996”工作制的公司被推上舆论的风口浪尖。其中，有新兴互联网公司，也不乏跻身世界500强的大型企业。

所谓“996”工作制，即每天从早9点工作到晚9点，每周工作6天。以此测算，每周工作时间达到了72小时。而这一制度是违法的。1995年施行的《中华人民共和国劳动法》规定了劳动者每日工作时间不超过8小时、平均每周工作时间不超过44小时的工时制度，并强调“劳动者享有休息休假的权利”。法律也考虑到不同企业的实际情况，规定用人单位由于生产经营需要，经与工会和劳动者协商后可以延长工作时间，一般每日不得超过1小时；因特殊原因需要延长工作时间的，在保障劳动者身体健康的条件下延长工作时间每日不得超过3小时，但是每月不得超过36小时。与此同时，用人单位安排加班的，应当按照国家有关规定向劳动者支付加班费。

随着我国劳动法律制度的不断完善，保护劳动者权益的制度体系和社会氛围已经形成，侵犯劳动者休息权的行为不再明目张胆，但是有的超时加班却披上了“温情的面纱”——企业用加班文化将员工捆绑在岗位上，要求员工付出更多工作时间和劳动力，以此期许提高企业的KPI（关键绩效指标）；员工忍耐着适应加班文化，以此换取稳定的收入和职业的发展。

如此加班给劳动者带来的是幸福吗？日前，整个微博都在安慰一个因为逆行被交警拦住、情绪失控大哭的小伙子。小伙子的一句话戳到了许多人的泪点：“我加班到十一二点，所有人都在催我，我真的好烦啊。我只是想哭一下……”

因为一件小事瞬间崩溃、程序员在网上自发声讨“996”工作制，这反映了重压之下的劳动者已不堪重负。全国总工会开展的第八次全国职工队伍状况调查显示，迫使职工超时加班现象较为普遍，每周工作超过48小时的职工占21.6%，仅有44%的职工表示加班加点按劳动法规定足额拿到了加班费或安排了相当时间倒休。

诺贝尔奖得主科斯曾经感叹："中国人的勤奋令世界惊叹和汗颜。"但问题的另一面是，辛勤劳动不等于无所顾忌的加班和漫无边际的任务指标；"为幸福而奋斗"也不应当成为企业逾越法律红线、忽视员工健康权和休息权的代名词。

将超时加班美化为"拼搏和敬业"的企业文化，这是用温情的姿态，变相强迫劳动者加班。这不仅阻碍了企业的可持续发展，更可能损害高质量发展的耐力。因为劳动者的健康是国家发展的基石。过度延长工作时间，会导致一系列恶果，包括健康受损、生育率下降、心理疾病，甚至过劳死。

高质量发展是一场耐力赛。劳动者的身心健康不仅是这场"耐力赛"的推动力，也应是衡量高质量发展的重要指标之一。秉持以人为本的原则，关注和维护劳动者的身心健康，这才是创造价值和利润的正确路径。

"五一"国际劳动节即将来临，这个节日正是为争取 8 小时工作制而来。今天，应该撩开"996 加班文化"的温情面纱了。高质量发展，需要的是更合理的工作节奏、更高效的运转模式、更科学的管理方法，需要企业承担起维护劳动者权益的法律责任，需要全社会对"8 小时工作制"意义的认可。

（《工人日报》 2019 年 4 月 11 日第 3 版）

二、观点的类型

进而言之，作为对评论对象的认识，观点本质上是一种判断。具体而言，又可分为事实判断、价值判断、利害判断。

所谓事实判断，是以"是什么"为核心的认知。在表象层面，何时、何地、何人、何事有着不以人的意志为转移的客观实在性。在本质层面，则往往有着复杂的社会结构性因素与个别的偶然性因素共同发生作用的过程与结果。

以著名报人张季鸾在九一八事变之后所写的文章《国家真到严重关头》为例，该文起首即提出了评论对象与由头：

上月二十四日，以十三票对一票，表示和平正义，督促日本撤兵之国际联盟行政院，乃于三周间之后，日军之侵略扩大，其违背联盟立场愈严重，而国联本身反而倾向退缩，将谨以派遣调查团为敷衍面目之计。上月对日之严重空气，反一变而为和缓，此诚足令中国失望，而在国联本身则初非意外也。①

可见，该文所评论的是，针对日本侵华一事，国联本身的立场由强硬转而趋向缓和。

对于这种转变，张季鸾从三个方面展开分析。其一，国联立场为何发生改变？文章指出，国联的立场若再进一步强硬则只有对日宣战，但国联主要国并未做好准备。其二，日本真实意图何在？对中国意味着什么？对此，张先生一针见血地指出，"盖日阀行动，证明其志在灭中国，不止在并三省"，而"中国至此，已非国耻问题，而真为存亡问题"。② 其三，中国该如何应对？张季鸾指出：

为自卫计，须普遍的唤起人民之觉悟与认识，痛念祖国时时可陷于危亡，加紧的由军事上财政上工业上准备守势国防，同时求友于世界。为挽救现日国难计，对国联对美国，仍不能放松，反对不规定撤兵之调查，同时应自行宣布收回东北之具体方案，与日本争舆论，务求以国际同情为背景，免最大最甚之损失。③

从国联立场的变化这一事由出发，张季鸾对于日本侵华的真实目的作出了判断，告诉国人日本的野心并非仅仅停留于吞并东三省，而是志在吞并整个中国。为应对亡国灭种的危险，中国在准备守势国防的同时，应"求友于世界"，以争取世界各国的支持。种种判断，均立足事实而发，为典型的事实判断。

如果说，事实判断着眼于客观事实层面的条分缕析，价值判断则是基于特定的规范、标准，针对评论对象的是非、善恶判断。且看第三十二届中国新闻奖的一篇获奖作品：

---

① 张季鸾：《国家真到严重关头》，《大公报》，1931 年 11 月 22 日。
② 张季鸾：《国家真到严重关头》，《大公报》，1931 年 11 月 22 日。
③ 张季鸾：《国家真到严重关头》，《大公报》，1931 年 11 月 22 日。

三观岂能跟着五官走

牛梦笛

在娱乐产业化的时代，偶像诞生就像是资本运作逻辑下一件商品的问世。为了推销这件商品，“颜值即正义”的畸形价值观正在悄然流行。在这种不良社会思潮影响下，部分人的三观跟着五官走，认为长得帅或美可以代表一切。只要颜值够高，即使犯了罪也有人同情。粉丝对偶像这种“无脑式”的追捧行为，形成一波又一波的舆论热点，引发了社会各界的关注讨论。

因变现快、获利高，近年来偶像产业成了资本眼中的香饽饽。在“偶像养成”模式下，经纪公司与各大网络视听平台以打造偶像团体为目标，将年轻、貌美、帅气的男孩女孩们送上综艺选秀节目、文艺晚会等曝光度高的平台，获取高关注度和粉丝量，从而实现流量变现。在这个过程中，偶像养成类选秀节目迅猛崛起。这些节目重点聚焦选手的成长过程，追求“让粉丝看着自己所喜爱的偶像慢慢长大”的效果。为了让自己喜欢的选手脱颖而出，一场场喧闹狂躁的投票大战在粉丝之间拉开帷幕，让节目制作方、广告商赚得盆满钵满。尝到甜头之后，艺人经纪公司如雨后春笋般涌现出来，很多老牌公司也转变业务方向，纷纷将目光放在偶像市场的发展上。这些公司的实力良莠不齐，大公司选拔有潜力的年轻人，并依靠自身资源对其进行培养和包装；而中小型公司更像是以手中的艺人为赌注，在偶像市场进行一场赌博。

从 2018 年到 2021 年的四年间，选秀类综艺节目一共打造了 7 组偶像团体，输送了数十位新晋偶像。这些选秀节目中对高颜值的追逐倾向十分明显，一些导师在评价选手时秉持“颜值即正义”的理念。有导师甚至在节目中直接对选手说：“你长得好看就够了，不需要会别的。”很多观众给选手投票时，也不看选手专业能力和文化水平。有的选手根本没有接受过专业训练，唱歌跑调，跳舞跟不上节奏，业务能力惨不忍睹，更别提文化修养和精神涵养了。但这些选手却能凭借高颜值过五关斩六将，在激烈竞争中“躺赢”。

为了维持公众的高关注度和高讨论度并转换为高流量数据的变现，经纪公司、平台和艺人挖空心思立人设，想尽办法做数据，费尽心机争取各种影视剧、综艺节目的露脸机会，刷存在感。在这个过程中，他们发现“饭圈”蕴藏的巨大潜力，于是使用各种方法诱导年轻粉丝群体投票打榜，将其培养成天然的流量制造群体。于是，一次次围绕“颜值即正义”的营销就此展开，一场场为了“颜值”奋不顾身的“饭圈”行为让人瞠目结舌。

从某种角度来看，偶像是粉丝自己梦想的投射，其所承载的是粉丝对美好的想象和向往。然而，一些在偶像工业体系中打造出来的“爱豆”是空有其表的花架子。这些人大多数尚未成年就离开学校，进入经纪公司当练习生。他们将时间更多花在表情管理的训练、讨好粉丝的话术、应对采访的技巧上。有的年少成名，在人生观、价值观形成的关键时期没有受到良好的文化教育，而是在名利场浸泡，被粉丝们追捧。于是，一部分人开始膨胀，对自我的认知和人生的定位逐渐发生偏移，甚至做出了代孕、吸毒等触犯国家法律的行为。可见，一个偶像的打造，应该将重点放在教育而不是包装上，应对其文化水平、专业能力、道德修养等方面都有专业且全面的规划。真正的优质偶像未必有无懈可击的容颜、潇洒婀娜的体态，却一定要具有善良、谦逊、敬业等优良品质，时刻以“用精品力作回馈粉丝期待”来严格要求自己。

三观岂能跟着五官走？“颜值即正义”背后，反映了不良倾向下价值理念的跑偏。我们应坚决抵制这种肤浅媚俗的讨论模式，少谈一点颜值，多谈一点文化；少做一些伪流量，多传播一些正能量。

（《光明日报》　2021 年 8 月 6 日第 9 版）

该文的评论对象是当今社会的一种畸形价值观——“颜值即正义”，对于这种价值观，文章展开了是非判断，它会导致粉丝对偶像的“无脑式”追捧。立足于此，作者在文末进行了价值引导，“我们应坚决抵制这种肤浅媚俗的讨论模式，少谈一点颜值，多谈一点文化；少做一些伪流量，多传播一些正能量”。“三官跟着五官走”是客观存在的一种社会现象，因为它会带来粉丝对偶像的“无脑式”追捧，所以是不良的，任其发展是不应该的。“不良”与“不应该”是基于能否传播正能量所得出的认识，是一种价值判断。

除了是非判断与价值判断，还有一种常见的判断是利害判断，即对特定事件（现象）的利害得失的认识与分析，也可以说利害判断是以“怎么样”为核心的认识。再以张季鸾在九一八事变后的一篇评论为例，该文题为《愿日本国民反省》。对于九一八事变，张季鸾首先承认“中国因此次日军行动反受财产生命之损失，其重大直不可以数计”，随后话锋一转，说“日本所损，恐已不赀”。即日本人也因此损失巨大，日本国民应对此认真反省。那么，日本人的损失何在？张季鸾接着展开了细致分析：一是日本此举代欧美各国在华增长感情信用；二是日本此举将自阻其国民大陆经济之门；三是无形中援助苏联在华之地位，自破反共联合战线，进而增加苏联在远东之势力。[①]

三、观点的要求

我们常说，记者要做杂家，原因就在于记者面向社会，接触复杂多元的社会现象与社会议题，有诸多议题涉及特定领域的专业知识，要对其形成正确的认识，就需要掌握相应的专业知识。

如第三十届中国新闻奖三等奖作品《生猪价格不断攀升——保供稳价慢不得，转型升级等不起》，该文面对的是一段时间以来生猪价格不断攀升的现象，要对这一议题展开分析，需要对生猪养殖业、生猪市场动态有专业的了解。此轮涨价原因何在？是常规性的市场变动，还是有某些特定的原因？作者的专业性更多地体现在对此轮涨价特定原因的分析上。作者指出了几个特定因素：一是前一年 2 月份开始生猪价格下行，形成了一轮去产能周期，很多养猪户“不想养”；二是非洲猪瘟疫情，致使一些养猪户“不敢养”；三是长期因素方面，有些地方觉得养猪不划算，“不让养”；四是融资难，“养不起”。“不想养、不敢养、不让养、养不起”，简单的 12 个字，道尽此轮生猪价格攀升的特定原因。一个复杂的经济现象，被说得明明白白，尽显专业性，这背后是作者对生猪养殖业、生猪市场的深刻了解，换句话说，作者具备相应的专业知识积累，因此文章写得专业。

---

① 张季鸾：《愿日本国民反省》，《大公报》，1931 年 9 月 26 日。

生猪价格不断攀升——

保供稳价慢不得，转型升级等不起

冯 克 孟德才

今年6月份以来，不少家庭主妇发现猪肉贵了，还贵了不少。此前二十几块钱1公斤的猪肉，现在卖到了三十多块。涨价的直接原因是生猪产能的下降。据农业农村部监测数据，全国生猪存栏已连续7个月下降，7月份同比降幅更是达到32.2%，降幅之大近十年未有。产能连降，肉价攀升，家庭主妇皱了眉，更惊动了党中央、国务院。前不久，李克强总理在哈尔滨考察时专门到菜场问价，特别关注猪肉涨价情况。8月底，国务院先是开了常务会，又专门开了电视电话会，主题紧紧围绕稳定生猪生产、保障市场供应。

周期性价格波动，似乎是生猪市场常态，但这一轮涨价，原因却比较复杂。远地说，去年2月份开始，生猪价格周期性下行，养猪业不景气，养猪场户“不想养”，形成了一轮去产能周期。近地说，非洲猪瘟疫情致死率高，没有有效疫苗，很多养猪场户“不敢养”。还有一些长期性因素，比如，发展养猪业地方财政没税收，还要贴钱、要占地，要承担环保责任、防疫责任、食品安全责任，有些地方政府觉得不划算，禁养、限养层层加码，“不让养”；还比如，养猪场户缺乏担保抵押物，长期存在的融资难问题导致农民“缺钱养”。从母猪怀孕到育肥猪出栏约10个月，没有及时补栏的后果刚好在今年6月份开始显现。

尽管今年猪肉减产已成定局，但考虑到替代品禽牛羊等生产发展较快，适当进口增加，以及猪肉消费下降等因素，今年肉类供应总体是有保障的，老百姓碗里不至于缺肉。不过，我们却丝毫不能掉以轻心。俗话说，猪粮安天下。“碗里有肉”是小康社会的一个基本标志，是老百姓对幸福生活的直观感受。如果不能尽快遏制生猪生产下滑势头，一旦猪肉市场严重短缺，价格远超普通群众承受范围，老百姓吃不到、吃不起猪肉了，必然会影响他们的幸福感和获得感。

因此，考虑到生产周期，要打赢猪肉保供稳价之战真是慢不得！当前，必须按照国务院常务会议精神和电视电话会议要求，循因施策、对症下药，拿出一系列大招、硬招、实招，千方百计扭转生猪产能下滑势头，千方百计保障市场供应。

加快恢复生猪生产，这是火烧眉毛的要紧事。治急症要用猛药，只要是对恢复生猪生产有用，该使出来的招都要使，能用的办法都要用。比如，以种猪场和规模养殖场为重点开展生产救助，稳定能繁母猪和生猪存栏；发挥龙头企业和专业合作社作用，带动农户补栏增养；优化种猪跨省调运检疫程序，打通仔猪、种猪及冷鲜、冷冻猪肉运输“绿色通道”等，用足政策工具箱，加速恢复生产。

抓好非洲猪瘟疫情防控，相比之下这是个慢工程，却来不得半点松懈。在有效疫苗研制出来之前，要做好打持久战的准备，摸清底数，真实全面掌握疫情，强化疫情传播重要关口、重点环节的监管，把已发生的疫情控制住，竭力避免发生新疫情。

还要好好治一治有些地方不愿养猪的心病。落实环保要求无可厚非，但以此为借口“甩包袱”，采取不当行政手段以“禁”代“治”就不对了。必须立即取消、坚决纠正超出法律法规范围的禁养限养规定，对确需关停、搬迁的规模化养殖场，要支持异地重建，不能“一拆了之”。

也要多措并举提振养猪场户的信心。信心贵比黄金，要尽快将生猪调出大县奖励、疫病扑杀补助、规模养殖场临时性生产补助、能繁母猪和育肥猪保险、养殖场户贷款贴息等政策落实到位，用真金白银的支持增强养殖场户的补栏底气。

尽快恢复生产的同时，市场这头也要关注到两个群体。一是困难群众，要及时把价格临时补贴发放到他们手中，避免因涨价吃不上肉；二是投机商贩，要加强市场监管和行政处罚，一旦发现捏造散布谣言、囤积居奇、串通涨价等违法行为，查处一起，曝光一起。

战略上高度重视，战法上迅速得当，相信打赢这场生猪保供稳价之战指日可待。然而，偶然中蕴含着必然。造成此轮猪价上涨的偶然因素叠加在一起，暴露出我国生猪产业规模化养殖比重偏低，活猪长距离调运弊端多，基层防疫体系不健全，养殖粪污处理不到位等深层次痛点。

如果说保供稳价是当务之急，那么产业转型才是治本之策；如果说保供稳价慢不得，那么产业转型更是等不起。只有加快建立起现代化的生猪养殖、流通、防疫体系，才能从根本上降低猪周期发生的频次和波动幅度，避免生猪生产和市场供应再次出现大的反弹。

推动产业转型升级，要干的事很多，“重中之重”要推动养殖体系实现“小散弱”向规模化转变，流通体系实现从“运猪”向“运肉”转变。如此，先进技术应用、疫病防控、绿色养殖、质量安全等产业转型预期才能真正实现。当然，在这个过程中，要促进生猪散养户与现代化养殖体系的有机衔接，不能搞强制退出，保护好农民利益；要加快建立销区补偿产区的长效机制，引导生猪屠宰加工业向养殖集中区域转移，调整利益格局，充分调动主产区积极性。

总之，如何让市民买得起、又让农民增收入，怎样让主产区养猪有实惠、又要让主销区吃肉有保障，这是摆在我国生猪产业转型升级面前的紧迫课题。答好这一课题，我国生猪产业才能焕然一新，“老百姓碗里有肉”也才能得到更加有力的保障。

（《农民日报》 2019 年 9 月 2 日第 4 版）

在专业的基础上，新闻评论的观点更要追求深度，评论作者应能透过现象看本质，超越就事论事，而能将评论对象置于特定的时空背景中，联系前后左右，得出有深度的认识。再以张季鸾的抗战评论为例，在 1937 年 9 月 18 日，九一八事变六周年之际，张季鸾写了《九一八纪念日论抗战前途》一文，抗战前途何在？其文章开门见山：“日本在战略上，现在已陷于不可挽回的失败，南北任何局部战斗的一时得失，与全局并不相干。”何出此言，文章从三个方面细说原因：“其一，中国早已决定在任何情形下，断不屈服。其二，中国这样大规模的抗战，当然有所苦痛，但这一次的牺牲，就将换来全民族子孙的永远的自由。其三，中国这一战，是以自己的生命财产为世界争取新秩序，赢得世界的支持与同情。”由此，作者在文尾自然得出了“中国能持久必能胜利”的结论。① 1937 年是全面抗战开始的第一年，就在此时，张季鸾即从宏观大势出发，拨开迷雾，指出抗战乃持久战，虽然痛苦，但中国必胜的观点。

除专业、深度之外，评论的观点还要讲求新颖。所谓新颖，则指出人意料的独特的个性化的观点。且看《大公报》上发表另一篇著名的抗战评论：

① 张季鸾：《九一八纪念日论抗战前途》，《大公报》，1937 年 9 月 18 日。

我们在割稻子

王芸生

早稻已熟，农村正忙收割。今春本有旱征，入夏连得透雨，迨会乃获丰登。正在这时候，敌机频频来轰炸我后方城市。据敌人广播，自上月以来，内地天气不良，迨本月八日据报内地天气恢复，于是乃于昼间或月光之下，空袭重庆数十次云云。如此说来，敌机来袭与天气的良劣有直接关系。就在敌机袭扰重庆最繁之时，市民们每天的大部时间在防空洞内生活，我们曾问一个市民："下雨好吗?"他连连答："要不得！要不得！我们在割稻子!"这匆促之间的答复，真是理智极了，也是正确极了。重庆市民的理智是：宁自己忍受防空洞里的避难生活，而不希望老天下雨。因为雨天虽能阻止敌机来袭，而田中待割之稻却不免因霉湿而发芽。就在最近的十天晴明而敌机连连来袭之际，我们的农人，在万里田畴间，割下了黄金之稻!

在这一段空袭期间，东京各报大肆宣传，以为是了不起的战绩。然事实证明，敌机尽管卖大力气，也只能威胁我少数城市，并不能奈何我广大的农村；况且我少数城市所受的物质损害，较之广大农村的割稻收获，数字的悬殊何啻霄壤？由福建两广赣湘黔滇以至四川，这广大区域的早稻收获，敌机能奈之何？所以我们还是希望天气晴朗，敌机尽管来吧，请你看我们割稻子！抗战至于今日，割稻子实是我们的第一等大事，有了粮食，就能战斗!

敌寇真是无聊！它原是小本经营，侵华四年，已甚蚀本，现在又入轴心之伙，想做大生意。它为了配合盟兄的需要，于是占越南，窥泰国，作南进之势，以牵制英美；调兵东北，作递进之势，以威胁苏联。但经英美警告，止于顿兵泰边；苏军西线既能力阻强德，它的北进之师亦遂趑趄不前。那么，它将全力侵华吗？其实它已将较强的部队抽调出去，去点缀南进北进的姿态，而把国内老弱预备役调来中国填防，所以也没有进攻的力量。近来各战场之无大战事，就是这种原因。如此说来，敌寇南进不得，北进不成，西进也无力，那不是吊起来了吗？敌人的确吊在这种景况之下。但是它要表示还有力量，还在作战，就只有调遣这些架烂飞机来空袭重庆及其他后方城市，借此作东京登报的材料，以欺骗人民，夸耀国际。所以我们说敌人这一向的空袭攻势，是“政治的帮闲，军事的自杀”。就这一些有限的本钱，为点缀场面而消耗，看它将来怎了？

讲到敌机对于城市的威胁，说穿了也不过这么一回事。敌人说它这次空袭重庆是“疲劳轰炸”，我们是生活在重庆的，经过敌机三年轰炸，还不照样在做我们的工作？最近的所谓“疲劳轰炸”，的确疲劳了体质较弱的妇孺，有的妇人坠了孕，有的小孩着了凉，更有许多平民失掉了住居。残暴而无耻的敌人，你所给予我们的损害不过如此而已！至于一般壮汉，他们谁也未曾少做了一丝半点的工作。三年来的经验，已使重庆人学会怎样在敌机空袭中生活，人们既不曾因空袭而停止呼吸，而许多工业照样能在防空洞中从事生产。就拿本报的情形来说，在我们的防空洞内，编辑照样挥笔，工友照常排版，机器照常印报，我们何尝少卖了一份报？

话说回来，让无聊的敌机来肆扰吧！我们还是在割稻子，因为这是我们的第一等大事。食足了，兵也足；有了粮食，就能战斗，就能战斗到敌寇彻底失败的那一天。

（重庆《大公报》　1941 年 8 月 19 日）

这是中国新闻评论史上一篇经典之作，在文章的背后有着特殊的背景，该评论执笔人王芸生事后回忆：

忆三十八年八月中旬正是敌机从事“疲劳轰炸”的时候，我上山去看季鸾先生，那时他的病势已沉重危殆，相顾戚然。谈到敌机的轰炸，季鸾先生说：“芸生！你尽管唉声叹气有什么用，我们应该想一个说法去打击敌人！”我无精打采地说：“敌机来了毫无抵抗，我们怎么可以用空言安慰国人打击敌人呢？”季鸾先生忽他拥被坐起，很兴奋地说：“今天就写篇文章，题目叫《我们在割稻子》。就说，在最近的十天晴明而敌机连连来袭之际，我们的农人，在万里田畴间，割下了黄金之稻！敌机尽管卖大力气，也只能威胁我们的少数城市，并不能奈何我广大的农村。况且我少数城市所受的物质损害，较之广大农村的割稻收获，数字悬殊，何啻霄壤？让你来看我们割稻子！抗战到今天，割稻子是我们的第一等大事，有了粮食，就能战斗！”……这是季鸾先生与我谈文章的最后一次，所以特别值得想念！那天我回馆就写了《我们在割稻子》的社评。①

就在敌机对重庆展开“疲劳轰炸”，士气低落之际，张季鸾却从广大农村的割稻收获中看到了希望，真可谓别开生面，给人以意外之喜。是的，有了粮食，就能战斗！张季鸾之所以能拨开重重迷雾，就在于其超越重庆一时一地之得失，在中国与日本帝国主义对抗的宏观层面分析问题，此种思维方式，实际上与前述《九一八纪念日论抗战前途》一文的思路一脉相承，将特定事件（现象）置入宏观社会结构与长时段的历史中去观照。此种格局，非一般人能有，所获见解，自然就有新颖和过人之处。

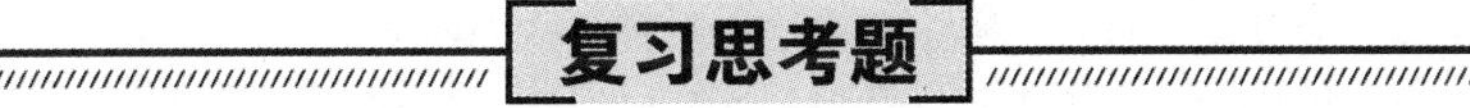

复习思考题

1. 简述新闻评论选题的类型与依据。
2. 简述新闻评论的角度及其确定。
3. 简述新闻评论观点的类型与要求。

① 王芸生：《季鸾先生的风格与文境》，载中国人民政治协商会议陕西省榆林市委员会编：《张季鸾先生纪念文集》，西安：陕西人民教育出版社，1991 年，第 33－34 页。

第四章

新闻评论的论证

第一节　逻辑、推理与论证

在讲新闻评论的论证前，让我们先来做几道题。国家公务员考试中有一类题目考查判断推理能力，常包括图形推理、定义判断、类比推理、演绎推理等。

先看类比推理题：给出一对相关的词，要求你在备选答案中找出一对与之在逻辑关系上最为贴近或相似的词。

◆题一：时针：手表（　）

A. 电脑：鼠标　　　　B. 火车：飞机

C. 电视机：遥控器　　D. 录音机：收音机

【解析】时针和手表是两种显示时间的工具，两者是并列关系；火车和飞机是两种交通工具，两者是并列关系，正确答案为 B。[①]

◆题二：阳光：紫外线（　）

A. 电脑：辐射　　　　B. 海水：氯化钠

C. 混合物：单质　　　D. 微波炉：微波

【解析】二者是包含关系，紫外线是阳光的成分之一；氯化钠是海水的成分之一，正确答案为 B。[②]

◆题三：灯光：黑暗（　）

A. 财富：贫困　　　　B. 墨镜：光明

C. 笤帚：卫生　　　　D. 小草：绿化

【解析】二者是对立关系，灯光能够驱走黑暗；而财富能够消除贫困，正确答案为 A。[③]

---

① 万源泉、詹凯、胡俊军等编著：《国家公务员考试历年真题与精解》，北京：群言出版社，2007 年，第 15、207 页。

② 万源泉、詹凯、胡俊军等编著：《国家公务员考试历年真题与精解》，北京：群言出版社，2007 年，第 15、207 页。

③ 万源泉、詹凯、胡俊军等编著：《国家公务员考试历年真题与精解》，北京：群言出版社，2007 年，第 39、221 页。

再来看几道演绎推理题：每题给出一段陈述，这段陈述被假设是正确的、不容置疑的，要求你根据这段陈述，选择一个答案。

◆题一：在同一侧房号为1、2、3、4的四间房里，分别住着来自韩国、法国、英国和德国的四位专家。有一位记者前来采访他们。

韩国人说："我的房号大于德国人，且我不会说外语，也无法和邻居交流。"

法国人说："我会说德语，但我却无法和我的邻居交流。"

英国人说："我会说韩语，但我只可以和一个邻居交流。"

德国人说："我会说我们这四个国家的语言。"

那么，按照房号从小到大排，房间里住的人的国籍是（ ）

A. 英国　德国　韩国　法国　　B. 法国　英国　德国　韩国

C. 德国　英国　法国　韩国　　D. 德国　英国　韩国　法国

【解析】首先排除A和B，由条件1和4知德国人和韩国人不能为邻，因为德国人可以和任何邻居交流，韩国人实际上不能和任何邻居交流，那么其邻居必然不会韩语，所以其邻居不会是德国人。其次排除D，英国人会说韩语，德国人四种语言都会，如果与德国人和韩国人为邻，那么英国人应该和两个邻居都可以交流，但条件3说英国人只可以和一个人交流。故选择C。①

◆题二：在就业者中存在一种"多元的幻觉"：认为在这个多元开放的时代，每个人对自己的未来负责，对未来之路的选择是多元的、自由的。但看看现实就知道，这种选择下的目标指向是一元的，大家都一窝蜂地流向了城市，盯住了高薪白领职位，以为是个性选择，实际都汇合进同一条河流；以为是多元，实际被同化为一元；以为是自由的追求，实际都被一种封闭思想禁锢——这便是"多元的幻觉"。

由此可以推出的是（ ）

① 万源泉、詹凯、胡俊军等编著：《国家公务员考试历年真题与精解》，北京：群言出版社，2007年，第40、221页。

A. 高薪职位的竞争将更加激烈

B. 多元的选择客观上是不存在的

C. 就业者实际上没有自由选择的权利

D. 社会并没有给就业者提供多元的选择

【解析】选项 B、C 所述内容都是文中给过准确回答的问题。在多元开放的时代，多元的选择实际上是存在的，社会给就业者提供了多元的选择，所以排除。其次排除选项 D，大多数人一窝蜂地流向城市，并不能说明就业者没有自由选择的权利，而是很少有人去做多元化的选择。所以 A 是正确选择。①

◆题三：一项研究发现，1970 年调查的孩子中有 70% 曾有过虫牙，而在 1985 年的调查中，仅有 50% 的孩子曾经有过虫牙。研究者们得出结论，在 1970 年至 1985 年这段时间内，孩子们中的牙病比率降低了。如果为真，最能削弱研究者们上面得出的结论的一项是（　）

A. 被调查的孩子来自不同收入背景的家庭

B. 虫牙是孩子们可能得的最普通的一种牙病

C. 1985 年调查的孩子要比 1970 年调查的孩子的平均年龄要小

D. 被调查的孩子是从那些与研究者们进行合作的老师的学生中选取的

【解析】选 C，由于 1985 年调查的孩子平均年龄较小，因此曾经有过虫牙的可能性要低，大大削弱了题干中孩子们的牙病比率低的结论。②

上述题目，类似智力体操，带有趣味性。当然，类比推理也好，演绎推理也好，考查的都是人的一种基本能力——逻辑推理能力。由前述类比推理题中可以看出，解题最关键的是发现题干中两个词之间的逻辑关系，由此出发，寻找选项中两个词之间关系与其最为相似的一项。对于演绎推理题，则需要从一个已知的判断出发，推导（反推）出另一个论断。这就涉及了一些基本的概念，即逻辑与推理。

何谓逻辑？何谓推理？在《逻辑新引 · 怎样判别是非》一书中，逻辑学家、哲

① 万源泉、詹凯、胡俊军等编著：《国家公务员考试历年真题与精解》，北京：群言出版社，2007 年，第 40、221 页。

② 万源泉、詹凯、胡俊军等编著：《国家公务员考试历年真题与精解》，北京：群言出版社，2007 年，第 109、250 页。

学家殷海光先生的回答是："逻辑是必然有效的推论规律的科学"[①]，联系上下文，可以发现，他实际上定义的是逻辑学，但据此可知，殷海光先生认为逻辑就是必然有效的推论规律。

对于这两个问题，陈波在《逻辑学是什么》一书中有更加系统的阐述，他认为："从词源上说，'逻辑'最早可以追溯到一个希腊词，即'逻各斯'（logos，其复数形式是 logoi）。逻各斯的基本词义是言辞、理性、秩序、规律，其中最基本的含义是'秩序'和'规律'。推理就是按照'规律'进行有'秩序'的、有条理的思维。"[②]

具体而言，推理是从一个或者一些已知的命题得出新命题的思维过程或思维形式。其中，已知的命题是前提，得出的命题是结论。[③] 推理通常分为演绎推理、归纳推理、类比推理等，后文我们将具体展开分析。

何谓论证？论证是用某些理由去支持或反驳某个观点的过程或语言形式，通常由论题、论点、论据和论证方式组成。论点即论证者所主张并且在论证过程中要加以证明的观点。论据是论证者用来支持或反驳某个论点的理由。论证要使用推理，甚至可以说就是推理。[④]

第二节　立论

一、演绎推理及其运用

"演绎推理一般被说成是从一般到个别的推理，即根据某种一般性原理和个别性例证，得出关于该个别性例证的新结论。"[⑤] 这是陈波对演绎推理所下的定义，我们可以通过一个三段论来进一步理解演绎推理：

① 殷海光：《逻辑新引・怎样判别是非》，成都：四川人民出版社，2018 年，第 14 页。
② 陈波：《逻辑学是什么》，北京：北京大学出版社，2002 年，第 7 页。
③ 陈波：《逻辑学是什么》，北京：北京大学出版社，2002 年，第 41 页。
④ 陈波：《逻辑学是什么》，北京：北京大学出版社，2002 年，第 42－43 页。
⑤ 陈波：《逻辑学是什么》，北京：北京大学出版社，2002 年，第 42 页。

中国公民必须遵守中国的法律；

张三是中国公民；

张三必须遵守中国的法律。

其中，第一句“中国公民必须遵守中国的法律”是大前提，第二句“张三是中国公民”是小前提，第三句“张三必须遵守中国的法律”是结论。直言三段论的三个命题中含有小项、大项与中项，小项是结论的主项，大项是结论的谓项，中项是两个前提共有的词项。在上例中，“张三”是小项，“必须遵守中国的法律”是大项，“中国公民”是中项。在一个三段论中，要保持推理的正确性，就要避免偷换概念，比如：

中国人是勤劳勇敢的；

懒汉猪八戒是中国人；

懒汉猪八戒是勤劳勇敢的。

明明是懒汉却推导出了勤劳勇敢的品行，让人哭笑不得，其中的问题出在哪里呢？就在于作为中项的“中国人”没有保持一致，前一个“中国人”是就整体民族而言的，后一个“中国人”则是某个独特的个体。此“中国人”非彼“中国人”，缺乏一致的中项作为媒介，自然无法推出后面的结论。[1]

在新闻评论的论证中，演绎推理是常用的论证方式，且看王芸生在《大公报》所发表的一篇评论。

逮捕记者与检查新闻

王芸生

从六月一日天未亮的时候起，本报连续遭遇了三件不幸：（一）重庆本报八位记者曾敏之等被捕；（二）本报驻广州特派员陈凡被捕；（三）天津自六月一日又行新闻检查，本报津版特受苛遇，凡属专电特稿大半检扣。

---

① 陈波：《逻辑学是什么》，北京：北京大学出版社，2002 年，第 125 – 126 页。

这固然是大公报的不幸，其实更是国家的不幸。

现在固然半个中国火起，内战煎熬人民；但毕竟我们开过了国民大会，制成了宪法，政府改组成多党的，训政在准备结束，就要办选举，准备实施宪政，要迈大步走向民主。民主是政治的起码条件，是尊重人权，保障人民的基本自由，并尊重舆论。最近的事情，由于学生们罢课游行，即在各大都市宣布戒严，捕学生，捕记者，检查新闻。尤其是捕记者，检查新闻，显然是与保障自由尊重舆论背道而驰。

政府应付学潮如此张皇严峻，使人心大感不安，而又仇视新闻记者，更令人大惑不解。现今在政府区域内已无中共与民盟的报纸，而独立立场的民间报的自由天地也日趋狭窄。新闻记者的职务在追逐新闻，抗战之时，出入战场，生死度外。今天各地学校里发生问题，新闻记者自然要注意学校新闻。今天情形，只要是独立报纸的记者到各类学校采访新闻，就有被认为阴谋鼓动学潮而遭逮捕的可能。重庆所捕本报八位记者，大都是外勤记者；广州所捕本报记者陈凡，就因为五月三十一日中山大学学生罢课游行时，他步随学生行列，采访新闻，中途目击血案，回寓撰发电报（此电被扣，报馆迄未收到），当夜睡梦中即被检查户口者逮捕。陈君是尽了职，其电报被扣，劳力白费，他个人也身陷囹圄。类此情形，记者还怎么干？报又怎么办？且莫说大公报有四十多年的历史，同人皆束身自爱之士，抗战时曾为国家效过微劳，尔今就连职业的自由及身体的安全都叵测不保。景象如此，本报固然不幸，亦岂国家之光？

检查新闻，原是抗战时期的非常办法，为了抗战的关系，人民牺牲了新闻自由，是不得已的，虽然如此，新闻检查制度的弊害已遗毒不浅。这制度，使政府与人民都受了蒙蔽，掩饰罪恶，包庇顽邪，使报纸丧失了信用，而一切撒谎欺罔的责任都由执行新闻检查的政府一肩承担了。至于违反民主，剥夺自由，那更不待言。抗战既胜，政府慨颁特典，豁免田赋，二五减租，停止征实，取消新闻检查，同见明令。国庆更生，与民更始，薄海腾欢，气象一新。曾几何时，尔今竟为学生罢课，宣布戒严，天津且更变本加厉，又行新闻检查，扼杀新闻自由，给国家大开倒车。我们一再思考，无论如何，不能发现复活这已死的恶劣制度的必要。

捕学生，捕记者，演惨案，是各地治安当局太张皇了；而天津一地又行新闻检查，可见还不是中央的意思。为了国家的荣誉，也为了新闻界的职业自由，我们郑重要求政府从速恢复被捕记者的自由，取消天津的新闻检查！

（重庆《大公报》 1947 年 6 月 5 日）

文章开篇便交代评论对象，即本报遇到了不幸，这些不幸归结起来就是记者被捕与新闻被检扣，从行动者的角度来看就是文章标题所概括的“逮捕记者与检查新闻”。对于这两项恶行，评论者给出的基本结论是，逮捕记者和检查新闻与保障自由和尊重言论背道而驰，政府应从速恢复被捕记者的自由，取消天津的新闻检查。这个结论是如何得出的呢？文章第二段先给出了大前提，即国家正要迈大步走向民主，“民主是政治的起码条件，是尊重人权，保障人民的基本自由，并尊重舆论”。进一步说，实施民主政治就要保障自由、尊重舆论，逮捕记者与检查新闻是破坏自由、禁锢言论，应该受到反对。

再以第三章分析过的第二十九届中国新闻奖获奖作品《别把超时加班美化为“拼搏和敬业”》为例，该文的评论对象是美化“996”工作制的现象。该文最核心的观点就是，“996”本质上是一种“超时加班”，是变相强迫劳动者加班。依据何在？就是 1995 年起施行的《中华人民共和国劳动法》。将这篇文章的推理逻辑进行拆解，可用三段论表示如下：

《中华人民共和国劳动法》规定，劳动者每日工作时间不超过 8 小时、平均每周工作时间不超过 44 小时；

“996”工作制度下，劳动者每日工作时间超过 8 小时，平均每周工作时间超过 44 小时；

“996”工作制违背《中华人民共和国劳动法》，造成超时加班。

也就是说，在针对“996”工作制进行评论时，作者找到了一个规范和尺度作为评价标准，即劳动法。从推理的角度来看，劳动法所规定的工作时长，也就成为演绎推理中的大前提。

二、归纳推理（据事说理）及其运用

与演绎推理相反，“归纳推理是从个别到一般的推理，即从一定数量的个别性事实，抽象、概括出某种一般性原理”[1]。例如：

高一的同学要学英语；
高二的同学要学英语；
高三的同学要学英语；
高中有高一、高二、高三三个年级，所以，全体高中同学都要学英语。

这个例子属于完全归纳推理，也有不完全归纳推理，或称简单枚举法，“即在一类事物中，根据已观察到的部分对象都具有某种属性，并且没有遇到任何反例，从而推出该类所有对象都具有该种属性”[2]。例如：

张三是江西人，爱吃辣椒；
李四是江西人，爱吃辣椒；
王五是江西人，爱吃辣椒；
我所认识的江西人都爱吃辣椒，所以，所有的江西人都爱吃辣椒。

上例中的结论很容易被推翻，只要找到一个反例就行了。显然，尽管可能多数江西人爱吃辣椒，但也存在不爱吃辣椒的江西人。适应于部分的结论，未必能推广到整体。换句话说，不完全归纳推理无法确保结论的正确性。

在新闻评论的论证中，归纳推理也是一种常用的论证手法。让我们先来看一篇经典古文：

六国论

苏　洵

六国破灭，非兵不利，战不善，弊在赂秦。赂秦而力亏，破灭之道也。或曰：六国互丧，率赂秦耶？曰：“不赂者以赂者丧，盖失强援，不能独

① 陈波：《逻辑学是什么》，北京：北京大学出版社，2002 年，第 42 页。
② 陈波：《逻辑学是什么》，北京：北京大学出版社，2002 年，第 166 页。

完。故曰：弊在赂秦也！

秦以攻取之外，小则获邑，大则得城，较秦之所得，与战胜而得者，其实百倍；诸侯之所亡，与战败而亡者，其实亦百倍。则秦国之所大欲，诸侯之所大患，固不在战矣。思厥先祖父，暴霜露，斩荆棘，以有尺寸之地。子孙视之不甚惜，举以予人，如弃草芥。今日割五城，明日割十城，然后得一夕安寝。起视四境，而秦兵又至矣。然则诸侯之地有限，暴秦之欲无厌，奉之弥繁，侵之愈急。故不战而强弱胜负已判矣。至于颠覆，理固宜然。古人云："以地事秦，犹抱薪救火，薪不尽火不灭。"此言得之。

齐人未尝赂秦，终继五国迁灭，何哉？与嬴而不助五国也。五国既丧，齐亦不免矣。燕赵之君，始有远略，能守其土，义不赂秦。是故燕虽小国而后亡，斯用兵之效也。至丹以荆卿为计，始速祸焉。赵尝五战于秦，二败而三胜。后秦击赵者再，李牧连却之。洎牧以谗诛，邯郸为郡，惜其用武而不终也。且燕赵处秦革灭殆尽之际可谓智力孤危，战败而亡，诚不得已。向使三国各爱其地，齐人勿附于秦，刺客不行，良将犹在，则胜负之数，存亡之理，当与秦相较，或未易量。

呜呼！以赂秦之地封天下之谋臣，以事秦之心，礼天下之奇才，并力西向，则吾恐秦人食之不得下咽也。悲夫！有如此之势，而为秦人积威之所劫，日削月割，以趋于亡。为国者，无使为积威之所劫哉！

夫六国与秦皆诸侯，其势弱于秦，而犹有可以不赂而胜之之势；苟以天下之大，下而从六国破亡之故事，是又在六国下矣。

文章开门见山，起首就给出了中心论点："六国破灭，非兵不利，战不善，弊在赂秦。"而这个结论是通过归纳推理获得的，苏洵把六国分成了两种情况。第一种情况，是赂秦的国家，包括韩、魏、楚三国，因赂秦而力亏，最终导致亡国。第二种情况，是未尝赂秦的国家，包括齐、燕、赵三国，"不赂者以赂者丧，盖失强援，不能独完"。

文章的第二段，分析了赂秦者"以地事秦"，无异于"抱薪救火"，最终导致灭亡。文章的第三段，分析了未尝赂秦的齐国及始有远略义不赂秦的燕国与赵国，发现他们皆受到赂秦诸国的牵连。

再来看张季鸾于1937年所写的一篇与南京大屠杀相关的抗战评论：

为匹夫匹妇复仇

敌军占领南京后，屠杀难民，淫污妇女，报告甚多，都是外侨所传。上海西字报一再揭布，美报访员有长电致本国，昨日德国海通社沪电，甚至说敌军司令也承认有此事，但是一般少壮军官所为，彼不负责云云。总之，敌军在南京必杀奸淫，穷凶极恶，已是铁般的事实，所不知者，只系被杀害者之确数，而最初之报告说被杀平民有五万人之多。

敌军在河北，在山西各县，都杀平民，淫妇女，但报告都不详，而地方偏僻，无从确查。现在南京之事，则外侨所传，世界所知，仅此一端已构成日本帝国主义万恶不赦之罪状，何况南京如此，江南各地实际皆然。现在又攻陷我杭州，在北又正攻济南，凡敌军所到，其凶淫残杀，都是与南京一样，凡有人道观念者，对于这土匪不若之兽行敌军，应当怎样鄙弃，怎样愤懑！

南京难民区，是旅京外侨发起，得敌军默契而成立的。固然其事并非正式性质，但既是人类，总不应完全无信。南京居民本来多数已走开，其最后留南京者，当然是贫民居多，也是因为信任难民区之故。奈何于攻城之后，竟这样残忍，这样凶淫，虽古代野蛮民族也不至如此，日本戴着现代强国之面具，且口称是反对抗日的中国政府，不是反对中国的人民，现在受这样杀戮，并且污辱良善女性，不计其数，何况到处皆然，不止南京。从世界文明的眼光看，这真是赤裸裸的凶残之兽行，不是人类所应有。

（《大公报》 1937 年 12 月 28 日，有删减）

文章第二段写了“凡敌军所到，其凶淫残杀，都是与南京一样”，这个结论是由归纳得出来的，因为敌军所到，包括河北、山西、杭州、济南、南京，每到一处，皆杀平民，淫妇女。在第三段，再次说“何况到处皆然，不止南京”。可见，每到一处，杀平民、淫妇女为日军一贯的行径。

同为抗战评论，王芸生所写的《不投降论》也用了归纳推理，文章第二段写道：

不投降的意义非常重要。只要我们的武士不做降将军，文人不做降大夫，四万万五千万人都保持住中华民族的圣洁灵魂，国必不亡。岳武穆百战不挠，袁督师独拒强敌，这两人虽都被奸佞陷害，赍志以殁，然忠烈所被，千载之下，犹令中华子孙感奋雪涕，播下复兴种子。文天祥断头菜市口，史可法战死扬州城，更给中华民族保存了浩然正气。反之，石敬瑭、张邦昌、吴三桂、臧式毅、殷汝耕等辈，或投降异族，或甘做傀儡，哪一个不是毒被全族，祸及身家？凛然的历史教训，凡是中国人都应该牢记心头。①

文章的结论就是，不投降，国必不亡。其正面的例证来自岳武穆（岳飞）、袁督师（袁崇焕）、文天祥、史可法，而反面的例证来自石敬瑭、张邦昌、吴三桂、臧式毅、殷汝耕等辈。文章实际上应用的是简单枚举法，属于不完全归纳。

三、类比推理及其运用

“类比推理是根据两个或两类事物在一系列属性上相似，从而推出它们在另一个或另一些属性上也相似的推理。”②

在日常生活中，我们常应用类比推理来与他人展开交往，比如：

张三是广东人，爱吃米饭，爱听粤语歌；
李四是广东人，爱吃米饭；
李四可能也爱听粤语歌。

张三与李四有着两个相似的属性，即均为广东人，且爱吃米饭，根据张三爱听粤语歌，可类推李四可能也爱听粤语歌。网络传播中，类比推理更是被广泛应用，我们在听了某首音乐后，很可能收到一系列类似的音乐。比如，你听了一首中国古曲《春江花月夜》，很可能会收到《高山流水》《平湖秋月》《渔舟唱晚》一系列自动推送过来的同类音乐。

新闻评论中，类比推理也是常见的论证方法，例如，《经济日报》记者詹国枢所写的一篇评论《少数企业“死”不了，多数企业“活”不好》，文章起首写道：

---

① 王芸生：《不投降论》，《大公报》，1937 年 12 月 14 日。
② 陈波：《逻辑学是什么》，北京：北京大学出版社，2002 年，第 179 页。

> 绿野，苗圃。
>
> 成千上万株小苗，头碰头，肩并肩，密密麻麻挤在一起。空气，严重不足，养料，极度匮乏，眼见得小苗蔫蔫然日渐萎黄。
>
> 怎么办？送气排风，施肥浇水。效果不佳，未见起色。
>
> 果断间苗！把那些枝叶已经萎黄，根须已经溃烂，无法成材的病苗，毅然拔除，腾出空间。空气，清新了，养料，充足了。一株株小苗伸枝展叶，充满勃勃生机！
>
> 大自然生生不息的景观，给予我们耐人寻味的启示：小苗生长发育如此，企业生存发展，不亦如此吗？①

根据作者的回忆，这篇评论要谈的是“如何搞活国有企业”的问题，文章第一部分便应用类比推理，提出了核心观点，即“少数企业‘死不了’，多数企业‘活’不好”。何出此言，作者先描写了小苗在苗圃生长发育的状况，为后文推理奠定基础。背后的推理如下：

> 要想苗圃中的小苗茁壮，就必须果断间苗。（少数小苗死不了，多数小苗活不好）
>
> 企业在市场中生存发展，类似小苗在苗圃中成长。
>
> 要想搞活国有企业，就必须搞死一些企业。（少数企业“死”不了，多数企业“活”不好）

谈类比的时候，我们往往会联想到比喻。二者有时难解难分。但比喻更多是在表达的层面而非推理的层面应用，其功能在于提高表达效率，即更为形象、生动地传递信息，帮助读者理解。如前述《六国论》中，作者在谈及以地赂秦时，就有这样的表达：“以地事秦，犹抱薪救火，薪不尽火不灭。”而该文最后两句话，又用了类比推理：“夫六国与秦皆诸侯，其势弱于秦，而犹有可以不赂而胜之之势；苟以天下之大，下而从六国破亡之故事，是又在六国下矣。”

其中蕴含的推理是：六国与秦，犹有可以不赂而胜之之势；天下之大，更有可以不赂而胜之之事。历史上的六国，当今的北宋，在遇到外敌时，是和是战，其结局有别，正是在这点上，作者建立起类比的基础。

---

① 詹国枢：《少数企业“死”不了，多数企业“活”不好》，《经济日报》，1991 年 8 月 15 日。

第三节　驳论

所谓驳论，就是针对别人的某种错误观点或主张，加以反驳或批判的论证方式。[①] 驳论以驳倒论敌为直接目的，可通过驳论题、驳论证与驳论据三种方式来达到目的。

一、驳论题

驳论题，就是从正面下手，直接针对错误论调展开批驳，指出其谬误之处。这是驳论常见的基本手法。请看第二十九届中国新闻奖的一等奖作品：

对"私营经济离场论"这类蛊惑人心的奇谈怪论应高度警惕——

"两个毫不动摇"任何时候都不能偏废

吕立勤

近日，源于自媒体的一篇文章，引起网上一片哗然。荒谬逻辑推导出的结论、自以为是的奇葩论调，在当前外部环境发生明显变化的大背景下，尤应引起高度警惕。

这篇自称"资深金融人士"发布的网文称，"私营经济已经初步完成了协助公有经济实现跨越式发展的重大阶段性历史重任。下一步，私营经济不宜继续盲目扩大，一种全新形态、更加集中、更加团结、更加规模化的公私混合制经济，将可能在社会主义市场经济社会的新发展中，呈现越来越大的比重"，理由是"私营经济"即非公有制经济"是没有纪律的，是没有深谋远虑的，是不足以面对日趋严峻的国际竞争的"。其核心错误，

① 田秋生、邓庄、钟剑茜：《当代新闻评论学》，广州：广东高等教育出版社，2007 年，第 78 页。

是试图否定和动摇我国社会主义基本经济制度和社会主义市场经济体制，把当今世界和平合作、开放融通、变革创新时代潮流中各类企业谋求发展的美好愿望，与其自定义的所谓“国家意志”对立起来，并试图通过“更加集中”和“更加规模化”的“一大二公”的经济形态所取代。这无疑是逆改革开放潮流而动、企图开历史倒车的危险想法。

40年前，以党的十一届三中全会为标志，我国开启了波澜壮阔的改革开放历史征程，不断冲破僵化思维和体制机制藩篱，逐步确立起公有制为主体、多种所有制经济共同发展的基本经济制度，把公有制经济和非公有制经济共同作为社会主义市场经济的重要组成部分，使之成为我国经济社会发展的重要基础。党的十八大以来，习近平总书记多次强调坚持“两个毫不动摇”，要求将其体现到各项具体政策中，极大地激发了我国公有制经济和非公有制经济的活力，更使得科学社会主义在21世纪的中国焕发出强大生机活力。今日中国，已经成为世界第二大经济体、第一大工业国、第一大货物贸易国、第一大外汇储备国；人民生活已从短缺走向充裕、从贫困走向小康。改革开放给中国带来翻天覆地的变化，根本无从得出要对非公有制经济“卸磨杀驴”、以公有制取代非公有制的方式发展混合所有制经济的荒谬结论。

如此看来，自媒体上流传的这类蛊惑人心的奇谈怪论，若不是为了一己之私谋求网络轰动效应和流量收益，便是另有企图、别有用心了。令人欣慰的是，面对互联网上充斥的各类谣言，越来越多的“吃瓜群众”正在变得耳聪目明。不过，即便如此，仍有必要重温《中共中央关于全面深化改革若干重大问题的决定》的有关内容：“允许更多国有经济和其他所有制经济发展成为混合所有制经济。国有资本投资项目允许非国有资本参股。允许混合所有制经济实行企业员工持股，形成资本所有者和劳动者利益共同体。”由此可见，中央所鼓励的混合所有制经济，是产权多元、自主经营、治理规范的市场微观主体形态，绝非计划经济时代“一大二公”的翻版。唯有全面准确理解中央决策部署的精神实质，才能识破种种反智论调的荒谬所在。

当前，国内外形势错综复杂，企业生存发展面临诸多新挑战。如何同舟共济，闯过急流险滩？重要一条，就是在以习近平同志为核心的党中央坚强领导下，凝聚改革共识、坚定开放信心，继续坚持和完善我国社会主义基本经济制度，绝不能逆时代潮流而动，开历史倒车。公有制经济财产权不可侵犯，非公有制经济财产权同样不可侵犯。在毫不动摇巩固和发展公有制经济的同时，必须毫不动摇鼓励、支持、引导非公有制经济发展，激发非公有制经济活力和创造力。“两个毫不动摇”任何时候都不能偏废。

（《经济日报》 2018 年 9 月 13 日第 9 版）

2018 年 9 月 12 日上午，一篇署名为吴小平的网文《私营经济已完成协助公有经济发展 应逐渐离场》流传网上，引起一片哗然，时至中午网上舆论混乱，经济日报社编委会迅速部署作者撰文批驳。[①] 作者的评论对象就是吴小平提出的所谓“私营经济离场论”，对于这种谬论，作者在第二段即直指其核心错误：是试图否定和动摇我国社会主义基本经济制度和社会主义市场经济体制，是逆改革开放潮流而动、企图开历史倒车的危险想法。接下来，文章从历史事实与政策依据两个方面对观点展开论证。就历史事实而言，改革开放给中国带来翻天覆地的变化，根本无从得出要对非公有制经济“卸磨杀驴”、以公有制取代非公有制的方式发展混合所有制经济的荒谬结论。就政策依据而言，《中共中央关于全面深化改革若干重大问题的决定》已有明确规定，允许更多国有经济和其他所有制经济发展成为混合所有制经济。换句话说，在事实层面与政策层面，所谓“私营经济离场论”都是站不住脚的，是一股思想逆流。

二、驳论证

所谓驳论证，即从论证方式、推理过程入手，指出其推理过程中的错误，进而驳倒错误言论。且看历史学家许纪霖先生针对“超女”现象所写的一篇时评：

---

① 相关内容见该评论的中国新闻奖组织报送参评作品推荐表，中国记协网，http：//www. zgjx. cn/2019 -06/23/c_ 138140153. htm。

戳穿“超女民主”的神话

许纪霖

2005年的夏天，从湘江之畔刮来的“超级女声”风暴，席卷整个中国，终于尘埃落定。一档娱乐节目，为什么会牵动千百万人心，让大家如痴如醉？据说是因为在中国试验了一把“娱乐民主”：让电视机前的观众发短信投票，决定每一场结局。在“超女”评选中，歌迷们的确表现出超乎异常的参与和组织热情，短信投票也在相当大的程度上左右了每场的结局。有评论热烈称赞这一“超女民主”，视之为中国民主一次大规模的沙盘预演。

“五四”以来，民主与科学一样，成为中国人孜孜以求的理想目标。民主一旦被理想化、乌托邦化，就会被化约为某种简单的东西，比如民众意志、全民投票等。的确，在许多中国人观念里面，民主就是一种投票政治，仿佛老百姓只要拥有了投票权，人民的意志就因此实现了。于是，“超级女声”稍稍玩弄了一下短信投票，就马上被赋予了“娱乐民主”的崇高价值。

我要说的是，以投票为核心的“超女民主”，不是一种好的民主，而是一种具有内在颠覆、自我否定的民粹式民主。其背后隐藏着一只看不见的手，通过短信投票的方式，制造一种民意至上的虚幻感，以此实现主办方隐秘的权力意志和商业欲望。

让我们来分析一下“超级女声”中的几大疑点。

第一，民主不仅体现为公众投票，而且体现在公众投票拥有直接的、最后的决定权，以此体现人民意志的至高无上性。“超级女声”的竞赛规则是：由评委和短信投票分别选出两位最差的选手，上PK台决斗，最后由大众评审团投票决定其中一人落选。在这一规则中，所谓的公众直选，其作用只占1/3，且不具最后决定性。而掌握了核心权力的，是那个面目暧昧的大众评审团。其性质与其说是民意的“代议士”，倒不如说是中国特色的代表制。因为这35个关键人选，并非由民意决定，而是由主办方幕后遴选。常识告诉我们，被谁选出，对谁负责。于是，数百万短信投票所体现的民意，最后终究要由这些代表了主办方意志的“大众评审团”来集中，好一个漂亮的民主集中制！

第二，比投票更重要的是，民主还必须拥有一套公开的、透明的稳定程序。法定规则只能在事先的“无知之幕”下讨论产生，一经确定，不能因人为的意志（无论其来自长官还是民众）轻易改变。前述的“超级女声”通行规则，到最后决赛时，被莫名其妙地改变，由原来羞羞答答的“半民主”，变为“全民主”，完全由短信选票决出前三名。从实质正义来看，似乎是进步，好像彻底体现了民意。但从程序正义而言，属于违法。奇怪的是，竟然没有人站出来质疑主办方对规则的任意改变，包括被剥夺了资格的三位评委和35名大众评审团成员。这只能印证了眼下大红大紫的施米特理论：这次竞赛的“主权者”，不是短信所体现的民意，也不是评委或大众评审团，前者是被利用的，后者是被御用的。真正的“主权者”，正是可以任意改变规则、解释规则的主办方——其在“紧急的例外情况下”拥有重新制订规则的至高无上的“决断权”。

第三，按照哈贝马斯的经典论述，公共决策的合法性不仅体现在公众的投票上，更重要的是取决于公众的自由讨论。“超级女声”中唯一的公共讨论，是代表专家意见的评委现场点评。在初赛阶段，评委尚可自由地发表意见，越到后来，迫于民意的强大压力，评委们个个噤若寒蝉，只有赞美的份儿。到了最后的决赛，连这一可怜的发言权也被剥夺了。当一种民主，容不得异己，容不得批评，只许欢呼、只许歌颂的时候，那就是暴政了，那就是从约翰·密尔到托克维尔一直警惕的“多数人的暴政”。欢呼式的民主、赞美式的民主，是缺乏合法性的民主，也是中国历史上曾经领教过多次的广场大民主。

第四，大众时代的民主应该是不设门槛的，一个人不能因为其贫穷而被剥夺投票的权利。“超级女声”投票的门槛何其之高，平时一角钱的短信，竟然被抬高到一元钱。表面上“超女”的投票是平等的，但其背后充满了金钱的元素，囊中羞涩的广大民众，不得不考虑参与的成本，而对于有钱者来说，可以一掷千金买卡买票，用金钱影响选举的结果。不是有报道说，某大款一口气出资50万元，买手机卡去投票吗？

投票本身不是民主，只是民主的一个环节。真正的民主除了投票之外，还要有透明的程序、平等的权利、自由的讨论、对异己的尊重以及超越一切个人意志的公正规则。这一切的一切，正是“超女民主”所匮乏的。

所谓的“超女民主”，只是一种民粹式民主。历史已经证明，而且将继续证明，民粹式民主正是权力意志的最好掩护。

（《南方都市报》 2005 年 8 月 29 日）

文章的评论对象是：“超级女声”是中国民主一次大规模的沙盘预演，或曰“超女民主”论。作者确立了四条标准，随后对照“超女”运作的相关情况，逐一展开分析。第一，民主不仅体现为公众投票，而且体现在公众投票拥有直接的、最后的决定权，以此体现人民意志的至高无上性。但在“超女”的运作中，起决定性作用的并非短信投票所集中的民意，而是代表了主办方意见的“大众评审团”。第二，比投票更重要的是，民主还必须拥有一套公开的、透明的稳定程序。“超女”的主办方却可任意改变规则。第三，按照哈贝马斯的经典论述，公共决策的合法性不仅体现在公众的投票上，更重要的是取决于公众的自由讨论。“超女”却容不得批评，没有公众的自由讨论。第四，大众时代的民主应该是不设门槛的，一个人不能因为其贫穷而被剥夺投票的权利。但“超女”却设置了很高的投票门槛。至此，无论从哪一方面看，“超女”都不符合民主的要求，所谓“超女民主”不过是一个虚假的神话。

作者驳斥了潜在的推论：“超女”让电视机前的观众发短信投票，决定每一场比赛的结局，因此“超女”是中国民主的沙盘预演。就是说，尽管“超女”有观众短信投票，但观众短信投票设置了门槛，且主办方可任意更改规则，缺乏公众的自由讨论，短信投票并不起最终的决定作用。文章丝丝入扣，有着强大的说服力。

三、驳论据

论据是论点得以成立的依据，驳论据就是驳斥对方论点的依据，通过指出论据的失真、不可靠来推翻对方的论点。让我们来看抗日战争时期围绕晋南战役所展开的一场论争。

1941 年，《苏日中立条约》签订二十多天之后，日军在晋南发动战争，即晋南之役，围绕晋南之役，国共之间展开了一场舆论交锋，1941 年 5 月 21 日，《大公报》发表王芸生所撰《为晋南战事作一种呼吁》一文，假借外媒宣传，批评中共领导的十八集团军没有积极协助国军打击敌人。读了《大公报》的批评，周恩来连夜赶写了一封长信给《大公报》的张季鸾、王芸生：

季鸾、芸生两先生：

读贵报今日社论——《为晋南战事作一种呼吁》，爱国之情，溢于言表，矧在当事，能不感奋！惟贵报所引传说，既泰半为敌人谣言，一部又为《华盛顿明星报》之毫无根据的社评，不仅贵报“不愿相信”，即全国同胞亦皆不能置信。盖美国虽为助我国家，但美国报纸论断通信社消息，却不能尽据为信，例如华盛顿十九日合众电，竟称“据拥护政府最力之参议员多玛斯对台众社记者谈称……彼素即主张以逐渐之方法调解中日战事”，我们能因此便信美国政府已接受日本之和平提议么？况中共与汪逆，久成“汉贼不两立”之势，国内某小部分人或可与汪逆重谈合作，中共及绝大多数之中国军民，吾敢断言，虽战至死，亦决不会与汪逆同流合污，投降日寇。至敌人谣言，则所造者不止一端，即单就晋南战事论，南京二十日同盟电，亦曾说：“当晋南、豫北战事发生之前，胡宗南为奉命包围红军计，曾自晋南抽出所部五师调至陕甘宁三省……以致晋南渝军实力大减。”我想贵报对于此种说法，当同样“不愿相信”。

再贵报所引事实，一则谓：“十八集团军集中晋北，迄今尚未与友军协同作战。”再则谓：“我们相信统帅部必然已有命令，要十八集团军参加战斗。”但我可负责敬告贵报，贵报所据之事实，并非事实。在贵报社论发表一周前，晋南白晋公路一段即为第十八集团军部队袭占，停止通车；其它地区战事正在发展，只因远在敌后，电讯联络困难，此间遂不得按时报道，而中枢及前线旬余军事磋商，与夫配合作战之计划，皆因军机所限，既不便且不得公诸报端，亦不宜在此函告，于是惯于造谣者流，曾公开向人指摘第十八集团军拒绝与友军配合作战。我曾为此事一再向中枢请求更正，不意市虎之言，竟亦影响于贵报，当自承同业联络之差。惟环境限人，贤者当能谅我等处境之苦。

最后，贵报更寄其希望谓：“在国家民族的大义名分之下，十八集团军应该立即参加晋南战役；在其向所服膺的团结抗战精神之下，十八集团军更应该立即赴援中条山。”贵报的热忱，我们感奋，贵报的热望，我们永远不会辜负。我们一向主张团结抗战，而且永远实践团结抗战。去年华北百团大战，战中未得到任何配合，战后未得到任何补充，虽中外电讯竞传捷音，贵报备至奖誉，而犹为人诬为虚构战绩，然我们并不因此抱怨。今年皖南事变后，正当着敌人从信阳出击我友军东进之侧后，而李长江又适于此际叛变于苏北，我们在苏北、皖北的部队，决没有丝毫放松与友军配合打敌，并且还追击了叛军李长江，这也证明我们并不是抱怨者。今年二三月日寇在华北分区扫荡，由五台而太行而冀南而山东，我们决没有丝毫放弃华北抗战的根据。尽管十八集团军饷弹俱断，尽管无任何友军可以配合，尽管有人造谣说十八集团军已撤回陕北，然事实胜于雄辩，十八集团军终于击破了敌人扫荡。虽弹药越打越少，但我们更不会以此抱怨别人。并且，也不如敌人谣传十八集团军主力是以中条山为中心（自去年漳河划线以来，我们严遵军令，中条山并无十八集团军一兵一卒），而是远处在敌人重围中的。不过我们可负责向贵报及全国军民同胞声明：只要和日寇打仗，十八集团军永远不会放弃配合友军作战的任务，并且会给敌人以致命的打击的。同时，十八集团军作战地界，奉命不与友军混杂，免致引起误会。我们现在仍守漳河之线，未入林县一步，尤为敌人故意挑拨，说十八集团军袭击林县某总司令部队，而此地亦有人据此为言者，想见情况之杂。

诚然，“山西是北方的高原，有山西可以控制北方数省，中条山是山西的锁钥……”但山西高原并非仅限于中条山，管涔山可以俯瞰塞外，五台山可以连接冀察，太行山可以东出河北平原，吕梁山既可屏障大河以西又可配合太岳山，控制汾河流域。临汾失守以后，不仅因中条山留有中央大军，握此北方锁钥，且因山西所有高原，都控制在我军手中，方使敌寇三年多屡试渡河，屡遭失败。尤其因二十七年春晋东南反敌扫荡一战，早奠定了中条山锁钥之基。回想彼时各军协同作战之盛，诚愿能复见于今日。

敌所欲者我不为，敌所不欲者我为之。四五年来，常持此语自励励人。今敌欲于积极准备南进之际，先给我以重击，并以封锁各方困我。力不足则辅之以挑拨流言，和平空气。我虑友邦人士不察，易中敌谣，故曾向美国通讯社作负责声明，已蒙其十九日在上海广播，不图今日在此复须作又一次声明。我信贵报此文是善意的督责，但事实不容抹杀，贵报当能一本大公，将此信公诸读者，使贵报的希望得到回应，敌人的谣言从此揭穿。我欲言者虽未尽万一，但个中况味，亦雅不欲再公之笔端，为敌人造挑拨资料。惟信不久战况揭晓，捷报传来，当必较千言万语为能作更有力的证明。匆匆书此。敬颂

撰安！不一。

周恩来　谨启

（《大公报》　1941 年 5 月 23 日）

这封长信实际上是对王芸生所撰《为晋南战事作一种呼吁》一文的回应，文章集中批驳了王芸生所谓第十八集团军没有积极协助国家打击敌人的观点。文章最有力之处在于指出对方论据的虚假性，在第一段便指出："惟贵报所引传说，既泰半为敌人谣言，一部又为《华盛顿明星报》之毫无根据的社评，不仅贵报'不愿相信'，即全国同胞亦皆不能置信。"就是说，你们的依据，有一大半来自敌谣，另有一部分来自美国报纸毫无根据的社评。第二段，又驳斥了《大公报》所引所谓事实，并不真实。第三段进一步提供皖南事变后，第十八集团军与友军积极配合作战的事实，在此基础上，郑重声明：只要和日寇打仗，十八集团军永远不会放弃配合友军作战的任务，并且会给敌人以致命的打击的。周恩来的这封信，从事实出发，集中驳斥对方论据的失真，是一篇非常有力的驳论。

复习思考题

1. 何谓逻辑、推理、论证?
2. 简述演绎推理、归纳推理、类比推理及其应用。
3. 简述驳论的三种主要手法。

第五章

新闻评论的谋篇布局

在对新闻评论的选题、角度、观点及论证方式进行探讨之后，本章我们进入具体的写作层面，探讨新闻评论的谋篇布局。就结构而言，一篇完整的新闻评论包括标题、开头、正论、结尾四个部分，接下来，我们就具体探讨各个部分的写作要求。

第一节　新闻评论的标题与开头

一、新闻评论的标题

首先必须强调的是，除了少数简短的编者按语之外，标题是新闻评论必不可少的一个部分，起着画龙点睛的作用。

众所周知，在消息的写作中，标题写作也占有重要的位置，作为两种最重要的新闻体裁，消息与评论的标题有何异同？不妨来看几个版面：

羊城晚报

《求是》杂志发表习近平总书记重要文章

努力成长为对党和人民忠诚可靠、堪当时代重任的栋梁之才

2023年7月 1 星期六

中共中央政治局召开会议，审议《关于支持高标准高质量建设雄安新区若干政策措施的意见》

持续推进标志性疏解项目在雄安新区落地建设

中共中央总书记习近平主持会议

习近平将出席上海合作组织成员国元首理事会第二十三次会议

汇聚强国建设民族复兴的磅礴伟力

——热烈庆祝中国共产党成立一百零二周年

"港车北上"政策

今天0时9分首辆香港单牌车入粤

广州中考预计7月11日放榜

今夏"烤"验 北部于南

羊城创意产业园南海园区开园

图 5－1　《羊城晚报》2023 年 7 月 1 日头版

社论

A02

教育经费保持增长，要确保数据真实投入到位

开放机关临街厕所，当成"厕所革命"标配

面对火车上孩子吵闹，请多换位思考

图 5－2　《南方都市报》2023 年 7 月 1 日社论版

上面两个报纸版面，图 5 - 1 是《羊城晚报》2023 年 7 月 1 日的头版，图 5 - 2 是同一天《南方都市报》的社论版。在《羊城晚报》的版面上，除了右边中间栏刊登了一篇《人民日报》社论外，其他均为消息。在《南方都市报》的版面上，则刊登了三篇评论文章。两相比较，我们可以直观地感受到消息标题与评论标题的区别。从形式上而言，消息的标题比评论标题更多元。消息的标题可以是单行题、双行题、三行题。其中，单行题为实题，一般把核心新闻要素放在标题中，如《习近平将出席上海合作组织成员国元首理事会第二十三次会议》，里面就包括了人物、事件两个核心新闻元素。双行题又可分为两种情况，一种是“引题 + 主题”的结构，如报眼位置的消息《〈求是〉杂志发表习近平总书记重要文章　努力成长为对党和人民忠诚可靠、堪当时代重任的栋梁之才》，排在上方、字号较小的是引题，一般起到交代来由、出处的作用。排在下方、字号较大的是主题，交代核心新闻事实。另一种是“主题 + 副题”的结构，如图 5 - 1 左下方的新闻《羊城创意产业园南海园区开园　立足“文创 + 科创”，办公环境舒适、休闲，主打年轻人入驻》，排在上方、字号较大的是主题，交代主要新闻事实，排在下方、字号较小的是副题，交代次要新闻事实。最复杂的是三行题，即“引题 + 主题 + 副题”，一般用于重要新闻，如图 5 - 1 的头版头条新闻，即为三行题。消息的标题不仅结构上较为多元，字体、字号也有较多的变化，这种变化本身乃报纸编辑手段的一部分，起着导读、吸引读者阅读、美化版面的多方面作用。

与消息的标题相比，评论的标题无论从结构上还是形式上都相对单一。就结构而言，只有个别重要的评论会采用双行题，比如《羊城晚报》转发的《人民日报》社论《汇聚强国建设民族复兴的磅礴伟力——热烈庆祝中国共产党成立一百零二周年》就用了“主题 + 副题”，原因在于当天是中国共产党成立 102 周年纪念日，作为中共中央机关报的《人民日报》在这个重要时间节点所发表的社论，自然有着不同一般的重要意义。大多数情况下，评论的标题都是单行题，且字体、字号的变化也较少。

就功能而言，消息是为受众提供社会新近发生的变动，重在传递重要的事实信息，因而，消息的标题以新闻要素为核心。新闻评论是为受众提供针对特定新闻的认识，以观点为核心。具体到评论标题的制作，有些什么要求呢？我们来看第三十二届中国新闻奖部分获奖作品的标题（如表 5 - 1 所示）：

表 5-1　第三十二届中国新闻奖文字评论部分获奖作品①

刊发媒体/时间	作者（主创人员）	文章标题	获奖等级
《人民日报》 2021 年 6 月 28 日	集体	百年辉煌，砥砺初心向复兴 ——写在中国共产党成立 100 周年之际	特等奖
《求是》杂志 2021 年第 13 期	宋维强、孙煜华	没有共产党就没有中国人民的幸福生活	一等奖
《湖北日报》 2021 年 2 月 2 日	湖北日报评论员 （李保林）	决不允许“鸡脚杆子上刮油”	一等奖
《光明日报》 2021 年 8 月 6 日	牛梦笛	三观岂能跟着五官走	一等奖
上观新闻 2021 年 1 月 26 日	朱珉迕	到处人脸识别，有必要吗?	一等奖
经济日报新闻客户端 2021 年 11 月 2 日	徐涵、冯其予	不要过度解读甚至误读储存一定生活必需品	二等奖
《南方日报》 2021 年 2 月 24 日	龚先生 （罗筱晓）	货拉拉道歉：每次改进都用生命来换， 代价太惨痛!	三等奖

上面七篇评论的标题，大致可以分为三类：第一类是以观点入题，即将全文的核心观点用一句话概括出来，作为评论的标题。《没有共产党就没有中国人民的幸福生活》《决不允许“鸡脚杆子上刮油”》《三观岂能跟着五观走》《不要过度解读甚至误读储存一定生活必需品》《货拉拉道歉：每次改进都用生命来换，代价太惨痛!》五篇评论，均属此类。第二类是以设问制题，如《到处人脸识别，有必要吗?》。第三类是复合题，主题概括了核心观点，副题交代了评论由头，如《百年辉煌，砥砺初心向复兴——写在中国共产党成立 100 周年之际》。严格说来，第三类的主题也属于观点入题。

至此，我们可以对评论标题的写作方式作一个简要的概括。评论作为传递意见性信息的新闻文体，其标题应起到概括、导读的作用。作为文章中最顶层的部分，题目的文字表达以简练为宜。尽管有关评论标题形式与要求的说法有很多，但笔者认为，最基本的制题方法就是上述两种：一种是以观点入题，即用一句话把主要论点概括出来作为标题。正如消息抽离了所有的细节与背景之后，留下的新闻要素置

① 本表相关信息根据中国新闻奖获奖公告整理，见中国记协网，http：//www. zgjx. cn/2022zgxwjjgjx/index. htm，2022 年 11 月 8 日。

入标题，居于“倒金字塔”的顶端。观点是一篇评论文章论证的中心与归宿，是抽离所有论证过程之后的干货。另一种是设问拟题，其特点在于能引发思考，包括点出思考的对象与方向，进而引发读者的论辩心与好奇心。

二、新闻评论的开头

了解了新闻评论的标题后，我们再来谈谈新闻评论的开头。先看以下实例。

《没有共产党就没有中国人民的幸福生活》一文的开头：

中国共产党百年华诞！

这是中国共产党历史、中华民族历史、世界历史的重大里程碑时刻！

2021 年 7 月 1 日，习近平总书记代表中国共产党和中国人民在天安门城楼上向全世界庄严宣告：经过全党全国各族人民持续奋斗，我们实现了第一个百年奋斗目标，在中华大地上全面建成了小康社会，历史性地解决了绝对贫困问题，正在意气风发向着全面建成社会主义现代化强国的第二个百年奋斗目标迈进。这是中华民族的伟大光荣！这是中国人民的伟大光荣！这是中国共产党的伟大光荣！

《决不允许“鸡脚杆子上刮油”》一文的开头：

1 月 29 日，省委主要领导在省纪委十一届五次全体会议上讲话指出，基层“微腐败”问题不容小视，并痛斥某些人还在“鸡脚杆子上刮油”。

《三观岂能跟着五观走》一文的开头：

在娱乐产业化的时代，偶像诞生就像是资本运作逻辑下一件商品的问世。为了推销这件商品，“颜值即正义”的畸形价值观正在悄然流行。在这种不良社会思潮影响下，部分人的三观跟着五官走，认为长得帅或美可以代表一切。只要颜值够高，即使犯了罪也有人同情。粉丝对偶像这种“无脑式”的追捧行为，形成一波又一波的舆论热点，引发了社会各界的关注讨论。

《不要过度解读甚至误读储存一定生活必需品》一文的开头：

> 商务部近日印发的《关于做好今冬明春蔬菜等生活必需品市场保供稳价工作的通知》中提到，“鼓励家庭根据需要储存一定数量的生活必需品，满足日常生活和突发情况的需要”，一句话引出网友各种猜测，引起热切讨论。

分析上述四篇获奖作品的开头，我们可以发现一个共同点，即评论作者不约而同地选择了同一种开头方式——起首交代新闻由头与评论对象。《没有共产党就没有中国人民的幸福生活》一文的写作，源于中国共产党百年华诞这个百年一遇的时间节点；《决不允许“鸡脚杆子上刮油”》一文的写作，缘于省委主要领导痛批基层“微腐败”；《三观岂能跟着五观走》一文的写作，缘于一个新闻现象——“颜值即正义”的畸形价值观正在悄然流行；《不要过度解读甚至误读储存一定生活必需品》一文的写作，缘于网友对商务部一个通知的过度解读。在开头手法方面，以上文章作者的“撞车”当然并非偶然，它昭示了新闻评论开头的一种最常用、最基本的方式——概括性地交代评论对象。新闻评论的对象可以是一个新闻事件，如“货拉拉道歉”；也可以是一个现象，如“颜值即正义”的流行、“鸡脚杆子上刮油”；还可以是一种意见，如网友们对商务部通知的误读。无论如何，起首让读者了解谈论的对象是什么、为什么在这个时间节点谈论它，是自然而然且完全必要的。

当然也可以有别的开头方式，如《六国论》的开头：

> 六国破灭，非兵不利，战不善，弊在赂秦。赂秦而力亏，破灭之道也。或曰：六国互丧，率赂秦耶？曰：不赂者以赂者丧，盖失强援，不能独完。故曰：弊在赂秦也！

《六国论》的开头，即属于开门见山地亮出主要观点。同样的手法也体现在第三十一届中国新闻奖二等奖作品——裴兴斌主创的《莫以纪律红线为怠政懒政找借口》一文的开头中：

> 习近平总书记多次强调，党员领导干部要实干担当，勉励大家撸起袖子加油干。然而，笔者在基层采访时发现，不少党员领导干部以“怕碰纪

律红线”为由，给自己不想干事、不肯担当的怠政懒政行为找借口，破坏了实干担当氛围，损害了党的形象，迟滞了事业发展。这种违背“纪律红线”初衷、与高质量发展格格不入的行为和做法，必须予以纠正！

至此，我们可以对新闻评论开头的写作手法作一个总结。新闻评论的开头，有两种最基本的手法：其一，用概括性的语言交代评论对象与事由；其二，起首便亮出作者的主要观点。

第二节　新闻评论的正论

正论部分，是新闻评论的躯干，要针对特定的评论对象，立足相关论据，展开论证，从而让观点成立。正论最重要的是符合逻辑的展开，因而，需要处理好文章的结构问题。一般而言，新闻评论的结构有以下几种主要类型：历时性线性结构、递进结构、并列结构。

一、历时性线性结构

历时性线性结构，即以时间为序，结构文章，据事说理，于叙事完成后，自然得出结论。历时性线性结构实际上是基本的、常用的结构与说理手法。比如，父母要给小朋友讲道理，就通过讲故事的方式来进行。小学生学写记叙文，老师也往往教学生通过记事来说理。至于寓言故事，如《愚公移山》《农夫与蛇》《小马过河》等，无不贯彻着这种古老的说理方式。

在议论文中，据事说理，也能写成雄文，如西汉贾谊的名篇《过秦论·上篇》：

过秦论·上篇

秦孝公据崤函之固，拥雍州之地，君臣固守以窥周室，有席卷天下，包举宇内，囊括四海之意，并吞八荒之心。当是时也，商君佐之，内立法度，务耕织，修守战之具，外连衡而斗诸侯。于是秦人拱手而取西河之外。

孝公既没，惠文、武、昭襄蒙故业，因遗策，南取汉中，西举巴、蜀，东割膏腴之地，北收要害之郡。诸侯恐惧，会盟而谋弱秦，不爱珍器重宝肥饶之地，以致天下之士，合从缔交，相与为一。当此之时，齐有孟尝，赵有平原，楚有春申，魏有信陵。此四君者，皆明智而忠信，宽厚而爱人，尊贤而重士，约从离衡，兼韩、魏、燕、楚、齐、赵、宋、卫、中山之众。于是六国之士，有宁越、徐尚、苏秦、杜赫之属为之谋，齐明、周最、陈轸、召滑、楼缓、翟景、苏厉、乐毅之徒通其意，吴起、孙膑、带佗、倪良、王廖、田忌、廉颇、赵奢之伦制其兵。尝以十倍之地，百万之众，叩关而攻秦。秦人开关延敌，九国之师，逡巡而不敢进。秦无亡矢遗镞之费，而天下诸侯已困矣。于是从散约败，争割地以赂秦。秦有余力而制其弊，追亡逐北，伏尸百万，流血漂橹。因利乘便，宰割天下，分裂山河。强国请服，弱国入朝。延及孝文王、庄襄王，享国之日浅，国家无事。

及至始皇，奋六世之余烈，振长策而御宇内，吞二周而亡诸侯，履至尊而制六合，执敲扑而鞭笞天下，威振四海。南取百越之地，以为桂林、象郡；百越之君，俯首系颈，委命下吏。乃使蒙恬北筑长城而守藩篱，却匈奴七百余里；胡人不敢南下而牧马，士不敢弯弓而报怨。于是废先王之道，焚百家之言，以愚黔首；隳名城，杀豪杰；收天下之兵，聚之咸阳，销锋镝，铸以为金人十二，以弱天下之民。然后践华为城，因河为池，据亿丈之城，临不测之渊，以为固。良将劲弩守要害之处，信臣精卒陈利兵而谁何。天下已定，始皇之心，自以为关中之固，金城千里，子孙帝王万世之业也。

始皇既没，余威震于殊俗。然陈涉瓮牖绳枢之子，氓隶之人，而迁徙之徒也；才能不及中人，非有仲尼、墨翟之贤，陶朱、猗顿之富；蹑足行伍之间，而崛起阡陌之中，率疲弊之卒，将数百之众，转而攻秦；斩木为兵，揭竿为旗，天下云集响应，赢粮而景从。山东豪俊遂并起而亡秦族矣。

且夫天下非小弱也，雍州之地，崤函之固，自若也。陈涉之位，非尊于齐、楚、燕、赵、韩、魏、宋、卫、中山之君也；锄耰棘矜，非铦于钩戟长铩也；谪戍之众，非抗于九国之师也；深谋远虑，行军用兵之道，非及向时之士也。然而成败异变，功业相反，何也？试使山东之国与陈涉度长絜大，比权量力，则不可同年而语矣。然秦以区区之地，致万乘之势，序八州而朝同列，百有余年矣。然后以六合为家，崤函为宫；一夫作难而七庙隳，身死人手，为天下笑者，何也？仁义不施而攻守之势异也。

贾谊此文，意在分析强大的秦朝为何二世而亡，从而为今世提供借鉴与参考。作者由秦孝公讲起，先后述及惠文、武、昭襄王，再到孝文王、庄襄王，又及始皇，最终是秦二世，以极精练的文字回顾了秦兴起、强盛，再到灭亡的过程，最终得出自己的结论——仁义不施而攻守之势异也。这篇不足 1 200 字的文章，重点写了四个阶段：一是孝公与商鞅变法，为秦的崛起奠定了基础；二是惠文、武、昭襄王主政阶段，四面出击，围困天下；三是始皇阶段，完成统一大业；四是秦二世与陈胜吴广起义，貌似强大的秦王朝突然灭亡。秦曾经以区区之地，而致万乘之势，又岂能料到，最后却成为"身死人手，为天下笑者"的短命王朝。前后形成如此巨大的反差，问题出在暴政上。

在本章第一节提到的中国新闻奖获奖作品《没有共产党就没有中国人民的幸福生活》一文中，我们也看到了类似的结构，下面是该文的部分内容：

没有共产党就没有中国人民的幸福生活

中国共产党百年华诞！

这是中国共产党历史、中华民族历史、世界历史的重大里程碑时刻！

2021 年 7 月 1 日，习近平总书记代表中国共产党和中国人民在天安门城楼上向全世界庄严宣告：经过全党全国各族人民持续奋斗，我们实现了第一个百年奋斗目标，在中华大地上全面建成了小康社会，历史性地解决了绝对贫困问题，正在意气风发向着全面建成社会主义现代化强国的第二个百年奋斗目标迈进。这是中华民族的伟大光荣！这是中国人民的伟大光荣！这是中国共产党的伟大光荣！

此时此刻，此情此景，怎能不让华夏儿女心潮澎湃、热血沸腾，放声高唱"没有共产党就没有新中国"，深情倾诉"唱支山歌给党听，我把党来比母亲"，由衷地为中国共产党骄傲自豪，为中国共产党领导的新中国骄傲自豪，为从未有过的幸福生活骄傲自豪。站在百年风华的历史高处，中国共产党正引领中华号巨轮驶向伟大复兴的光辉彼岸，一个持续走向国家富强、人民幸福的新中国，正以更加雄伟的身姿巍然屹立于世界东方。中国人民用今天的幸福生活告慰前辈先烈：此时此刻，此情此景，如您所愿！

在数千年历史长河中，中国人民辛勤劳作、自强不息，不懈追求“小康”生活。但在封建制度下，这只是一个镜花水月的空想。鸦片战争以后，由于西方列强的入侵，中国更是陷入内忧外患的黑暗境地，面临亡国灭种的深刻危机，国家积贫积弱、人民饥寒交迫，“中国人民的贫困和不自由的程度，是世界所少见的”。

为了“救民于水火、解民于倒悬”，无数仁人志士不屈不挠、前仆后继，多少轰轰烈烈，多少慷慨悲歌，但依然未能改变江山飘摇、神州陆沉、民不聊生的悲惨命运。莽莽神州，已倒之狂澜待挽；茫茫华夏，中流之砥柱伊谁？

在历史的大浪淘沙中，中国人民选择了用马克思主义科学真理武装起来的中国共产党。

1921 年，从上海的石库门，到浙江嘉兴的南湖，一叶小船，摆渡了暮霭沉沉的中国，见证了勇担民族复兴历史大任、必将带领人民创造人间奇迹的中国共产党的诞生。从此，小小红船承载起亿万国人的国强民富梦想，一次次穿越急流险滩、惊涛骇浪，引领中华民族迎来从站起来、富起来到强起来的伟大飞跃，实现中华民族伟大复兴进入了不可逆转的历史进程！

中国共产党除了工人阶级和最广大人民群众的利益，没有自己特殊的利益。为中国人民谋幸福、为中华民族谋复兴，是中国共产党自诞生之日起就始终不渝的初心和使命。100 年来，党的一切奋斗、一切牺牲、一切创造都是为了让人民过上好日子，党 100 年的历史从根本上说就是一部为人民谋幸福的历史。

为有牺牲多壮志，敢教日月换新天。“儿女不见妈妈两鬓白，但相信你会看到我们举过的红旗飘扬在祖国的蓝天”；“为了我们的子子孙孙争得幸福的生活，就是献出了自己的生命也是在所不惜的”……革命烈士用鲜血和生命诠释了什么叫作中国共产党人、什么是中国共产党的初心使命。

经过 28 年浴血奋战，中国共产党团结带领人民推翻帝国主义、封建主义、官僚资本主义三座大山，夺取新民主主义革命胜利，实现了几代中国人梦寐以求的民族独立和人民解放，为国家强大、人民富裕创造了前提、开辟了道路。

…………

为了“建设一个新世界”，当家作主的中国人民在建设新中国的奋斗中，爆发出空前的创造力和冲天的干劲。在那个火红的年代，党团结带领中国人民进行社会主义革命，确立社会主义基本制度，在一穷二白的条件下推进社会主义建设，中国社会发生了翻天覆地的变化，建立起独立的比较完整的工业体系和国民经济体系，在走向人民幸福生活的道路上，不断创造人间奇迹，绘出最新最美的图画。

有过凯歌行进，也曾低吟徘徊。在满目疮痍的旧中国留下的烂摊子上建设社会主义新中国，一切都要艰苦创业、披荆斩棘、开辟新路。

“十八户农民的红手印，按出了改革开放万里香，沃野千里稻翻浪，农家的小楼沐春光……”1978 年的一个冬夜，小岗村十八户农民在一份没有标点符号的契约上按下鲜红的手印。农村改革的春雷响彻神州大地。

党的十一届三中全会，实现了新中国成立以来党的历史上具有深远意义的伟大转折。党团结带领人民走自己的路，开创、坚持、捍卫、发展中国特色社会主义，不断解放和发展生产力，人民生活实现了从温饱不足到总体小康、奔向全面小康的历史性跨越。

船到中流浪更急、人到半山路更陡。时光进入 2012 年，中国共产党为人民谋幸福、为民族谋复兴的第一个百年征程，进入了最关键的攻坚和冲刺阶段。历史的接力棒，交到了以习近平同志为主要代表的新时代中国共产党人手中。

“人民对美好生活的向往，就是我们的奋斗目标”，“我们一定要始终与人民心心相印、与人民同甘共苦、与人民团结奋斗，夙夜在公，勤勉工作，努力向历史、向人民交出一份合格的答卷”。2012 年 11 月 15 日，人民大会堂，在与中外记者见面会上，新时代的领路人习近平总书记庄严承诺。

面对严峻复杂的国际形势、艰巨繁重的国内改革发展稳定任务，特别是新冠肺炎疫情的严重冲击，习近平总书记胸怀中华民族伟大复兴战略全局和世界百年未有之大变局，坚持以人民为中心的发展思想，以“我将无我，不负人民”的赤子情怀，统揽伟大斗争、伟大工程、伟大事业、伟大梦想，带领全党全军全国各族人民奋勇前行，引领党和国家事业取得历史性成就、发生历史性变革，夺取了全面建成小康社会的胜利，开启了全面建设社会主义现代化国家的新征程，交出了一份人民满意、世界瞩目、可以载入史册的答卷。

…………

2021 年仲夏，北京，展示中国共产党百年历史的精神殿堂——中国共产党历史展览馆巍然矗立，气势恢宏。“我志愿加入中国共产党，拥护党的纲领，遵守党的章程，履行党员义务，执行党的决定，严守党的纪律，保守党的秘密，对党忠诚，积极工作，为共产主义奋斗终身，随时准备为党和人民牺牲一切，永不叛党。”面向鲜红的中国共产党党旗，习近平总书记举起右拳，带领全党同志重温入党誓词。

神圣誓言，穿越百年波澜壮阔征程，承载初心不改使命永担，激励接续奋斗向前进！

（《求是》 2021年第13期，有删减）

这是中共中央机关刊物《求是》在中国共产党百年华诞所写的一篇重磅评论，全文近4 000字。从整体上而言，文章采用了“回望历史—再看今朝—展望未来”的结构，通过回顾百年来中国共产党走过的路，取得的辉煌成就，来论证标题所指明的中心论点——没有共产党就没有中国人民的幸福生活。对于建党百年历史的回顾，也突出了几个关键的时间节点。1921年建党，通过28年浴血奋战，取得了民族独立与人民解放。中华人民共和国成立后至十一届三中全会前，推进社会主义建设，建立起独立的比较完整的工业体系和国民经济体系；1978年党的十一届三中全会，开启了改革开放的旅程；2012年党的十八大以来，开启了全面建设社会主义现代化国家的新征程。百年奋斗，沧海桑田，国家富强，人民幸福。历史与事实证明，没有共产党就没有新中国，没有共产党就没有中国人民的幸福生活。就论证手法与结构方式而言，本文也是以时间为序，据事说理。

二、递进结构

历时性线性结构之外，常用的结构还有递进结构，这也是最常被人论及的纵式结构。如果说历时性线性结构是以时间先后为序，递进结构则是以思维的推进逻辑为序。我们遇到一个现象，往往先问“是什么”，即发生了什么？其表现如何？有什么特征？接着想知道的是“为什么”，即原因何在？发生的背景与机理为何？明了原因之后，随之要问的是“怎么样”，即它带来何种影响？对当事方与社会产生了什么后果？最后会落到“怎么办”，即如何解决问题？我们应该采取何种态度与行为？“是什么—为什么—怎么样—怎么办”是一条典型的递进式理性思维路径，作为以说理为宗旨的评论文章，也常以这种方式来展开正论，结构文章。来看一篇典型的例文：

决不允许“鸡脚杆子上刮油”

李保林

1月29日，省委主要领导在省纪委十一届五次全体会议上讲话指出，基层“微腐败”问题不容小视，并痛斥某些人还在“鸡脚杆子上刮油”。

当前，群众身边的腐败问题和不正之风还层出不穷，涉及村（社区）的案件举报仍有增无减。有的群腐群“蛀”，有的“官”小“胃口”大，甚至对扶贫资金、拆迁补偿款、老龄津贴等下黑手。一些人“鸡脚杆子上刮油”“鹭鸶腿上劈精肉”，贪婪至极，可恶至极，影响很坏。

我们纵深推进全面从严治党，既要“打虎”，也要“拍蝇”，决不允许“鸡脚杆子上刮油”，啃食基层群众特别是困难群体的获得感。

党风廉政建设和反腐败斗争事关国家政治安全、事关人心向背、事关兴衰成败，是一场输不起也决不能输的重大政治斗争。民心是最大的政治。如果任由一些“苍蝇”乱飞，群众就会对全面从严治党的效果产生怀疑，长此以往就会动摇党的执政根基。防止“堤溃蚁穴，气泄针芒”，必须坚决整治群众身边的腐败和不正之风问题。

要加强落实各项富民惠民政策的跟踪监督；深入整治民生领域突出问题，重点纠治农村“三资”管理、教育医疗、就业创业、食品药品安全、执法司法等领域以及老旧小区改造等方面腐败和不正之风问题；严肃查处贪污侵占、吃拿卡要等违纪违法行为；保持查处涉黑涉恶腐败和“保护伞”的高压态势，决不能让黑恶势力和腐败分子沆瀣一气、祸害百姓。

总之，要斩断伸向群众“奶酪”的各种黑手，让人民群众从正风肃纪反腐中得到更多获得感、幸福感、安全感。

（《湖北日报》 2021年2月2日）

全文仅594字，是一篇短评。文章起首点出新闻由头，即省委主要领导在省纪委十一届五次全体会议上批评基层“微腐败”。第二段具体分析了群众身边的腐败和不正之风的表现，包括其所带来的恶果。第三段表明立场，提出了本文的中心论点——既要“打虎”，也要“拍蝇”，决不允许“鸡脚杆子上刮油”。第四段对中心论点展开论证，回答的是为什么不能允许“鸡脚杆子上刮油”，或者说必要性论证。第五段则转向分析如何将不允许“鸡脚杆子上刮油”这一态度与立场付诸落实，即回答“怎么办”。由此，我们可以看到全文的逻辑进路就是：发生了什么—我们应该如何应对—具体如何落实，属于典型的递进结构。

与此文相类似的是我们在前面分析过的获奖作品《三观岂能跟着五官走》，文章在首段就指出，“颜值即正义”的畸形价值观正在悄然流行。随后三段，重点分析了这种畸形价值观的形成机制。第五段分析了这种畸形价值观带来的恶果，打造出一些空有其表的“爱豆”。最后一段顺理成章地提出了态度与应对举措，即坚决抵制。

值得注意的是，正如我们在谈论评论角度时曾提及，一篇评论文章往往不会完整地回答递进思维链条上的所有问题，而可能侧重回答其中的部分问题。因此，我们要把握的是其思维的路径特质，不能机械地求全。

三、并列结构

如果说递进结构类似于打井，对问题与现象的分析是逐层推进，步步深入，那么，并列结构则类似于在一个平面上，将一幅画卷渐次展开，让事物具体丰富的面貌清晰地呈现出来。并列结构的文章，其主体部分的段落与段落之间的关系是一种平行和并列的关系。来看下面这篇例文：

恒大“盖楼式”造车靠谱吗

杨忠阳

恒大集团旗下恒大健康公司日前正式更名为中国恒大新能源汽车集团有限公司，并宣布旗下品牌恒驰汽车将于2021年上半年试生产，力争于2021年下半年实现量产。

此前，恒大已发布6款新能源汽车，从恒驰1到恒驰6，从轿车到SUV、MPV，从A级到D级。这种“简易”的命名方式，“批发式”的产品发布阵势，被网友嘲讽为“盖楼式造车”“造势大于造车”。

恒大造车一开始就备受舆论关注，原因有二。一是其已经成为继乐视、蔚来等之后，跨界造车的又一代表；二是恒大“十五字”造车模式——“买买买”“合合合”“圈圈圈”“大大大”“好好好”。在去年的一场发布会上，恒大用这样的口号勾勒出自身的造车思路：“把能买的核心技术都买过来，买不过来的就全方面合作”惊呆汽车界。

恒大“盖楼式”造车靠谱吗？

仅就资金实力而言，恒大无疑比乐视更有底气，也远胜蔚来、威马、小鹏等造车新势力。作为一个总资产2万多亿元、年销售规模超6 000亿元、年核心利润400多亿元的“大鳄”，恒大不仅有钱，而且拥有多元化战略基础下的金融体系能力。但是，在恒大集团2020中期业绩发布会之后，外界不禁又为恒大汽车的命运担忧了。

对于人们关注的恒大造车投入情况，恒大集团首席财务官潘大荣回应称，恒大集团2019年投入147亿元，2020年上半年投入30亿元，预计下半年投入27亿元，2021年再投入90亿元。恒大汽车量产并实现销售后，集团将不再有投入。因此，恒大造车的总投入共计294亿元，且恒驰6款新车在上海、广州的生产线已进入调试阶段，“相信很快会实现现金流、盈利的平衡”。

这样的表态未免过于乐观。造车门槛究竟有多高？蔚来汽车有限公司创始人、董事长、CEO李斌曾公开表示：“200亿元只是起点。”自公司创立以来，蔚来汽车各种融资早已超过500亿元，产量突破5万辆，但仍未盈利。小鹏汽车有限公司创始人、董事长何小鹏也发出过类似“造车太烧钱”的感慨，不得不整天为融资“烧脑”。因此，恒大若要以294亿元的投入就想达到此前宣称的“年产能500万辆”的目标，难度可想而知。

跨界造车，没钱肯定不行。问题是，有钱也不一定能行。要知道，汽车不仅是资金密集型产业，更是一个技术密集、长周期的高壁垒行业。随着新一轮科技革命与产业变革蓬勃发展，汽车早已成为各种先进技术的载体。一家造车企业，如果不能在关键核心技术上取得突破，不仅很难推出令人“眼前一亮”的产品，相反还有可能被人“卡脖子”，甚至沦为市场的弃儿。乐视与拜腾就是教训。

尽管恒大宣称此前已购买了一些技术，并签约了一批“高大上”的合作伙伴，但在属于高端制造业的造车领域，技术的有效积累从来不是“堆积木”，而是要经历消化、吸收、整合、创造的过程。

除了关键核心技术，管理能力的提升与较长的盈利周期也是恒大必须面对的挑战。虽然盖楼、造车都是资源整合的过程，但两者的技术含量及管理要求却大有不同。相比于地产，造车要复杂得多。

举个例子，想要量产一款汽车，至少需要经过研发、制造、测试、量产4个基本步骤。造车产业链则更加复杂，从研发到量产只是其中一小部分。在研发开始之前需要做好规划和基础架构开发，包括目标市场、目标客户、产品定位、产品定价等；在量产之后还要建设销售网络以及售后市场。当然，这还不包括前期建厂。因此，一个新创车企，从定义首款产品到最终实现盈利最少也要10年左右时间。特斯拉自创办以来，经过16年的“折腾”，几度濒临破产，直至去年才开始盈利，这就很说明问题。

更重要的是，汽车作为交通工具，由于使用环境的不确定性，在产品设计、研发、生产、制造以及上下游供应链管理方面，都比建房有更高要求。就造车新势力而言，第一款车的市场表现在很大程度上决定着一家企业的“生死存亡”。对于像恒驰这样的新品牌来说，如果首款车不能“一炮而红”，甚至出现闪失，都可能导致致命打击。毕竟，汽车市场竞争激烈，人们对造车新势力的容错率远比传统车企低。这也是国际上汽车新创企业存活率极低的重要原因。

事实上，在房地产开发商转型新能源汽车的道路上，恒大的前面还有宝能、华夏幸福等同行者，而且各家企业均发展得不太顺利。目前，华夏幸福已宣布退出造车领域；宝能入局观致两年多来亦无太多建树，其在全国各地的汽车项目被媒体连续曝光为“假造车，真圈地”。因此，恒大要想证明自己的造车实力，还要下更深的功夫，拿出足够“硬核”的产品。

（《经济日报》　2020年9月11日）

文章起首交代新闻由头与评论对象，简而言之，就是恒大进入汽车制造产业。评论回答的核心问题就是，恒大造车前景如何？恒大能做好这件事吗？也就是标题所说的“恒大‘盖楼式’造车靠谱吗”。作者的分析从四个方面展开，即资金、技术、管理、产品。首先，汽车制造需要充足的资金保障，作者指出，恒大想以294亿元的投入达到年产500万辆的目标，难度很大。其次，汽车制造还是一个技术密集的产业。在这方面，恒大尽管有技术购买与技术合作，但缺乏必要的有效积累。再次，汽车制造业对管理也提出了更高的要求，且有着较长的盈利周期。最后，是产品问题，若首款车不能一炮打响，就可能带来致命打击。综合上述分析，恒大在任何一个方面均无绝对优势。因此，其前景尚存在不确定性。而从后来恒大集团爆雷、面临清算的结局来看，是对评论作者在当时发出“恒大‘盖楼式’造车靠谱吗”的质疑的有效验证。

此外，我们前面曾分析的许纪霖教授所写的《戳穿“超女民主”的神话》一文，也属于并列结构，作者在分析“超女”是否为中国民主的预演这一问题时，给出有关民主的四条标准，即公众投票起到直接的、决定性作用，拥有一套公开的、透明的稳定程序，有公众的自由讨论，不设投票门槛。这四条标准之间是一种平行的关系，文章从这四个方面渐次展开，也就形成了并列结构。

再看前面分析过的经典古文《六国论》，其正论部分的结构，也属并列结构。这种并列体现在两个层面：第一个层面，是“赂者”与“不赂者”之分。即六国分为两大类，第一类是以土地贿赂秦国的国家，第二类是并未以土地贿赂秦国的国家。“赂者”的命运是“赂秦以力亏，破灭之道也”，“不赂者”的命运是“盖失强援，不能独完”。第二个层面，是“赂者”内部与“不赂者”内部。尤其是同属“不赂者”之列的齐、燕、赵三国，情况各自有别，作者又一一展开具体分析，细说各自行动与结局。

在具体的评论写作中，递进结构与并列结构的合用也很常见，这便形成了纵横结合式结构。比如，一篇评论可能从整体的层面来说是递进结构，但在对其中某个层面进行分析的时候，又有平行的展开。如前面第三章分析过的《一份重点中学名单背后的沉重话题》一文，文章探讨了教育不均衡的问题，从总体层面来看，是递进结构，即回答“是什么—为什么—怎么办”，而在分析“为什么”与“怎么办”之时，又是通过并列结构展开，列出了多个具体原因与多条具体举措。

第三节　新闻评论的结尾

在正论完成后，作者要考虑的是如何收尾。

有一类评论文章的结尾水到渠成，叙事完成后，自然引申出结论。大凡据事论理、历时性线性结构的评论文章，便可以此种方法自然收尾，如《过秦论》的结尾：“一夫作难而七庙隳，身死人手，为天下笑者，何也？仁义不施而攻守之势异也。”这个结论是通过对秦盛极而衰的历史分析自然得出来的，与前面的论证无缝对接。

一些递进结构的评论文章，沿着逻辑思维的路径，结尾常落在如何解决问题，即“怎么办”上，如《“自愿”不能成为职场伤害的“美丽借口”》一文的结尾：

> 对此，相关部门应该给予更多重视并切实采取行动，对一些企业该约谈的约谈、该处罚的处罚，及时为劳动者撑腰，为健康、和谐的劳动关系保驾护航。①

文章的评论对象是一家游戏公司“员工自愿降薪10%”的消息，据此，作者通过分析，指出这个消息背后是一些企业以“自愿”为借口侵犯员工的正当权益，结尾落到了问题的解决层面——如何尽可能减少甚至消除这种侵害劳动者正当权益的现象呢？结尾对此作出了回答。与此相类似，上一节提及的《决不允许“鸡脚杆子上刮油”》一文，也落脚在如何扼制基层“微腐败”上，文末提出了解决问题的办法：“总之，要斩断伸向群众‘奶酪’的各种黑手，让人民群众从正风肃纪反腐中得到更多获得感、幸福感、安全感。”

于结尾处对全文作一个全面的概括，进行总结提炼，也是常见的结尾方式，来看下面这篇评论：

警惕“精致的形式主义”

江　东

> 这样一些新闻，让人看了如鲠在喉、不吐不快：抓餐饮浪费，一些店家则推出“称体重点餐”举措、出台“‘N’个人只能点‘N－2’个菜”的规定；抓农贸市场精细化管理，个别执法人员便拉着直线检查摊位上菜品是否摆放整齐，甚至连鲜带鱼也要一刀剪齐；抓环境卫生，有管理者要求“一平方米内的烟蒂不得多于两个”“厕所内的苍蝇不得多于3只”，或把地面灰尘扫起来过秤“以克论净”。如此规定，看起来挺严格、挺精细，

① 林琳：《“自愿”不能成为职场伤害的“美丽借口”》，《工人日报》，2020年11月10日第5版。

可稍作探究，有几个不是流于形式摆摆样子？

形式主义已经成为人人喊打的过街老鼠，那种“开会摆鲜花、迎宾铺红毯”、一眼就能看出来的形式主义少了，打着“精细管理”“绣花功夫”的幌子、跟手机拍照一样用“美颜”功能修饰过的形式主义却多了。习近平总书记强调，要摸清形式主义、官僚主义在不同时期、不同地区、不同部门的不同表现，紧密联系具体实际，既解决老问题，也察觉新问题；既解决显性问题，也解决隐性问题；既解决表层次问题，也解决深层次问题。而“精致的形式主义”就是形式主义的变种，是需要认真解决的新问题。

相比于那些典型的形式主义表现，“精致的形式主义”有些新特点：用“美颜”进行精心包装，似乎很“新鲜”，乍一看“不违和”，但通常“不经看”；往往打着“精细管理”“绣花功夫”的幌子，如果不琢磨，还真让人以为是作风细致。应该说，“精致的形式主义”也下了功夫，可功夫却没下在“啃硬骨头”抓落实上，而是下在了搞形式创新、做表面文章、摆“花架子”工程上。说到底，“精致的形式主义”依然是只重形式不重内容、只重过程不重结果、只看表面热闹不看实际效果的典型，是中看不中用的“绣花枕头”。

形式主义由来已久。《资治通鉴》记载了这样一个细节：隋朝大业六年，各蕃部落酋长齐聚洛阳，炀帝杨广命令集市内用丝绸缠树、店铺内必须挂设帷帐、酋长到餐馆吃饭店主必须免费，连卖菜的人也要用龙须席铺地。这种“打肿脸充胖子”的形式主义，连一些酋长都“看不下去”。实际上，即便是在古代，人们对形式主义也深恶痛绝。后周太祖郭威要求奏章照实报来即可，直陈其事最佳，不要讲究辞藻；明太祖朱元璋严令群臣奏折要“许陈实事，不许繁文，若过者罪之”，这都是古人反对形式主义的典型案例。

既然形式主义古已有之且一直不乏反对者，为何到现在还未绝迹？这一方面是因为形式主义具有很强的顽固性，在一些人看来，形式主义闻起来臭却吃起来香，有时还“很好用”“很顶用”；另一方面是因为，形式主义往往很“狡猾”，善于“基因重组”，长于“变形变异”，总能根据形势变化及时“换装”，摇身一变，让人一时难以识别。“精致的形式主义”就是用精细化管理和“绣花功夫”等精心“美颜”过的形式主义，因为具有很强的隐秘性和欺骗性，往往更容易迷惑人。

形式主义是党和人民事业的大敌。不管是什么形式主义，我们都要旗帜鲜明地反对。反对形式主义，首先要坚持辩证思维，把必要的形式和形式主义区分开来。内容是形式的根本，形式是内容的表现方式。有些工作讲究仪式感是需要的，但过度讲究仪式感，甚至把形式当成工作的全部，只顾形式而不顾内容，只顾表面热闹而不管效果好坏，这就沦为形式主义。形式主义具有多样性和变异性，对此必须时刻保持清醒头脑、睁大“火眼金睛”。“精致的形式主义”讲究数的精确、形的精美、势的浩大，披着精美的外衣，尤其需要认真防范。形式主义是官僚主义的“孪生子”、弄虚作假的“龙凤胎”，反对各式各样的形式主义，就要反对形形色色的官僚主义和弄虚作假。

一株带刺的毒草，人们容易“识”而远之；一株带毒的鲜花，却容易让人中招上当。显性的形式主义人们一眼就能看穿，隐性的形式主义却常常迷惑人们的眼睛。要看到，形式主义越“美颜”、越“精致”，就越难以识别，浪费的人力物力往往越多，危害性也越大。这提醒我们，对“精致的形式主义”，任何时候都要擦亮眼睛、保持警惕、坚决反对。

（《新华日报》 2020年10月12日第3版）

作者对所谓“精致的形式主义”这一社会现象进行了逐层深入的分析，依次探讨其表现、特点、成因、危害性、应对之策。最后一段，基于前面的分析，再度概括出此类形式主义的特点——隐性的、常迷惑人，提炼出其不良影响——有更大的危害性，进而重申，要擦亮眼睛、保持警惕、坚决反对。

也有不少文章以呼吁、倡导、号召作结，鼓励、引导公众采取正确的行动。如《三观岂能跟着五官走》一文的结尾：

三观岂能跟着五官走？“颜值即正义”背后，反映了不良倾向下价值理念的跑偏。我们应坚决抵制这种肤浅媚俗的讨论模式，少谈一点颜值，多谈一点文化；少做一些伪流量，多传播一些正能量。

又如《集中精力发展经济——香港“占中”反思录之三》一文的结尾：

解决香港经济的深层次问题，开创香港更加美好的明天，需要香港社会扭转“泛政治化”的错误倾向，需要形成理性和谐的社会氛围，需要社会各界全力支持特区政府依法施政、积极作为，也需要香港与内地加强交流与合作，充分把握国家全面深化改革的重大机遇。只有这样，香港的经济转型升级才可能成功，香港的年轻人才会有更多的机会、更好的明天。

以呼吁、倡导作结尾的评论文章，先通过条分缕析帮助读者形成正确的认识，结尾处则进一步转向态度与行动的引导，正是媒体发挥正面舆论引导作用的主要手段之一。

复习思考题

1. 简述新闻评论的结构。
2. 简述新闻评论的制题方法与开头手法。
3. 简述新闻评论的主要结构形式。

第六章

社论、评论员文章

第一节　社论的概念和影响

讲到社论，我们先来看几个中国新闻史上的例子。

1936年12月，为挽救民族危亡，劝谏蒋介石停止内战一致抗日，张学良、杨虎城发动“西安事变”，对蒋介石进行“兵谏”，举世震惊。当时在《大公报》主持笔政的张季鸾针对此事连写了四篇社评，分别是《西安事变之善后》《再论西安事变》《给西安军界的公开信》《国民良知的大胜利》。其中，《给西安军界的公开信》这篇社评被加印几十万份，空运到西安散发，大大缓解了西安的紧张气氛，对西安事变的和平解决起到了非常积极的作用。①

20世纪80年代初，经济体制改革由农村转向城市，在改革的过程中，“吃大锅饭”的问题成了严重障碍，为了突破人们观念上的错误认识，1982年1月至1983年2月，《人民日报》以“不能再吃大锅饭”为主题，发表了七篇社论，其中第四篇《“大锅饭”养懒汉》还获得了1983年的全国好新闻奖。这一系列的社论在国内外引起了极大反响，为经济体制改革吹出了响亮的号角。

看了这些例子，我们不禁要问：张季鸾何德何能？作为一个手无寸铁的知识分子，其所写的一篇文章竟要加印数十万份。文章空运到西安，竟如十万神兵，能在某种程度上促进西安事变的和平解决，影响历史的进程。1983年七篇反对“吃大锅饭”的系列社论，又是依靠什么力量改变国人头脑中所固守的落后观念，为波澜壮阔的经济体制改革鸣锣开道？其实，类似的例子还有很多，自近代以来，几乎在每个历史的关节点上，我们都可以见到社论的身影，社论一直在我们国家的政治生活中发挥着极为重要的作用，在不同的层面上影响着人们的思维方式，改变着人们的工作与生活方式，改变着国家的面貌。对于社论的力量，甚至以“一言可以兴邦，一言可以丧邦”论之也不为过。

那么，究竟什么是社论？社论的强大力量来自哪里，为什么能产生这么大的影响？

---

① 胡文龙：《中国新闻评论发展研究》，北京：中国人民大学出版社，2002年，第181页。

一、社论的概念

先来回答第一个问题，对于社论的概念，每一个新闻评论的研究者都有自己的答案，在我国，具有代表性的定义有以下几种：

张友渔认为："社论者，代表报社之意见，对于时事，有所解释、批评及主张，以期指导读者之评论也。"①

范荣康认为："（社论是）代表编辑部就某一重大问题发表的权威性评论。"②

胡文龙等认为："社论（在广播、电视媒体中称为'本台评论'）是代表报刊、通讯社、广播电台、电视台等媒体编辑部发言的权威性言论。它是表明新闻媒体的政治面目的旗帜。"③

丁法章认为："社论是代表报社、刊物或通讯社编辑部（党政机关报代表同级党委）就当前国内外重大事件、事变或问题表明立场的指导性言论。"④

刘大保认为："社论是代表媒体（报纸、杂志、通讯社、广播电台、电视台等）编辑部和媒体主办者对重大新闻事件或时事政治问题发表的权威性评论。在广播电台、电视台称为'本台评论'。媒体的社论集中反映并传播一定政党、社会集团、社会阶层对即时发生的新闻事实或现实问题的立场、观点、主张，是社会舆论的重要组成部分，并对社会舆论发生重大的影响。"⑤

给一个事物下定义，无疑是要找出这一事物的最根本的特征，从而把这一事物与其他事物区别开来。从上述几种对社论概念的定义中，我们可以看到研究者所强调的社论的特征。

首先是代表媒体发言，这一点是毋庸置疑的。

其次是关于选题的重大性，范荣康、丁法章和刘大保三位学者分别以"某一重大问题""国内外重大事件、事变或问题""重大新闻事件或时事政治问题"进行了界定，但在张友渔和胡文龙的定义中没有看到类似的表述。那么，是否社论的评论对象都必须是国内外重大事件或重要问题呢？其实，重大（重要）与否是相对的，并没有普适性的标准。媒体的级别不同——有中央级媒体，也有地方性媒体，媒体

---

① 丁法章：《新闻评论教程》，上海：复旦大学出版社，2002 年，第 227 页。
② 范荣康：《新闻评论学》，北京：人民日报出版社，1988 年，第 188 页。
③ 胡文龙、秦珪、涂光晋：《新闻评论教程》，北京：中国人民大学出版社，2002 年，第 213 页。
④ 丁法章：《新闻评论教程》，上海：复旦大学出版社，2002 年，第 228 页。
⑤ 刘大保：《社论写作》，北京：中国广播电视出版社，2000 年，第 7－8 页。

的性质也各不相同——有党报、晚报、都市报和专业性报纸，不同的媒体根据自己的办报（办台）方针和受众特点，选择自己认为重要的议题来写作社论。

再次是社论的权威性，多数学者都将权威性写入了社论的定义中，但社论的权威性实际上是来自媒体的权威性，有权威性的媒体发表的社论自然有权威性，在受众中影响力较弱的媒体，即没有权威性的媒体所发表的社论大多难有权威性可言，因而将权威性视为所有社论的一个特征似乎较为勉强。

最后是社论的指导性，社论是否都具有指导性呢？恐怕也难以一概而论，但都期望能有所指导，张友渔的说法就比较委婉但也比较中肯，他说“以期指导读者”，就是说这是社论作者的意图，但能否实现就是另一回事了。

综合比较之后，笔者认为，张友渔的定义较为准确。对于社论的这一定义，张友渔还从以下五个方面作了进一步的界定：

第一，社论必为一种评论，非泛然不切事实，不着边际之普通论文。

第二，社论必为代表报社意见之评论。

第三，社论必为关系时事之评论。

第四，社论必为有所解释批判及主张之评论。

第五，社论必为指导读者为目的之评论。[①]

当然，需要说明的是，张友渔老前辈的定义是针对报纸社论的，并没有包括通讯社、电台、电视台和后起的网络媒体。但同样应该看到的是，至今为止我们所讲的社论也主要是报纸上的社论，本章所讨论的社论也是指报纸上的社论。

二、社论的力量源泉

再来回答第二个问题——社论的力量来自哪里？概括地说，社论的力量主要来自两个方面：一是来自其所代表的党和政府的权威性，二是来自其所影响的受众。

在我国报纸的社论中，最具权威性的无疑是各级党委机关报的社论，尤其是《人民日报》的社论。理由何在？因为各级党报是党和政府的喉舌，作为中共中央的机关报，《人民日报》就是中共中央的喉舌，社论是在一定程度上代表党和政府

① 刘大保：《社论写作》，北京：中国广播电视出版社，2000 年，第 7 页。

对时事直接发言和表态的。

我国的党报理论和党报制度是通过抗日战争期间《解放日报》的改革正式确立起来的。1942 年 3 月 16 日，中共中央宣传部发出《为改造党报的通知》，对党报的性质、任务以及如何办好党报作出具体指示，通知指出，“报纸是党的宣传鼓动工作最有力的工具”，“报纸的主要任务就是宣传党的政策，贯彻党的政策，反映党的工作，反映群众生活”。1942 年 9 月 22 日《解放日报》社论《党与党报》进一步指出：“报纸是党的喉舌，是一个巨大集体的喉舌。在党报工作的同志是整个党组织的一部分。”自从《解放日报》改革以后，我国党报作为党的喉舌的功能和地位正式确立。而党报社论不仅代表报纸编辑部的意见，在一定程度上还代表同级党委直接发言，有的社论甚至由党和政府的领导人亲自执笔，如毛泽东同志就曾为党报撰写大量的社论。

可见，正是作为执政党的中国共产党的权威性直接赋予了党报社论这一新闻体裁特殊的权威性。

但读者可能要问，张季鸾所办的《大公报》并非党报，其社论力量又来自何处呢？作为非党报的社论，其力量主要来自这家报纸在读者心中的公信力和美誉度。报纸的公信力又是如何建立起来的呢？是依靠其站在人民大众的立场上，以报人的良知和社会责任感，真实、准确、客观、全面地报道和评论新闻事实，维护社会正义，推动历史进步。只要能够真正做到这几点，就必定能获得读者的广泛支持，也就拥有了强大的舆论影响力，其社论自然可抵十万神兵。

在这方面，张季鸾和其主笔的《大公报》就在中国新闻史上留下了辉煌的一页。张季鸾 1926 年 9 月与其留日期间的同学吴鼎昌、胡政之接手《大公报》，9 月 1 日报纸复刊当天就发表《报社同人之志趣》，提出“不党、不卖、不私、不盲”的“四不”办报方针，形成了独特的办报风格。作为主笔的张季鸾，继承了中国知识分子忧国忧民的精神和“文人论政”的传统，以尖锐的笔调和饱满的爱国热情撰写了大量的社论，受到读者的广泛欢迎，他的社论不仅声名远播，也极大地影响了时局。1941 年，张季鸾所主持的《大公报》被美国密苏里新闻学院评为当年的最佳外国报纸。

当然，张季鸾与中国共产党在政治上有意见分歧，《大公报》也曾和《新华日报》发生过激烈的论战。但作为一个优秀新闻工作者，张季鸾的爱国精神、强烈的社会责任感，以及他的社论的地位，却是应该充分肯定的。

第二节　社论的类型及其写作

在本节，我们要探讨的问题是社论的类型及不同类型社论的写作。

关于社论的分类，学界也一直存有不同的看法，较有代表性的观点有以下三种：

邓拓在《关于报纸的社论》中，按内容的不同将社论分为三种类型：第一种是关于党和政府对内对外的政策的解释性的评论；第二种是对各项实际问题和部门问题的评论；第三种是属于一般政治宣传的社论。①

由胡文龙等人撰写的《新闻评论教程》按论述方式和方法分类，将社论分为五种类型：阐述型、启迪型、评介型、论辩型、礼仪和纪念型。

《社论写作》一书的作者刘大保则将社论分为以下七种类型：宣示型社论，阐述型社论，评介型社论，警示、提示型社论，论辩型社论，纪念礼仪型社论，散文型社论。

这几种不同的分类方法都能给人一定的启示，但也不尽完善。比如邓拓的分类，第一种和第三种就难以鲜明地区分开来；而后两种分类基本上是一致的，即主要按照论述方式和方法分类，但这几种论述方式在具体的评论写作中往往是互相交叉的，难以截然分开。

笔者以为，可以从两个不同的角度对社论进行分类。

第一个角度，是按照社论的评论对象进行分类，可以分成这样几种类型：政策宣传型社论、针对事件新闻的社论、针对非事件新闻的社论、节日与纪念日社论、报纸发刊或改版的社论。

第二个角度，是按报纸性质的不同进行分类，可以分成综合性报纸的社论和专业性报纸的社论。而在综合性报纸中，党报和都市报有着明显的区别，因而我们又可将综合性报纸的社论分成党报社论和都市报社论。

接下来，我们就从上述两个角度对不同类型社论的特点及写作展开具体论述。

---

① 刘大保：《社论写作》，北京：中国广播电视出版社，2000 年，第 4 页。

一、按评论对象分类的社论

（一）政策宣传型社论

政策宣传型社论是政治性、理论性最强的权威性社论，在社论中占有相当大的比重。它所承担的任务是：从宏观上和理论上阐明党在一个时期的总的纲领路线、方针政策和奋斗目标的正确性和必要性；针对党和政府新近作出的某项具体的决策进行阐述，以帮助党员干部和人民群众提高认识、统一思想，从而在实践中积极贯彻落实党的方针政策，使理论被群众掌握之后，最终变成改变现实的物质力量。

党的十二大提出了从 1981 年到 20 世纪末的 20 年内工农业总产值翻两番的奋斗目标，全国人民在学习十二大文件时，对这一目标展开了热烈的讨论，一部分人对这一目标能否实现表示怀疑。针对这种情况，1982 年 10 月 18 日《人民日报》发表长篇社论《回答一个问题——翻两番为什么是能够实现的》。

社论要解决的根本问题就是要打消人们心中的疑虑，让全党和全国人民明白翻两番的目标并非随意制定的，这一目标是能够实现的。文章的脉络非常清楚，先是以国内外的经济增长速度的数据来说明计划的制订是从我国实际情况出发的，并不是“高指标”。接着将十二大提出的翻两番目标与 1958 年提出的“大跃进”、1978 年提出的“十年规划”进行对比，指出与 1958 年、1978 年相比，十二大提出翻两番的目标不仅历史条件不同了，采取的经济工作的方法也有了质的区别，因而这一目标是完全有可能实现的，“但是要把可能性变成现实性，就必须进行一系列紧张的准备，采取一系列各方面密切配合的措施”。文章直接针对人们心目中的疑问展开论述，采用对比的手法，以一个总论点为统率，从三个层次进行分析，依靠大量的数据和事实作为论据，逻辑严密、论据有力、文字通俗，让人信服。

如果说《回答一个问题——翻两番为什么是能够实现的》这篇社论所针对的是一个长期的宏观的目标，那么下面这篇社论所针对的就是政府新近作出的一项具体决策——推进乡村全面振兴。文章如下：

打好乡村全面振兴漂亮仗

民族要复兴，乡村必振兴。新春伊始，中共中央、国务院公开发布《关于学习运用“千村示范、万村整治”工程经验有力有效推进乡村全面振兴的意见》。这是党的二十大胜利召开后发布的第二个指导“三农”工作的“一号文件”，也是新世纪以来党中央连续发出的第二十一个“一号文件”，对于推进乡村全面振兴，加快建设农业强国，坚定不移朝着强国建设、民族复兴的宏伟目标奋勇前进，具有重要意义。

习近平总书记指出：“推进中国式现代化，必须坚持不懈夯实农业基础，推进乡村全面振兴。”今年的中央一号文件着眼以加快农业农村现代化、更好推进中国式现代化建设，提出学习运用“千万工程”蕴含的发展理念、工作方法和推进机制，把推进乡村全面振兴作为新时代新征程“三农”工作的总抓手，对做好2024年及今后一个时期“三农”工作作出重大部署，是我们打好乡村全面振兴漂亮仗、绘就宜居宜业和美乡村新画卷的重要遵循。

“三农”向好，全局主动。2023年，面对国际政治经济环境不利因素增多、国内周期性和结构性矛盾叠加的错综复杂形势，在以习近平同志为核心的党中央坚强领导下，我们克服较为严重的自然灾害等多重不利影响，粮食产量再创历史新高，农民收入较快增长，农村社会和谐稳定。“三农”各项工作扎实推进，为推动经济回升向好、加快构建新发展格局、着力推动高质量发展提供了有力支撑。

党的二十大在擘画全面建成社会主义现代化强国宏伟蓝图时，对农业农村工作进行了总体部署。必须深刻认识到，全面建设社会主义现代化国家，最艰巨最繁重的任务仍然在农村。以中国式现代化全面推进强国建设、民族复兴伟业，对“三农”工作提出了新的更高要求。当前，我国发展进入战略机遇和风险挑战并存、不确定难预料因素增多的时期，经济恢复仍处在关键阶段。今年是新中国成立75周年，是实现“十四五”规划目标任务的关键一年。守好“三农”基本盘，做好“三农”工作，责任重大、任务艰巨、使命光荣。

“千村示范、万村整治”工程，在时任浙江省委书记习近平同志亲自谋划、亲自部署、亲自推动下，从农村环境整治入手，由点及面、迭代升级，历经20年持续努力，造就了万千美丽乡村，造福了万千农民群众，创造了推进乡村全面振兴的成功经验和实践范例。做好“三农”工作，要深入贯彻落实习近平总书记关于“三农”工作的重要论述和重要指示精神，坚持以人民为中心的发展思想，完整、准确、全面贯彻新发展理念，锚定建设农业强国目标，以学习运用“千万工程”经验为引领，因地制宜、分类施策，循序渐进、久久为功，集中力量抓好办成一批群众可感可及的实事，推进乡村全面振兴不断取得实质性进展、阶段性成果。

乡村振兴是建设农业强国的基础性工程。打好乡村全面振兴漂亮仗，要认真贯彻落实中央一号文件部署要求，以确保国家粮食安全、确保不发生规模性返贫为底线，以提升乡村产业发展水平、提升乡村建设水平、提升乡村治理水平为重点，强化科技和改革双轮驱动，强化农民增收举措，从农民群众反映强烈的实际问题出发，找准乡村振兴的切入点，提高工作实效。要坚持把解决好“三农”问题作为全党工作的重中之重，坚持农业农村优先发展，坚持城乡融合发展，压实五级书记抓乡村振兴责任，以钉钉子精神抓好党中央关于“三农”工作决策部署落实落地。

强国必先强农，农强方能国强。让我们更加紧密地团结在以习近平同志为核心的党中央周围，全面贯彻习近平新时代中国特色社会主义思想，深刻领悟“两个确立”的决定性意义，增强“四个意识”、坚定“四个自信”、做到“两个维护”，坚定信心、铆足干劲、苦干实干，有力有效推进乡村全面振兴，促进农业高质高效、乡村宜居宜业、农民富裕富足，向建设农业强国目标扎实迈进。

（《人民日报》 2024年2月4日第1版）

这篇社论在第一段引出话题后，首先着力论述了推进乡村全面振兴工作的重要性，其次具体阐明了推进乡村全面振兴工作的关键所在与具体路径，最后就此项工作向全党全国各族人民发出了呼吁与号召，事实充分、论证有力，是对乡村振兴这一政策的全面宣传。

（二）针对事件新闻的社论

前一种社论着重于从宏观角度对党的方针政策进行理论上的阐述。针对事件新闻的社论，则是就近期发生的国内外重大事件发言，旨在分析事件的原因，及其影响和意义，表明党和政府在这一事件上的立场和态度，从而对全体民众进行正确的舆论引导。

1999 年 5 月 8 日，中国驻南斯拉夫大使馆遭遇以美国为首的北约导弹的轰炸，当时的国家主席江泽民同志在欢迎我驻南工作人员大会上发表重要讲话，从 5 月 21 日起，《人民日报》连续发表了六篇社论，分别是《始终不渝地坚持党的基本理论基本路线——学习江泽民同志在欢迎我驻南工作人员大会上的讲话》（5 月 21 日）、《坚定不移地坚持以经济建设为中心——学习江泽民同志在欢迎我驻南工作人员大会上的讲话之二》（5 月 25 日）、《坚定不移地推进改革开放——学习江泽民同志在欢迎我驻南工作人员大会上的讲话之三》（5 月 28 日）、《坚定不移地保持社会稳定——学习江泽民同志在欢迎我驻南工作人员大会上的讲话之四》（6 月 2 日）、《坚定不移执行独立自主和平外交政策——学习江泽民同志在欢迎我驻南工作人员大会上的讲话之五》（6 月 3 日）、《团结一心　奋发图强　振兴中华——学习江泽民同志在欢迎我驻南工作人员大会上的讲话之六》（6 月 8 日）。

中国驻南斯拉夫大使馆被炸事件是一个重大的突发性新闻事件，事件的发生极大地伤害了中国人民的感情，同时也使党和政府的领导受到挑战。国内民众的情绪高涨，国际上也对中国的内外政策走向持观望态度。在这个紧要关头，《人民日报》由当时国家最高领导人的讲话切入，在危难时刻连发六篇社论，既谴责了美国为首的北约的残暴行径，肯定了人民的爱国热情、抚慰了民众的情绪，也全面阐述了党和政府坚持原有的内政外交政策不动摇的决心，向全国人民也向全世界鲜明地表达了我国的立场和态度，从而赢得全国人民和国际社会的理解和支持，以便理性地处理这一危机，确保社会稳定和经济发展。

2022 年 10 月 16 日，党的二十大在北京召开，当天《人民日报》发表社论《奋力开创中国特色社会主义新局面》。文章首先阐明了二十大的重要意义——事关党和国家事业继往开来，事关中国特色社会主义前途命运，事关中华民族伟大复兴。随后，回顾了十八大以来党和国家走过的历程及所取得的光辉成就。以此为基础，进一步指明，新时代党和国家事业之所以能够取得历史性成就、发生历史性变革，根本在于习近平总书记掌舵领航，在于习近平新时代中国特色社会主义思想的科学指引。在结尾部分，表达了对未来的信心与期待，并对全党全国人民发出“奋力开创中国特色社会主义新局面，坚定不移推进中华民族伟大复兴历史进程”的召唤。

针对事件新闻的社论，实际上承担着两方面的功能：一方面是服务的功能，要为读者解读新闻事件，告诉读者这个事件发生的原因是什么，将对社会和个人带来什么样的影响，个人应该采取什么样的行动；另一方面是引导的功能，代表党和政府表明态度和立场，对群众进行正面的舆论引导。

（三）针对非事件新闻的社论

所谓非事件新闻是相对于事件新闻而言的，它不是一个独立的新闻事件，而是指社会上一段时期以来存在的某种广受关注的社会现象或社会问题。

针对非事件新闻的社论，往往选取社会热点现象和难点问题展开评述，揭示问题的原因和实质，在此基础上提出解决问题的对策，以此解答人们心目中的疑问，澄清错误的认识，从而引导民众对这一问题作出正确的判断，并采取相应的行动。

1984 年 3 月，《福建日报》发表的社论《不许诬告》就是这方面的一篇佳作。

不许诬告

好人受气，坏人得势；埋头苦干的人受挑剔，怠工分子常有理。这种怪现象，在“四人帮”横行的时期本是司空见惯，不足为奇。

今天再发生这种现象，就十分反常了。

但是诬告的事情还是时有发生。原因之一，是“三种人”捣乱。你把他拉下马，他是不甘心的，他总要挖空心思，造谣惑众，制造混乱。

原因之二，是个人主义恶性膨胀。我干不成，也叫你干不成。这些人脑子里只有个人名利，丝毫没有党和国家观念。原因虽有不同，但手法基本一致。最常用的办法，就是不管有理无理，先贴上 8 分钱邮票告你一状再说，逼着你四处调查，搞得你晕头转向，“不能把你打倒，也会把你搞臭”。

张秀峰诬告黄步翔，正是用的这一套手法。

“四人帮”早已被打倒了，时代不同了，所以张秀峰被开除出党，撤销职务。

现在的确还存在一些很不正常的现象。有的人成天不干工作，不动脑筋，不作改革，四面讨好，八面玲珑，小日子倒过得挺不错；有的人埋头苦干，立志改革，反而得罪于人，遭人非议，经常被“人民来信”说得一无是处，日子挺不好过。由此可见，肃清“四人帮”的流毒，还需要再狠下一番功夫。

当然，改革者也有缺点，也需要批评、帮助，即使是尖锐的批评，或个别事实有出入，也是正常的，允许的，是对改革者的真正爱护。但是抱着不可告人的目的，嫉贤妒能，取而代之，那是绝对不许可的。

我们必须向后一种人大喝一声——

不许诬告！

（《福建日报》 1984 年 3 月 28 日）

社论由时任福建省委书记项南同志执笔，全文不足 600 字，却把一种不正常的社会现象解剖得一清二楚。文章先摆出现象：好人受气，坏人得势；做事的人受挑剔，怠工分子倒常有理。接着分析了这种现象的原因，然后指出诬告分子的惯用手法，又联系当前的实际情况，指出现在还存在这样的一些不正常现象，并深入一步点出，改革者也需要批评，我们并不反对善意的批评，但是坚决反对出于个人私利的诬告。这篇社论文字朴素、简洁，说理深入浅出，没有一句空洞的、多余的话，在写作上可以给我们很好的启示。

（四）节日与纪念日社论

从这个名称我们可以看出，节日与纪念日社论是针对某个特定的节日、纪念日所撰写的评述和纪念性的社论。

比如，2021 年 7 月 1 日是建党 100 周年纪念日，《人民日报》发表了社论《铸就百年辉煌　书写千秋伟业——热烈庆祝中国共产党成立一百周年》，2022 年 7 月 1 日，建党 101 周年纪念日之际，《人民日报》发表社论《坚定历史自信　保持历史主动　续写历史新篇——热烈庆祝中国共产党成立一百零一周年》，2022 年 7 月 1 日同为香港回归 25 周年，《人民日报》还发表了社论《在新起点上再创辉煌——祝贺香港回归祖国二十五周年》。

节日与纪念日一般都是一年一度的，因此社论也年年要写，不少节日和纪念日社论都是先指出这是第几个纪念日，再进行回顾和总结，然后展望未来，最后发出号召。有的社论甚至通篇都是空话和套话，这样写出来的社论只要换一个年份，几乎年年都可以用，很少对社会产生影响。可见对于节日与纪念日社论而言，最关键的是要写出新意，否则就成了例行公事。但是，怎样才能写出新意呢？

虽然节日年年都有，但形势年年都在变，国家的经济建设、社会发展，党的中心工作每年都有新的变化。因而节日与纪念日社论要想写出新意，首先，就是紧密结合当前的新情况、新变化来进行论述。如前文已述及，且看同是建党周年纪念日的社论，2021 年的主标题是“铸就百年辉煌　书写千秋伟业”，2022 年的主标题是“坚定历史自信　保持历史主动　续写历史新篇”。前者的论述重点在总结建党百年的历史与辉煌成就，后者的论述重点则在开启新征程上。这就是结合当年党和国家的具体形势来展开论述，与时俱进。

其次，很重要的一点就是节日与纪念日社论要避免空泛，落到实处，要多论实事，少讲空话。

最后，在写作节日和纪念日社论的时候，还要结合媒体自身的性质和受众的需求来选择角度，进行论述。

2023 年 11 月 8 日，是第 24 个中国记者节，全国各地报纸纷纷发表社论，虽然这些社论的评论由头是一致的，但各家报纸的社论选取了不同的角度，当天的社论精彩纷呈。《南方都市报》当天发表的社论题为《记者何为：到民生一线，向数据深海》，全文如下：

记者何为：到民生一线，向数据深海

11 月 8 日，第 24 个中国记者节。请允许我们向在这个融媒体时代依然秉持专业、投身信息传播、追求真相与时代进步的新闻从业者表达敬意，道一声节日快乐！

这也是一个与平日并无丝毫不同的工作时间，因为新闻无处不在、无时不发生，以新闻为业的人注定就无法稍事停歇，这是记者的常态。

在信息快速传播的网络化空间，新闻媒体的职业定位已经发生了翻天覆地的变化，从业群体的身份认同也存在危机。但这并不意味着，新闻传播的社会价值、新闻专业主义的坚持以及依然以此为职志的从业者，就完全隐匿于茫茫人海、不足道矣。

这个时代，或许人人都有麦克风，但并不是人人都能成为记者。这当然不是一个职业认证的显性门槛。新闻记者所肩负的职业使命，事实上在很久之前就已经迭代。即时性的信息传播，从口耳相传到借由文字，再到图文影像，信息传播的方式、速度在变化，越来越多的社会主体可以参与其中，但记者这个以新闻传播为业的职业身份，必然要并且已经在实现从信息搜集、传递到深度挖掘、专业分析的拉升。特别是一些真相突破依然艰辛的公共议题，机构媒体的介入、调查记者的深度采访以及评论员抽丝剥茧的追问，尤其弥足珍贵。

越是众声喧哗，机构媒体的价值才越得以凸显。互联网信息的真伪难辨、大数据算法的“信息茧房”，以及某些自媒体“两面收割”的运营思路，正在使人们越来越执迷于那些先入为主的坚定，越来越难以听到和看见尽可能全面的信息，在这样的时候，机构媒体更要有能力以新闻操作流程的专业与坚持为社会贡献智识。

民惟邦本，本固邦宁。民生之微，衣食住行；民生之大，关乎家国。在民生议题上的细致挖掘、热忱奔波与坚韧追问，永远是新闻业的本分。与民生疾苦有一份共情，盯着最具体的难题不懈推动，注定是新闻媒体扎根生活、扎根一线的求存之道。南都“记者帮”“马上办”“曝光台”视频等栏目、“民呼我应”专题，跟进反馈市民呼声，致力于搭建政民顺畅沟通、问题快速解决的渠道，力求源自民生的每一例急难愁盼都可以有落点、有结果。让生活中的柴米油盐、衣食住行进入公共议程，正是媒体向民生一线持续发力的微薄实践。

大数据时代为人们获得深刻、全面的洞察能力提供了前所未有的空间与潜力。南都大数据研究院从创始之初就始终以数据生产为核心，让数据充分发挥量化、测评、服务和监督作用，通过广州城市治理榜、个人信息保护课题研究、“马上办”评价体系等一系列智库产品，投身数据深海，融入中国式现代化的治理转型，也正在成为区域和行业治理链条上的关键一环。从数据挖掘中发现并补上治理漏洞，在数据比对里启发和赋能治理能力，融媒体时代的数据能量需要专业新闻团队的另一只眼审视，现代社会治理的转型跨越也离不开职业新闻人的同频共振。

时代不同，媒体形态可以各异，但新闻从来都不仅仅是那些信息碎片，而需要专业视角的介入、参与。不论是依然困难重重的个案真相挖掘，还是庞杂信息的专业梳理、分析。贴近现场、挖掘真相，依然是新闻的底色。立足数据、贡献智识，亦是新闻的价值。信息传播手段与门槛在降低，融媒体时代的新闻记者究竟该往何处去，答案不言自明。那就是到民生一线，向数据深海，与时代共情，为发展鼓呼。

本文在记者节来临之际，针对大数据时代新闻记者的职业使命与发展方向展开论述，提出到民生一线，向数据深海，与时代共情，为发展鼓呼。同一天，《人民日报》则刊登了署名殷陆君的《担当使命　守正创新　奋发有为——写在第二十四个中国记者节》的评论文章，号召新闻从业者传播党的政策主张、记录时代风云、推动社会进步、守望公平正义，争当引领者、传播者与实践者。显然，前者更注重民生，而后者更强调传播党的政策主张。

（五）报纸发刊或改版的社论

举凡一张报纸创刊或者改版，都要发表社论，告示读者。

创刊时的发刊词要向读者明确交代办报人的理念和追求，报纸的编辑方针、报纸的主要内容和特色，以此来激发读者对报纸的兴趣和热情。且看下面的两篇优秀的例文，第一篇是2004年11月15日时任《第一财经日报》总编辑秦朔为该报而作的发刊词——《探求无尽的生命力》。

探求无尽的生命力

成为中国最具影响力、权威性、最受尊敬的首选财经日报，成为一张和中国经济的未来相匹配，和《华尔街日报》《金融时报》等世界级报纸相对应的百年大报，这是本报的愿景和“第一推动力”。正是在这一愿景的牵引下，上海文广新闻传媒集团、广州日报报业集团、北京青年报社走到一起，共同开启中国首家跨地区、跨媒体报纸的大门。

在21世纪，全球化背景下，一张权威主流的财经商业日报——中国需要它！

商业改变世界。近代以来，如果说有一种力量，最广泛、最深刻地改变了世界面貌的话，那就是商业的力量。人类探索的推动力来源于商业，不断增长的生活来源于商业，商业的活力维系着社会的活力，商业的创新引领着社会的创新。

商业改变中国。经过20多年的改革开放，经济的力量、商业的力量、资本的力量、新技术的力量，正在成为塑造中国的主导力量。这种力量不仅使社会告别了停滞，也重塑了一个古老民族的性格。当人民不再被僵化所束缚，而是相信他们自己的眼睛和头脑，创造性的知识便开始流动。

中国改变世界。今天，世界越来越强烈地意识到，如果有一种力量，能够最强烈、最深远地改变21世纪的世界商业版图，那就是中国商业的力量。一块“看得见的新大陆”在崛起，它将出现在“所有超出国界的视野里”。

作为一张主流大报，我们推崇商业的力量，关注商业力量的伟大进军，记录资本与财富的运动过程；但我们深知，尽管时代的标志是商业，但商业的精神绝不只是时尚和金钱。

我们把商业看成一种责任。

依赖和平的交换机会来获利，依赖持续的、理性的、自由劳动的组织来获利，依赖对变化的适应和不间断的创新来获利，摒弃“利用各种政治机会和非理性投机活动”牟取一时之利，这是商业责任；“诚信并不只是法律规则，它比法律更重要”，这是商业责任；做对社会有责任心的企业公民，弥补对社会成本的占用，这也是商业责任。

负责任的商业，就是一种文明。

没有文明的商业，就没有文明和谐的社会。

商业改变世界，也被世界改变。一个国家或地区的体制结构、治理水平、社会文化、价值伦理，对商业有着巨大的影响。改革开放需要新动力，中国经济和中国商业的可持续发展同样需要不断喷涌的生命力。这不仅有赖业界自身的努力，更系于社会的整体协调：对创造者权利的尊重与保护，清廉高效的公共服务，可依赖的法治体系，开放兼容的文化理性……如果没有这些配合，中国商业的未来很可能被机会主义的阴影威胁，被既得利益的固化侵蚀，被社会鸿沟的扩大影响，被粗放增长的压力制约。

“中国或许是19世纪欧洲工业革命以来最重要的经济新闻产生地。”我们相信未来，怀抱理想上路。权威、独立、责任、专业是我们的编辑方针，恪守公信是我们最重要的报道立场。商业改变世界，中国改变世界，《第一财经日报》——*China Business News*，也将努力汇入改变世界的力量的河流。

因为信仰改变的力量，因为追求改变的可能，2004年11月15日，《第一财经日报》生于上海，生于广东，生于北京，生于中国。

第二篇是2004年6月16日时任《南方人物周刊》总编徐列为该刊撰写的发刊词——《让你的前路更远更亮》。

让你的前路更远更亮

是在三月的北京，我坐在北京人艺的剧场里。戏不精彩，演员谢幕时，我却感动了，从他们真诚的眼神里，我分明看到了一种久违的圣洁之光；也许在庸常的日子里，他们和常人一样，有着世俗的纷争和欲望，可一旦走上舞台，理想主义的纯净令他们庄严而神圣。我把掌声献给了他们，我知道，这掌声也是献给我的同事们——一群年轻的新闻圣徒。此刻，他们正在挑灯夜战，把心中的梦想付诸行动……

于是，有了我们，有了《南方人物周刊》。

人，都有梦想，生生不息，绵绵不绝。无论你是从零点起步、梦想的终点只是他人的起点，还是成功者追逐更大的成功与荣耀，一个人就是一个世界，理想的激情永远激活着人性的张力和想象，也折射出了时代的变迁和文明的进程；而所有的梦想汇集在一起，便是人类的成长，我们的命运。记录他们，是新闻从业者的光荣与职责。

记录，是我们表达梦想的方式，客观、公正是我们的标尺，心底珍藏的是普世的道德操守——正义、良知、爱心；而作为一本人物杂志，它要以平等、宽容和人道的立场，去关注我们身边的每一个人。不仅关注那些，对人类的进步和我们的生活产生重要影响的人，同时也关注那些，在与命运的抗争中彰显出人性向善力量的普通人。他们是政治家、思想家、科学家、企业家、艺术家，他们是民间英雄、公众领袖、人民代表、芸芸众生，他们参与变革，他们影响时代。而历史便是由一个个的人物传记书写而成。记录他们，便是记录历史，记录人物，便是为历史留存一份底稿。

还是在三月的北京，南方周末20周年庆典会上，众明星登台献艺，打动我的，却是北京大学合唱团的同学们，西服、晚装，优雅、飘逸，无伴奏的和声似天籁穿越我的耳际，想起的却是一个不合时宜的名字——马加爵。他们都是“天之骄子”，如今天差地别，是什么，让一个孩子失去了人性，仅仅是因为受困金钱？在一个物欲横流的社会里，精神的滋养被浮躁与奢华湮没，道德的滑坡让世间失去了信任与尊重。但依然有一批人葆有人性的光辉和伟力，他们传承人类的文明，拓展思想的边界，创造丰腴的财富，引领人类走向正确的路径；他们的精神像黑夜里的光芒滋养着人类的心灵，照亮我们的前程。

我们记录他们，一同分享成功的智慧与喜悦；

我们记录他们，让向善的力量打动每一个人；

我们记录他们，感慨命运的沉浮，仍怀梦想；

我们记录他们，让你的前路，更远更亮！

改版社论要向读者交代清楚改版的原因及其想达到的目的，改版的时间和具体做法，换句话说就是为什么要改，什么时候改，怎么改？

1956 年 7 月 1 日，在中国共产党成立 35 周年之际，《人民日报》刊登改版社论《致读者》，正式宣布改版。社论明确地阐述了改版的目的、意见和重点："《人民日报》是党的报纸，也是人民的报纸。从它创刊到现在，一直是为党和人民的利益服务的。"社论指出，改革的目的是更好地充当党和人民的喉舌，《人民日报》的工作"仍然有很多缺点""期待全国广大的读者给我们更多的帮助、更多的批评和指示"。

社论还表明，《人民日报》的改版工作主要从以下三个方面展开：第一，扩大报道范围。第二，开展自由讨论。第三，改进文风。"报纸上的文字应该力求言之有物，言之成理，而且言之成章。"

社论最后对《人民日报》的性质、功能作了一番阐释，指出《人民日报》是人民的公共武器、公共财产，只有依靠人民群众，才能把报纸办好。

新闻史上的许多经典的发刊词和改版社论，往往都有极强的感染力，读后让人激动不已。理由何在？就在于这些社论中蕴含着一代代新闻人救国济民的理想和激情。那些优美的文字因为报人的热情、良知和责任而变得充满力量，因而此类社论的写作有时候并非文字技巧的问题，更多的是依靠报格和人格的力量直指人心。

二、按报纸性质分类的社论

接下来我们再从另一个角度来谈社论的类型及其写作。讲到社论的分类时，如前文所述，如按报纸的性质对社论进行分类，可将社论分成党报社论、都市报社论、专业性报纸社论。不同性质报纸的办报方针不同，读者对象不同，发行区域不同，决定了各自的社论也呈现出不同的风格。

（一）党报社论

各级党委机关报是各级党委和政府的喉舌，主要面向党员干部，代表党和政府的立场，及时宣传党和政府的纲领和路线方针政策，以期对实际工作进行指导。

党报的性质决定了党报社论的特色。在选题上，党报社论主要有三个方向：一是党的路线方针政策，尤其是最新的决策；二是事关全局的国内外大事和社会热点；三是各种重要的节日和纪念日。表 6－1 是《人民日报》2023 年 10 月 1 日至 2024 年 2 月 4 日发表的部分重要社论：

表 6－1　《人民日报》重要社论（2023 年 10 月 1 日至 2024 年 2 月 4 日）

时间	标题
2023 年 10 月 1 日	坚定不移朝着强国建设、民族复兴的宏伟目标奋勇前进
2023 年 10 月 9 日	在强国建设、民族复兴的新征程上充分发挥主力军作用
2023 年 10 月 9 日	共创亚洲和平、团结、包容的美好未来
2023 年 10 月 23 日	在新时代新征程上书写巾帼荣光
2023 年 12 月 13 日	坚定信心、开拓奋进，巩固和增强经济回升向好态势
2023 年 12 月 21 日	以加快农业农村现代化更好推进中国式现代化建设
2024 年 1 月 1 日	满怀信心以中国式现代化全面推进强国建设、民族复兴伟业
2024 年 2 月 4 日	打好乡村全面振兴漂亮仗

这八篇社论中，2023 年 10 月 1 日发表的社论是国庆社论，2024 年 1 月 1 日的社论是元旦社论，同属节日与纪念日社论；2023 年 10 月 9 日的社论，一篇是针对中国工会第十八次全国代表大会而写的，一篇是针对第十九届亚运会的举办而写的；2023 年 10 月 23 日的社论，是针对中国妇女第十三次全国代表大会的召开而写的；2023 年 12 月 13 日的社论，是针对中央经济工作会议的召开而写的；2023 年 12 月 21 日发表的社论，是针对中央农村工作会议的召开而写的；2024 年 2 月 4 日发表的社论是针对中央所发布的第二十一个“一号文件”进行政策宣传。这些社论均属于配合中心工作，展开政策宣传、舆论引导、组织发动群众的。

在文字的表述中，党报社论较为平稳、规范、严谨。党报社论有着非常突出的政治性、理论性和指导性，靠权威性取胜。对于党报社论的写作和文风，我们在前面“按评论对象分类的社论”这一部分已有较为充分的论述，在此不再赘述。

（二）都市报社论

首先需要作一个说明，此处所说的“都市报”是一个广义的概念，并非仅指 20 世纪 90 年代以来全国大中城市新创办的以都市报命名的报纸，也包括有都市报性质的晚报在内。

与各级党委机关报不同，都市报“以市民为核心受众，以为市民服务为办报宗旨”①。一般来说，党报是以传者为本位进行宣传的，而都市报则是以受者为本位提供信息服务的。我国的都市报大多是靠软新闻起家的，即以报道社会新闻、娱乐新闻、体育新闻和大量的生活服务的实用信息为主，通过娱乐和服务获得了市场份额，完成了报纸的原始积累。进入21世纪后，一批在市场上小有名气的都市报开始了向主流大报的转型，其做法一是加强硬新闻的报道，二是强化新闻评论，以《南方都市报》创设专门的时评版为起点，在全国掀起时评热。

都市报特有的办报宗旨和受众定位决定了其社论的特点。在选题上，都市报较少选取党的路线方针政策，因为这是党报的优势。它的选题主要有这样几个方面：国内外重大事件、热点社会新闻、与发行区域内百姓生活息息相关的民生新闻和热点话题。较之党报社论，都市报社论有更强的新闻性、地域性和贴近性。

在文字的表述上，都市报社论比党报社论更为灵活自由，有时也更为尖锐，更追求观点的独家性和表述的个性化。如果说党报社论更多是站在党和政府的立场上进行政治理论宣传和工作指导，那么都市报社论则更多是站在市民大众的立场上针对新闻和社会公共事务表达民意。让我们来看一篇有代表性的范文：

枸杞可以不红，人心绝不能黑

日前，央视财经曝光青海、甘肃多地不法厂家、商户在生产枸杞的过程中使用焦亚硫酸钠进行“提色增艳”，有商户为了节省成本会选用工业硫磺。报道播出后，甘肃靖远、青海格尔木通报称已成立联合调查组、工作专班，表态对违规违法责任人将依法严惩。

硫磺熏制食品已经不是第一次。往前追溯几年前乃至十几年前，都有类似硫磺熏制枸杞及其他食品中药的报道。2020年，《新京报》披露，广西南宁三塘镇使用硫磺熏制八角，商家谈起应变之策时，曾坦言“检查的时候市场会通知”。

通过硫磺熏制食材、中药材，可以实现某种延长保质期、防止氧化、增加色泽的效果，虽然按照我国《食品安全国家标准　食品添加剂使用标

① 李良荣：《新闻学概论》，上海：复旦大学出版社，2001年，第196页。

准》的规定，硫磺可以作为食品添加剂，但工业硫磺严格禁止用作食品加工。在媒体曝光的涉事地方，用硫磺熏制枸杞却似乎成了毫无顾忌的常规流程。涉事枸杞的检测结果显示，送检的11个枸杞样本，依照《食品添加剂使用卫生标准》，所检二氧化硫项目全部不合格。

很难说其中的责任分配究竟是该更多地归咎于“无良商家”，还是地方市场监管。遍观央视镜头下多地硫磺熏制枸杞的村庄，几乎是毫无遮掩的全民皆熏，地方监管部门在所谓传统产业的日常抽检执法过程中，究竟扮演着什么样的角色？

央视镜头之下，“夜幕下多处可见的熏制棚，已经成了白茨林村的一景”，就在路边可见的枸杞晾晒大棚里，“只要稍微靠近，就会被刺鼻的味道呛到，难受不已”。赫然矗立在村庄里、马路边的大棚，和大棚里飘出来的刺鼻气味，这些对于基层政府而言却似乎不存在，“大袋的工业硫磺，非常显眼地摆放在院子里”……

靖远枸杞，毫无意外是当地特产，还入选“中国国家地理标志产品”，当地官方报道显示，靖远县把枸杞产业作为富民强县的主导产业来抓，围绕特色建基地、重视科技扶龙头、打造品牌创市场，大力实施基地稳杞、龙头强杞、科技兴杞、质量保杞、品牌立杞、文化活杞6大工程，先后打造了2个万亩有机枸杞示范基地。地方文宣口径中的特色产品，与央视财经镜头下的硫磺熏制乱象，给公众怎样的时空错乱之感？

按照甘肃靖远对自身枸杞产业发展的短板描述，靖远县枸杞产业存在着“品种老化退化严重、规模化标准化程度低、人工采摘成本较高、产业链条短、精深加工严重不足”等问题，却独独没有一句提到硫磺熏制的问题，哪怕是个别现象需要加强监管的表述。而在此番同样被曝光硫磺熏制枸杞的青海海西蒙古族藏族自治州，其《促进枸杞产业发展条例》里则明确规定，生产、加工枸杞及其产品过程中，禁止使用焦亚硫酸钠及其替代品。明文禁止却又明知故犯，对诸多村庄大面积存在硫磺熏制枸杞的情况，作为最了解地方市场状况的监管执法部门，为何能对此视而不见、泰然自若？

市场监管不应该有真空地带，更不能存在监管盲区。如果因为是地方支柱产业，就为其“保驾护航”，对刺鼻的气味装作看不见、闻不到，那么地方监管机构的职责、使命在此处就只是名义上的存在。护短绝不是护航，只会让劣币驱逐良币。此前热播剧《山海情》中，村民因枸杞而生活得到改善后，也曾出现过要不要硫磺熏制的讨论，主人公一句“枸杞可以不红，人心绝不能黑”可以说振聋发聩，特别是现在回看，依然让人感佩。

“枸杞可以不红，人心绝不能黑”，良性有序的市场要让那些顶住压力不用硫磺熏制的种植户、商户获得正当收益，才是建立市场内生驱动力、建立健康行业生态的关键。

不违规违法使用硫磺熏制枸杞，不应该是奢求，它要靠种植户自觉，更要有强有力的市场监管，和能即时发现问题、说出问题进而解决问题的良性社会纠错机制。提升社会食品公共安全的整体水准，监管执法必须用力用心，就不能再把媒体曝光仅当舆情来应付。

（《南方都市报》 2024 年 9 月 3 日第 GA02 版）

食品安全问题事关公众的身体健康与生命安全，受到社会的高度关注。央视财经曝光青海、甘肃多地不法厂家、商户在生产枸杞的过程中使用焦亚硫酸钠进行“提色增艳”，有商户为了节省成本会选用工业硫磺。评论以此为选题，聚焦民生热点问题。本文的论述重点在于分析事件的责任，进而寻找解决问题的办法。在分析责任的时候，社论作者矛头直指地方监管部门：“明文禁止却又明知故犯，对诸多村庄大面积存在硫磺熏制枸杞的情况，作为最了解地方市场状况的监管执法部门，为何能对此视而不见、泰然自若？”在末段，提出了解决问题的出路：“它要靠种植户自觉，更要有强有力的市场监管，和能即时发现问题、说出问题进而解决问题的良性社会纠错机制。”

（三）专业性报纸社论

与党报和都市报等综合性报纸不同，专业性报纸是以刊登某一特定行业或某一特定的系统的动态信息为主的报纸，其读者对象也是属于该行业或该系统的一个特定群体，而并非广泛的社会大众。专业性报纸的优势体现在：在某个特定领域能比综合性日报更为及时、全面、深入地提供信息。

因此，专业性报纸社论的选题就应是本领域的重大事件、热点现象和热点话题，文章也要依靠其在某一专业领域的深度和权威性取胜。

要写好专业性报纸的社论，除了具备一般的社论写作技巧之外，还要具备良好的专业素养，要对本行业有全面深入的了解，唯有如此，才能发现本领域的最新动态和真正的问题所在，从而选取真正有价值的议题展开论述；唯有如此，才能作出有专业水准的分析，提出独到而且深刻的见解。

第三节 评论员文章

评论员文章是一种常见的报纸评论文体，一般将其视为介于社论和短评之间的中型评论。虽然从名称上看似乎具有某种个人色彩，并不像社论那样直接代表报社发言，党报上的评论员文章也未必能视作代表同级党委发言，但其观点仍然反映报社的立场。实际上，评论员文章与社论之间并没有明显的界限，如果用张友渔的社论概念来衡量的话，评论员文章也可视作社论，而且有的研究者就把评论员文章归入了社论里面。但在我国的党报言论中，评论员文章没有社论那么正式，比社论的自由度相对大一些。也正因为如此，在我国新时期的思想解放过程中，一些评论员文章反而起到了比社论更为关键的作用，甚至影响了改革开放的历史进程，这一点我们后续还会论及。

评论员文章主要有本报评论员文章和本报特约评论员文章这两种形式。本报特约评论员文章，之所以要加上“特约”的头衔，主要是为了强调作者的特殊身份，既是社外人士，也是权威人士。它所论及的一般是重大的政治经济问题、重大的理论问题，有较强的理论色彩，篇幅也较长，被称为“超重型评论员文章”，其规格也要高于本报评论员文章。

谈到评论员文章，我们不能不提及《光明日报》1978 年 5 月 11 日所发表的特约评论员文章《实践是检验真理的唯一标准》，文章从理论上否定了“两个凡是”的观点，冲破了当时的思想禁区，被全国 30 多家报纸转载，为十一届三中全会的召开，也为新时期的改革开放作了舆论上的准备。

与《实践是检验真理的唯一标准》起到类似作用的还有：1991 年《解放日报》发表的署名“皇甫平”的系列评论；1992 年《深圳特区报》所发表的 8 篇“猴年新春评论”。

在经历 1989 年的政治风波之后，我国改革开放的步伐有所放慢，“左”的思想有所抬头。在历史的关键时刻，改革开放的总设计师邓小平于 1991 年春天在上海发

表一系列讲话，提出了改革开放的新思路，《解放日报》在报道邓小平同志讲话的同时，发表了四篇署名“皇甫平”的评论，分别题为《做改革开放的“带头羊”》《扩大开放的意识要更强些》《改革开放要有新思路》《改革开放需要大批德才兼备的干部》，为新一轮改革开放吹响了号角。

1992 年初，邓小平同志南行，在广东发表重要讲话，对于建设有中国特色的社会主义，在理论上作了进一步的突破。《深圳特区报》发表长篇通讯《东方风来满眼春——邓小平同志在深圳纪实》，报道了邓小平同志的活动，并从 2 月 20 日至 3 月 6 日连续发表 8 篇总题为“猴年新春评论”的系列评论，分别是：《扭住中心不放》《要搞快一点》《要敢闯》《多干实事》《两只手都要硬》《共产党能消灭腐败》《稳定是个大前提》《我们只能走社会主义道路》，以带有邓小平同志谈话风格的朴素语言，全方位地阐述了邓小平同志的谈话精神，为党的十四大召开和社会主义市场经济体制的确立做好了舆论准备。

再来看一篇评论员文章：

推进“台独”倒行逆施，必遭严惩

台湾地区领导人在 5 月 20 日的讲话中，大肆宣扬所谓“主权独立”“两岸互不隶属”“台湾住民自决”等分裂谬论，极力乞求外部势力撑腰打气，妄图推动“台湾问题国际化”，继续“倚外谋独”“以武谋独”。这样一篇彻头彻尾的“台独自白”，充斥着敌意与挑衅、谎言与欺骗，态度极为猖狂，主张更加激进，如此倒行逆施，必遭严惩，加速“台独”分裂势力覆灭。

两岸同胞有共同的血脉、共同的文化、共同的历史，同属中华民族，从来都是血浓于水、守望相助的一家人。中华民族 5 000 多年的漫长历史，记载着历代先民迁居台湾、繁衍生息，记载着两岸同胞共御外侮、光复台湾。中华民族一路走来，书写了海峡两岸不可分割的历史，镌刻着两岸同胞血脉相连的史实。无论在法理上还是在事实上，台湾都是中国不可分割的一部分。台湾地区领导人出于谋“独”本性和政治私利，贩卖“两国论”、搞“台独正名”，连自己中华民族的血脉都不承认，背叛民族和祖先的丑行令人不齿。历史早已证明，凡是数典忘祖、背叛祖国、分裂国家的人，从来没有好下场，都将被钉在历史的耻辱柱上，遭到人民的唾弃，逃不掉历史的审判。

统一是大势所趋、大义所在、民心所向。中华民族始终有着国土不能分、国家不可乱、民族不可散、文明不可断的共同信念，一个坚强统一的国家是包括台湾同胞在内的全体中华儿女的命运所系。台湾是中国的台湾，任何涉及中国主权和领土完整的问题，必须由包括台湾同胞在内的全中国人民共同决定，任何人任何势力都不要妄想把台湾从中国分裂出去。台湾地区领导人就任伊始便迫不及待露出“台独”真面目，赤裸裸煽动“反中抗中”情绪，其所言所行完全背离岛内要和平不要战争、要发展不要衰退、要交流不要分离、要合作不要对抗的主流民意，加剧台海形势紧张动荡，把台湾推向更危险境地，严重挑战中华民族的共同信念和中国人民的共同意志。

统一大势不可阻挡，“台独”注定死路一条。没有人比我们更希望通过和平的方式实现祖国统一，我们愿意为和平统一创造广阔空间，但决不为各种形式的“台独”分裂活动留下任何余地。任何人任何势力都不要低估中国政府、中国人民捍卫国家主权和领土完整的坚强决心、坚定意志、强大能力。对于任何形式的“台独”分裂行径，我们决不容忍、决不姑息、绝不手软，谋“独”挑衅越是变本加厉，我们的反制惩戒措施就会更加坚决有力。得道多助、失道寡助。许多国家政要和各界人士连日来密集发声，重申恪守一个中国原则，坚定支持中方反对“台独”分裂、争取国家统一的正义事业。这充分表明，“台独”分裂势力每兴风作浪一次，国际社会坚持一个中国的共识就巩固一分。

一个中国原则不可违，“台独”分裂行径不可行，中国统一的大势不可逆。民进党当局及其领导人想把台湾从祖国分裂出去，无异于痴人说梦、蚍蜉撼树，最终只会落得个身败名裂的下场！

（《人民日报》 2024 年 5 月 24 日第 4 版）

这篇评论写于台湾地区领导人赖清德发表就职讲话后，评论一开头点出事由，并开门见山地亮明观点，揭示出该讲话的本质——是一篇彻头彻尾的“台独自白”，而推行“台独”，乃倒行逆施，必遭严惩。在文章的主体部分，作者从四个方面阐明了理由：一是两岸同胞有共同的血脉、共同的文化、共同的历史，同属中华民族，从来都是血浓于水、守望相助的一家人；二是统一是大势所趋、大义所在、民心所向；三是统一大势不可阻挡，“台独”注定死路一条；四是一个中国原则不可违，“台独”分裂行径不可行，中国统一的大势不可逆。全文观点鲜明、逻辑清晰，一气呵成，读来铿锵有力。

复习思考题

1. 简述社论的特点及其写作要求。
2. 简述评论员文章的特点及其写作要求。
3. 试比较党报社论、都市报社论与专业性报纸社论。

第七章

短评、编者按语

第一节　短评的特点与写作要求

一、短评的概念与特点

什么是短评？它跟别的评论文体有何区别？对于这一新闻评论文体的概念，有这样几种较具代表性的观点：

“短评是一种篇幅短小、内容单一、分析扼要、使用灵便的编辑部评论。它常常配合新闻报道就现实生活和实际工作的某一个方面的问题，代表编辑部发言。在选题、评述范围、立论角度、篇幅、规格等方面，它比之社论要具体单一、轻便灵活、短小精悍，一般由编辑部的具体部门定稿，属于新闻评论中的轻骑兵。”①

“短评，顾名思义，这是一种短小精悍、运用灵活的评论形式，篇幅一般在600字左右，最长不超过1 000字，在报纸上较为常见。它或根据党的方针政策，就现实生活和实际工作的某一个方面，代表编辑部发言；或抓住新闻报道中最新鲜，最有特色，或者编辑认为最值得突出的东西，加以强调和发挥。它内容单一，论题集中，分析扼要，往往以新闻报道或社会现象为依托，以新闻事实为立论根据，开门见山，一事一议，‘言近而旨远，词约而意深’。”②

“短评，是一种短小精悍的评论，时效性快，针对性强，特点是‘一针见血’‘评其一点’，这是评论中的一种‘轻武器’‘短兵器’。”③

“短评是指报纸上刊发的短小精悍的评论文章，一般是一事一议或配发的评论。”④

从以上几个概念中，我们可以看到关于短评这一新闻评论文体的几点共识：

第一，短评之名称，首先来自篇幅之短，即与动辄数千字的社论和评论员文章相比，短评的篇幅较为短小，一般在数百字。

第二，关于选题，短评选题较为集中，所谓“一事一议”，即针对一个具体的新闻

---

① 胡文龙、秦珪、涂光晋：《新闻评论教程》，北京：中国人民大学出版社，2002年，第239页。

② 丁法章：《新闻评论教程》，上海：复旦大学出版社，2002年，第248页。

③ 李德民：《评论写作》，北京：中国广播电视出版社，2000年，第23页。

④ 赵振宇：《现代新闻评论》，武汉：武汉大学出版社，2005年，第313页。

事件、新闻人物、新近的社会现象进行评议和判断。而不像社论或评论员文章，常常就宏观的大政方针、理论问题、关系到全局的新闻事件和社会现象进行深入系统分析。

第三，关于短评的规格，学者们用了“轻骑兵”“短兵器”等来进行表述，即短评的规格不及评论员文章，更不及社论。当然，其权威性一般来说也相应不如社论和评论员文章。

总体来说，以上三个方面基本概括了短评的特点。不过，也还有些方面未达成共识。比如，丁法章对短评的篇幅提出了一个具体的标准，即最长不超过 1 000 字，那超过 1 000 字算不算短评呢，这一点尚未达成共识。又如，胡文龙等人的定义强调了短评是一种编辑部文章，代表编辑部发言。丁法章则认为部分短评是代表编辑部发言的，而其他两种定义则未对此进行界定。其实，在新闻媒体的短评作品中，我们可以发现大量的署名文章是不代表编辑部（或报社），只代表个人发言的。

据此，我们可以给短评下一个这样的定义：短评，是一种选题集中、篇幅较短、规格不及社论和评论员文章高的新闻评论文体。

下面，我们来分析一篇典型的短评：

中美各自的成功是彼此的机遇

当地时间 11 月 15 日，国家主席习近平同美国总统拜登在斐洛里庄园举行中美元首会晤，就事关中美关系的战略性、全局性、方向性问题，事关世界和平和发展的重大问题深入交换意见。这是两国元首巴厘岛会晤之后再次会面，举世瞩目。

元首外交是中美关系的“指南针”和“定盘星”，中美各界和国际社会对两国元首旧金山会晤倍加期待。中美关系是世界上最重要的双边关系，历经风雨，但总是在曲折中向前发展。中美两个大国不打交道是不行的，想改变对方是不切实际的，冲突对抗的后果是谁都不能承受的。

大国竞争不是这个时代的底色，解决不了中美两国和世界面临的问题。地球容得下中美两国，双方各自的成功是彼此的机遇。只要双方坚持相互尊重、和平共处、合作共赢，完全可以超越分歧，找到两个大国正确相处之道。中美关系的前途是光明的。

（新华社短评　2023 年 11 月 16 日）

这篇短评选择的评论对象是一个新闻事件：中美两国元首会晤，就重大问题深入交换意见。作者首先说明了中美关系的重要性，其次，说明中美两国必须打交道，且不可能改变对方。再次，双方各自的成功是彼此的机遇，双方应坚持相互尊重、和平共处、合作共赢。全文共三个自然段，不足350字，一事一议，开门见山，立场鲜明，论据有力，充分体现了短评这一文体的特点。

二、短评的历史渊源

在我国的新闻史上，短评作为一种新闻文体是何时出现的？

其源头是19世纪末20世纪初我国报刊上所出现的时评。

自1815年第一家中文近代报刊《察世俗每月统记传》创刊以来，在半个多世纪的岁月里，我国报刊上的言论一直以长篇论说为主，这也就是所谓的“政论本位时代”。

这期间，也开始零散出现了一些现代意义上的新闻评论。首先，在王韬的大量政论文章中，就有少数针对特定新闻事件的时评，比如《遣使亲俄》一文。此外，在《万国公报》上也能找到类似的例子。而梁启超1902年在日本横滨创办的《新民丛报》更是正式开设了“国闻短评”栏；创刊于1900年的《中国日报》于1904年设立了“时评”栏；《东方杂志》《国风报》等刊物上也设立了“时评”栏目。[①]

1904年6月12日由狄楚青在上海创办的《时报》则被认为对“时评”这种新文体的发展起到了里程碑式的作用。对此，新闻史学家是这样评价的：“《时报》在政治上并没有造成多大的影响，而是在报纸的评论、编辑、版面方面敢于大胆革新，为我国报业的发展和进步做出了重大贡献：第一，首先将梁启超在《新民丛报》上创造的‘时评’这种新的报章文体移植于日报，开辟了‘时评一’‘时评二’‘时评三’三个栏目，聘请陈景韩、包天笑和雷奋分别主持评论国内大事、外埠新闻和本埠新闻。这种应时而发、短小精悍、冷隽明利的时评，很受读者欢迎……”[②]

从上面对时评的论述中，我们看到了这种新闻文体的特征：“应时而发、短小精悍、冷隽明利”，也即针对特定的新闻事件进行评论，篇幅短小，态度鲜明，文笔锐利。与论说相比，更为具体，或者说更强调时效性和针对性，因而也就更具有

---

① 马少华：《早期的时评——论我国近代新闻评论产生发展的形式规律》，《国际新闻界》2003年第5期。

② 丁淦林：《中国新闻事业史》，北京：高等教育出版社，2002年，第108页。

新闻性。“时评”这一新文体的诞生及其地位的正式确立，意味着中国的报刊评论告别“政论本位时代”，进入了以新闻评论为本位的时代。

在这里，当然还涉及一个问题，即时评与短评的关系。时评是否就等于短评呢？时评是相对于原来缺乏新闻性的鸿篇巨制的“政论”“论说”而言的，照此标准来看，今天的一些社论、评论员文章也可以称为时评，比如近年来国内报纸所广泛设立的时评版，里面既有大量的短评，也有社论。而今天我们所说的短评有着特定的含义，是相对社论、评论员文章而言的篇幅短小、一事一议的新闻评论文章。换句话说，今天所谓的短评特指社论与评论员文章以外的篇幅短小的新闻评论文章，而时评既包括今天所谓的短评，也可以包括一部分社论和评论员文章，其外延要大于短评。

三、短评的写作

在本书的第一章，我们已经详细地阐述了新闻评论的一些基本分类，短评作为新闻评论的一种，其写作当然也要遵循新闻评论写作的共同规律。但与社论和评论员文章相比，短评写作也有其自身的一些特殊规律，主要表现在以下几个方面。

（一）选题集中、具体

正如我们上一章所讲到的，选题的重大性是传统社论和评论员文章的一个重要特点，党和政府的方针政策、国内外重大事件、重要的节日和纪念日等是社论和评论员文章的主要议题。与之相比，短评的选题则较为集中、具体，更贴近民众的生活。综合来看，短评的选题主要有以下几种类型：

一是热点新闻事件，尤其是民生新闻和社会新闻，这类事件新闻是短评选题的重点所在。如“新京报评论”2024 年 5 月 9 日发布的短评《校友卡上填职务级别，一场校庆搞得官气十足》，该文所评论的是一条社会新闻：有网友爆料，内蒙古集宁一中电子校友卡填写信息含个人职务级别，如正国级、副国级等，引发高度关注。

二是一些与民众利益息息相关的非事件新闻，如 2024 年 3 月 6 日《中国青年报》刊发的短评《先交钱再上岗？求职毕业生不是任意收割的韭菜》，其评论的就是求职毕业生遇到骗局的现象。

三是国家新近出台的政策。如《南方都市报》2024 年 5 月 9 日所发表的短评《高铁调价之余，也要重视增开普铁诉求》，评论所针对的就是铁路 12306 官网发布四则调价公告，决定自2024年6月15日起，在部分路段建立灵活定价机制。此项铁路部门的政策，事关广大民众的直接利益。

（二）角度较小

在短评写作中要注意的第二点，就是口子要开得小一点。短评由于受到篇幅的限制，必须写得短小精悍，因而不可能像社论和评论员文章那样对新闻进行全面的评述。短评忌讳面面俱到，往往从一个独特的角度切入，开门见山，直接亮出自己的观点。

我们不妨来比较两篇针对同一新闻事件的短评，2003年时任国务院总理温家宝在重庆万州责成当地有关部门，迅速使农妇熊德明爱人被欠一年多的薪水得以解决，这是当年的一条热点新闻。事件经媒体报道后，各报纷纷发表评论，其间，《大河报》发表短评《农妇熊德明教我们怎样做公民》，《北京青年报》发表短评《总理亲自为农民工讨工钱的担忧》。

《大河报》所选择的是这样一个角度：熊德明作为一个普通的农妇，面对国家领导人敢讲真话，正是现代公民所需要的一种可贵的品格。《北京青年报》则从这件事的所谓“特事特办”这一角度切入，论述了自己的担忧：“这种‘特事特办’的方式，体现了总理对熊德明一家的关怀，但同时也让人担心此类问题有没有被当作一个普遍存在又迫切需要解决的问题而被重视起来，予以通盘地考虑，寻求根本的解决之道。”

同一个事件，可以从不同的角度切入，正所谓“横看成岭侧成峰”，写作短评不可求全，须从一个侧面入手，把自己的观点讲透。

（三）更强调个性

社论和评论员文章是代表报社发言的，党报社论还往往代表同级党委发言，有很强的权威性和指导性，因而这两类评论的写作较为严肃，一般并不追求也很难追求个性。短评则多为代表个人发言，较为自由，因而能够也必须讲求个性。

短评的个性体现在两个方面：一是观点的新颖独到性，二是表述的个性化，即语言的个性风格。下面我们来分析一篇较为经典的范文：

一根雪糕的财产权与一个人的生存

马少华

7月22日，一外地青年男子在北京潘家园美福园超市门前自焚，被警方及时送到医院救治。《北京娱乐信报》报道了他自焚的原因：他从7月1日从老家来北京，一直没找到工作，身上只带了200元钱，舍不得花，露宿在过街天桥下。他走到潘家园一个超市门前时特别口渴，就在这家超市偷了一根雪糕，但被一个工作人员抓住了，还拉进超市里罚了100元钱。

这位男青年告诉记者："我求他放了我，说我知道错了，你就罚10元好不好啊。""他就是不答应，我买了一瓶酒，在超市门口倒在身上烧，但没点着。我又找超市的人要了两回钱，但他们就是不还。我没办法，就花了6元钱买了两升汽油倒在头上，点着了。"

我读了这篇报道，感到很难受。我想象着一个被罚10元就不会死，而被罚百元就选择死的人的绝望心理。我知道，这已经不是什么自尊心和羞辱感的选择了，而只是穷困。一个穷困的人可能做许多事情，包括去抢劫等更严重的犯罪，当然也包括选择死，其中最轻的危害就是偷吃一根雪糕。那个超市的工作人员抓住了他，可以让他只是交出一根雪糕钱，可以罚他10元，也可以把他"扭送"到公安机关，但最终选择了罚100元的严苛处罚，并让他选择了死。同样违法，那个偷吃一根雪糕的青年选择了对他人最轻的危害；而那个超市工作人员却选择了对他人最重的危害。

这个人的"心理承受力"（其实不只是心理，还有物质）可能脆弱了一点。但是，这毕竟是一个实例，它向我们显示穷困可能导致的极端选择。而由于社会开放、人口流动，我们每一个人的身边可能随时都会有这样的人。你可以不去帮助他们，你也可以随时警惕他们侵犯你的财产权——包括一根雪糕的财产权。但是，你有责任不因为你的过度反应而把他们逼到选择自杀的境地。因为他们可能都是已经非常脆弱的人了。

贫困使人脆弱，这个偶发事件是再好不过的例证。

这个因为口渴而偷了一根雪糕的青年，让我想到雨果小说《悲惨世界》中那个因为饥饿而去偷一块面包的冉阿让，冉阿让因此被判五年苦役。我想的不仅是处罚重不重的问题，而是处罚本身在道义上的正当性问题。应该想到：一根雪糕、一块面包对于他们的意义，与对于我们许多人的意义是绝对不一样的；100 元钱对于他们和对于我们的价值也完全不同。对于那些因为饥渴而处于脆弱的生存边缘的人来说，同样的处罚就具有完全不同的味道——这让我怀疑处罚的道义性。

在法律与冉阿让的“罪行”之间，雨果谴责的是法律，而不是偷了一块面包的冉阿让。我们今天没有这样的法律了，却仍有这样严苛的“民间处罚”。它们对确实偷了一块面包、一根雪糕的人，可能仍然具有直接的、可以逼迫后者走向死路的效力。

我不是要混淆是非界线，我不是要把偷说成“不是偷”，把抢说成“不是抢”，我不是要以良心和温情为壁垒森严的法律撬开一条缝隙。我知道，法律是有理性的，这种理性就表现为一个基本的价值权衡：生命权高于财产权。超市一根雪糕的财产权根本无法与一个穷困饥渴的人的生命权相比。但这件事告诉我们的是：我们可能维护了自己的财产权，却威胁了一个人的生存。

（《南方日报》 2003 年 7 月 25 日）

这是一条让人痛心的社会新闻，对于这起社会悲剧，作者并没有停留在简单的同情或愤慨上，而是通过一根雪糕的财产权和一个穷困饥渴的人的生命权的比较，让人看到处罚的不道义和对弱者生命权的蔑视，对社会的无情和冷漠进行了有力的批判。作者在文尾给出了自己独特的观点：“法律是有理性的，这种理性就表现为一个基本的价值权衡：生命权高于财产权。超市一根雪糕的财产权根本无法与一个穷困饥渴的人的生命权相比。但这件事告诉我们的是：我们可能维护了自己的财产权，却威胁了一个人的生存。”

评论的文风也很具个性化，文字朴实、口语化，仿佛朋友之间的交谈，娓娓道来，却有着极强的内在逻辑。评论由事件的结果说到事件的原因：事件当中双方的选择，再由此事联系到雨果的《悲惨世界》，通过雨果的选择反衬超市工作人员的选择的错误，体现了作者对弱者的同情，最后从法理的角度进行分析，得出自己的结论。全篇立场鲜明，一气呵成，体现了朴素的逻辑所具有的力量。

第二节　编者按语

什么是编者按语？所谓“按语”，《现代汉语词典》（第7版）的解释为“作者、编者对有关文章、词句所做的说明、提示或考证”①；《高级汉语词典》则解释为“作为说明或参考的简略评论（如在页边空白处用铅笔写的）”②。编者指的是新闻媒体的编辑人员。据此，我们可以为编者按语下一个定义：新闻媒体的编辑就新闻报道所作的简短说明、提示或评论，目的在于帮助读者阅读，或表明传播者的立场和态度。

一、编者按语的功能

与其他体裁的新闻评论相比，编者按语的特点在于简短、轻便、快捷，与新闻报道紧密结合，直接呈现编者的意图。具体说来，编者按语有哪些功能呢？

（一）提示说明

1. 对新闻报道的背景和作者的有关情况进行交代

2023年5月18日，《南方周末》推出报道《武汉遇见广深——一支党政代表团的粤港澳大湾区之旅》，文章前面加上了这样的编者按语：

> 两年多之前，南方周末研究员深入武汉，记录了疫情突袭后这座城市的复苏和V形反转。英雄之城的满城繁花和街道上充满着阳光的人们，洋溢着历经艰难后的无限希望。
>
> 不管承不承认，武汉已经是最知名的中国城市之一，是最典型的中国区域样本之一。

① 中国社会科学院语言研究所词典编辑室编：《现代汉语词典》（第7版），北京：商务印书馆，2016年，第10页。

② 王同亿主编：《高级汉语词典》（兼作汉英词典），海口：海南出版社，1996年，第8页。

2023年初夏，武汉党政代表团连日造访深圳和广州，展现着地方政府重启经济的信息，也展现着中国两个高度活跃经济区域间市场主体联动的期盼。

我们需要再次解读当下的武汉。让我们在南方的初夏，再次与武汉的“春天”相遇。

这次（招商）聚焦专精特新，目标很精准，可以看得出（武汉市委市政府）对中小型企业或“隐形冠军”的增长潜力非常看好。

在产业结构上，湖北和广东有很强的产业“互补性”。

武汉市政府提供的“中试”平台，恰恰处在汪博伦构想的“冒险”和“生产”之间。

编者按语说明了本篇报道的历史与现实背景：一是两年多前，南方周末研究员曾深入武汉，展开深度调查与记录；二是2023年初夏，武汉党政代表团到访深圳和广州。

2023年9月11日，《南方周末》推出教师节特别专访《18位教师万字长文：一份报纸串起的执教岁月》，文章前也加上了这样的编者按语：

第39个教师节来临之际，南方周末邀请了一些参与“阅读新火种”公益行动的教师读者，聊聊他们多年来对《南方周末》、对阅读的情愫。

虽然谈的都是报纸、书等纸质阅读，但每位老师都有自己与众不同的故事，甚至有一位老师正是因为看了《南方周末》一篇文章，走上了执教道路。而一致的，是他们在各自岗位上兢兢业业，带动了一届又一届学生、一批又一批家长，共同感受阅读的魅力。

祝老师们节日快乐！

简短的文字，清楚地交代了这组访谈的背景及受访对象的情况——在教师节来临之际，邀请参与“阅读新火种”公益行动的教师读者，讨论对《南方周末》和阅读的情愫。

2. 作为单篇报道的引子、导语

这一类的编者按语类似一篇文章的引子和导语，以几句简练的话对核心新闻事实进行概括，激发读者的阅读兴趣，并引出后面的报道，这样的编者按语类似消息中的导语。例如，2023年8月21日，《南方周末》推出长篇调查性报道《一家云南“假央企”的生意之道：起底350亿制氢超级项目操盘手》，该报道加了这样的编者按语：

> 近年来，国务院国资委数次公布假冒央企、国企名单，2022年多部门专门开展打击假冒国企专项行动。在此背景之下，2023年6月，甘肃却爆出罕见新闻：在一个超级氢能项目被披露后，招标人中广通科技（酒泉）有限公司被央企国电投公开打假。6月30日，甘肃酒泉肃州区政府发表声明，“终止该项目”。
>
> 南方周末记者调查发现，“中广通”并不止上述一家公司，名称含“中广通”并有股权关系的一系列公司多达数十家。而甘肃项目只是“中广通”系公司生意中的冰山一角，更多真相尚未浮出水面。在国资委官微公布的“中央企业公告的假冒国企名单汇总（第二批）”中，含“中广通”的公司就有六家。
>
> 2023年7月20日，南方周末记者前往中广通科技（云南）有限公司采访时，亮明身份出示新闻记者证后，遭到包括该公司负责人在内的多人野蛮对待，记者手机被抢夺，一度被困，数次被威胁“打死”“杀掉”。南方周末随后向当地公安机关报案。8月7日，事发18天后，该公司以“在新的办公场地清理办公物品时发现一部手机”为由将记者手机交至警方。截至目前，当地派出所仍在对该案进行调查。
>
> 南方周末强烈谴责侵犯新闻记者正当采访权益的行为，并将继续对假冒央国企事件保持关注，以彰公平法纪，以正市场秩序。

编者按语共四个自然段，近500字。首段交代了主要的新闻由头，2022年多部门开展打击假冒国企专项行动，中广通科技（酒泉）有限公司被央企国电投公开打假。第二段概括性交代记者的核心调查发现，后两段介绍了记者在采访过程中受到的野蛮对待与威胁，进而表明了报社的态度。简短的文字，交代了“中广通”非国企却假冒国企的核心事实，同时提供了记者采访中受威胁的事实，引发读者进一步的好奇心，想了解其中到底隐藏着何种不可告人的秘密。

3. 作为一组系列报道的引子或总结

除用于单篇报道外，编者按语也常用于系列报道或深度报道的提示说明。在一组系列报道的开头，往往要说明这组报道的背景、重点和目的。如《人民日报》在2019年9月14日起，推出“壮丽70年　奋斗新时代——区域协调发展新格局”系列报道，首篇报道《开创协同发展新局面》便加了这样的编者按语：

> 8月26日，习近平总书记在主持召开中央财经委员会第五次会议时强调，要根据各地区的条件，走合理分工、优化发展的路子，落实主体功能区战略，完善空间治理，形成优势互补、高质量发展的区域经济布局。要充分发挥集中力量办大事的制度优势和超大规模的市场优势，打好产业基础高级化、产业链现代化的攻坚战。
>
> 我国幅员辽阔，人口众多，区域发展基础和条件各异。促进区域协调发展，是现代化进程中必须面对的重大课题，党中央一直高度重视。特别是党的十八大以来，以习近平同志为核心的党中央精心谋划、扎实推动区域协调发展战略向着更加均衡、更高层次、更高质量方向迈进，京津冀协同发展、长江经济带发展、粤港澳大湾区建设、长三角一体化发展等一系列重大区域战略稳步推进，东西南北纵横联动发展的新格局正在形成。
>
> 近期，本报记者踏访大江南北，触摸区域协调发展新脉动。即日起，推出“壮丽70年　奋斗新时代——区域协调发展新格局”系列报道，展现各地以新气象新担当新作为实施区域协调发展战略，为经济高质量发展注入澎湃动力。

下面的例子则是对一组系列报道的编后语，起到总结的作用：

> “反思珠海”系列报道推出两周以来，在珠海社会各界引起了强烈反响，一场自下而上、由民间到官方的反思浪潮由此生发。作为媒体，我们希望这组报道在反思浪潮中能起到抛砖引玉的作用。自今日起，“反思珠海”系列报道暂告一段落。但本报对此将继续关注，并于本月28日推出“反思珠海”特辑。敬请垂注，并欢迎您为未来珠海的发展建言献策。

这是《南方日报》2005年9月在珠海建立特区25周年之际所作的一组系列报道“反思珠海”的编后语，总结了报道所引发的反响，表明了自己的意图，并宣告报道将告一段落，以此对整组大型系列报道进行收尾。

（二）表明立场和观点

编者按语的另一项主要功能就是针对事件发表评论，表明编辑对新闻事件或现象的立场和观点，帮助读者正确地理解新闻报道，发挥舆论导向作用。

有的编者按语只用简短的几句话来陈述编辑的态度和立场，如《南方人物周刊》2024年5月27日出版的第793期刊出封面报道，题为《隔空猥亵及其背后的困惑与缺失》，标题下方，加了这样的编者按语：

> 为什么隔空猥亵没有碰到身体，却也算猥亵，而且伤害性可能更大？为什么孩子会给素未谋面的网友发自己的裸照？为什么孩子被隔空猥亵后有的家长会先把孩子打一顿，之后还不敢报警和追究责任？
>
> 未成年人成长过程中法律意识和性教育的缺失、家庭关系的失序、社交认知的偏离、价值取向的错位、网络内容监管的疏漏……本质上，隔空猥亵的出现是这一系列旧问题通过新载体的再现，也只有通过研究并解决这些根上的问题，才有可能真正消灭它们共同制造的表象。

上述两段编者按语，第一段提出问题，引领思考的方向。第二段则为意见和判断，乃编者对新闻所报道现象所持的观点与立场。

（三）多种功能合一

前面我们区分了编者按语的两类主要功能，即一类以提示说明为主，一类以表明立场和观点为主。但在实际的操作中，这种区别是相对的，也有一类编者按语是多种功能合一的，既提示说明报道的背景和目的，又对事件进行评论，表明自己的立场和观点。如2019年5月15日，《南方周末》推出特约撰稿人冯军旗的《中县“政治家族”现象调查》，加了这样的编者按语：

> 为撰写博士论文，北大社会学系博士生冯军旗从2008年初开始，在中部某县挂职两年，分别担任副乡长和县长助理各一年。挂职期间，他从学术研究的角度出发，细致地从内部深入记录了一个县级政权的人员组成、结构、晋升方式和相互关系。
>
> 《南方周末》从他的研究论文《中县干部》中摘编了“政治家族”一

节内容。在这一部分中，作者完整记录了这个县级政权系统内部，当地家族成员的任职关系。从中可以看出，“政治家族”在当地相当普遍，占据了各部门的重要职位，令人触目惊心。近几年来流传的“官二代”现象，在这里亦有非常具体的体现。家族政治对基层权力的垄断，固化了原有的社会阶层，令普通家族出身者更难凭借才干获取政治前途。中县的一位主要领导对作者说：“如果我的妹妹在中县工作，那么不用我打招呼，她的工作和提拔，都会处处受到关照，这是几千年来的政治传统。”

政治家族的大小，往往和家族核心人物的权力和位置成正比——核心人物权力和位置越重要，家族内出的干部也就越多。

这三段话交代了报道内容的背景与由来——北大社会学系博士生冯军旗所做的实地调查与研究。在此基础上，编辑也对文中内容进行了简要的评价，这些评价就体现在第二段与第三段的文字中，对县域政治结构进行了分析，对家族政治的特征与影响进行了判断。

二、编者按语的表现形式

编者按语从其在新闻报道中所处的位置来看，可分为三种表现形式：文前按语、文中按语和编后语。

（一）文前按语

文前按语，位置居于新闻标题之下，报道正文之前，常以楷体字或比正文大的字号排版，以此在形式上与正文区别开来。一般说来，文前按语以承担提示说明功能为主，即我们前面所分析过的，以简短的语言，或对新闻报道的作者与背景进行交代，或作为报道（包括单篇报道和系列报道）的引子和导语，在少数情况下也可能既承担提示说明的功能，也直接对事实发表意见，如上面所列举的《南方周末》为《中县“政治家族”现象调查》所加的文前按语。

（二）文中按语

文中按语是直接插入文章中的一种简短的批注，它附着于文中，针对某个名词、某句话、某个观点，加以批注。批注的目的有三：一是交代出处，提供背景，针对某个概念或观点加以解释，帮助读者理解；二是纠正文中的错误，比如某些私人的手稿（包括日记、信件）等出现的文字、数字与事实错误；三是针对作者的观点发表编辑的意见，对其表示赞同或批评。

（三）编后语

编后语是附着于新闻报道之后的简短的评论，从功能上来分析，编后语基本功能是表明编辑立场和观点，也有少数是对报道进行总结，或对读者的反馈进行回应。与文前按语和文中按语不同，编后语从形式到作用都更接近短评，有时候甚至就是一篇完整的短评。但多数情况下编后语篇幅短小，以三言两语呈现态度，且是对报道的深化和提升。

1. 简述短评的特点及其写作要求。
2. 简述编者按语的功能与表现形式。

第八章

广播新闻评论

第一节　广播新闻评论概说

一、广播新闻评论节目的发展与流变

相对于文字新闻评论，广播新闻评论起步较晚。中央人民广播电台①在新闻评论道路上的探索历程，可以清晰地呈现广播新闻评论在我国的发展与流变过程。

第一阶段：依附于文字评论。1940 年 12 月 30 日，延安新华广播电台开始播音，作为新华社的一部分，其只是播出报纸与通讯社言论，没有电台自己的评论。1946 年 6 月，新华社将广播组扩大为广播部，增办了“广播评论”节目，除播出报纸与通讯社评论外，自己也编写评论。1950 年 7 月，中央人民广播电台组建了评论讲坛科，负责编播评论和人民讲坛节目，当时的评论节目，大多改编自报刊与新华社评论。

第二阶段：广播述评的出现。1979 年 4 月 26 日，中央人民广播电台的《全国联播》节目播出评论员文章《改善中越关系的根本办法》，乃首篇署名“本台评论员”的文章。1994 年 10 月，中央人民广播电台《新闻纵横》节目开播，这是一个融深度报道与评论为一体的广播述评节目。广播述评的出现，意味着广播正式摆脱对文字评论的依附，找到自己的独特样式。②

第三阶段：广播评论节目体系的构建。2004 年 1 月 1 日，由中央人民广播电台一套节目改版而来的中国之声开播。建构起多层次的广播评论节目体系，除了保留原有的《新闻纵横》外，又推出了《新闻观潮》《中国调查》《今日论坛》《观点》等一系列评论节目，形成了比较完整的广播新闻评论体系，具体见表 8 - 1：

---

① 2018 年 3 月，中央人民广播电台与中国中央电视台（中国国际电视台）、中国国际广播电台整合，组建为中央广播电视总台。

② 前两个阶段的相关情况，参见李法宝：《中国广播评论的发展历程》，《现代视听》2007 年第 3 期。

表 8－1　2004 年中国之声每日评论节目安排

时间	节目名称	类型
6：05—6：30	中国调查	专家评论、记者述评/音响评论
6：30	新闻和报纸摘要	本台评论/叙述语言评论
7：00—7：20	新闻纵横	记者述评/音响评论
7：40—8：00	今日论坛（早间版）	署名评论/音响评论
10：10—10：30	观点	署名评论/音响评论
12：45—13：00	今日论坛（午间版）	署名评论/音响评论
19：00—19：30	今日论坛（晚间版）	署名评论/音响评论
21：10—22：00	新闻观潮	专家评论、听众短论/直播、开放式评论

由表 8－1 可见，至 2004 年中国之声开播后，央广新闻评论体系已构建起来。时间上，覆盖了早、中、晚 8 个时间段；节目类型上，包括了口播评论、述评、谈话评论等多种节目样式；评论主体上，遍及记者、专家学者与普通听众。尤其是，在形式上对音响评论的高度重视，充分发挥广播自己的独特优势。①

二、广播新闻评论的特征

与报刊、电视、互联网等相比，广播有自身的媒介特性。广播是声音媒体，诉诸听觉，在深度信息的传递上，广播不如报刊。在具象的呈现上，又由于缺乏图像而不如电视。然而，广播也有它的相对优势，比如生产成本相对较低，生产与消费简便直接等。另一个更加独特的优势来自广播的伴随性，通俗地说，就是听众可以边听广播边做别的。

广播作为声音媒介的特性也对广播评论提出了相应的要求：一是要简明扼要。广播新闻评论受到广播媒介性质的影响和节目时间的限定，要重点突出，纲目清楚，忌讳繁复纷纭的线索。二是多采用就事论理，声音本身转瞬即逝的性质，使其不利于传递抽象的思想，更适合通过叙事来说理。三是把评论“说”出来，即要找到口语表达的方式。若一味依赖文字稿，就给人以念稿、背稿的感觉，难于取得好的传播效果。四是多声部共振，即要应用多种声音元素，提升表达力与感染力。

---

① 第三阶段的相关情况及中国之声评论节目安排表，参见连新元：《从中国之声看广播新闻评论机制的建构》，《中国广播电视学刊》2004 年第 4 期。

第二节　广播新闻评论的基本模式

广播新闻评论有三种基本类型，即口播评论、广播述评、谈话评论。本节我们将对这三种评论类型一一进行探讨。

一、口播评论

所谓口播评论，就是播读写好的文字评论稿，这是最为传统的一种广播新闻评论，在某种意义上也可视为报刊评论的有声版。

且看第二十三届中国新闻奖二等奖作品：

民进党怎样跟大陆打交道

黄志清　陈珂平

5月30日，新当选的民进党主席苏贞昌走马上任。难能可贵的是，苏贞昌在上任后没有改口，一如在竞选时所说“要与大陆进行对话”“不排除去大陆的可能”等，向外释放出要与大陆进行接触、沟通的信号。

不过，细心的人会发现，他这时说话的语气已经有所改变，比竞选时说得少了几分明确，多了几分含糊。比如，苏贞昌说要恢复设立“中国事务部”，以便跟大陆方面进行沟通。当人们提醒他，应该称“大陆”，不能称“中国”；他为此花了很大气力去解释“大陆”与“中国”的词意，以此来强调称呼没有问题。想跟大陆打交道，连怎样称呼对方都不能说清楚，此路自然行不通。

其实，苏贞昌的尴尬可以理解。有些事，说归说，做归做。就像民进党检讨大陆政策一样：在检讨的时候，问题出在哪里，即使嘴上不肯明说，心理却是一清二楚的；等到真的要去改正那些障碍因素的时候，他们又未必有这个勇气与决心。

今年年初，民进党在台湾地区领导人选举中失败。在检讨败选原因的时候，民进党上下都承认，没有制定明确的大陆政策，是败选的主因。由此，民进党内兴起一波要求检讨大陆政策的呼声。一时间，“去大陆”成了民进党主席竞选时的时髦语言。

大陆方面一再表示，欢迎民进党人士来大陆参访。这中间，当然也不会排斥民进党的主席。但至关重要的一点是：你是带着什么东西来的？是带着“台独”党纲？还是带着九二共识？

政党轮替，已经成了台湾政坛的一种常态。国民党、民进党两大党谁上台都有可能。就大陆方面而言，为了两岸关系长期的和平与稳定，为了让两岸多年来取得的成果得以延续，大陆应该做好与任何一个执政党派打交道的准备；同样，民进党既然相信自己有再次轮替上台的实力，也应该做好与大陆打交道的准备，应该直面两岸关系，不能让两岸交流既有的成果付诸东流。

阻碍民进党与大陆沟通的根本因素是民进党的“台独”党纲。由于历史的原因，民进党借用“台独”党纲操控意识形态的话题，两次赢得台湾地区领导人选举。如今，这样的历史机遇已经不复存在，越来越多的台湾人享受到两岸关系改善带来的好处，认识到两岸和平、稳定的重要性。可以预见，在今后的选举中，“两岸关系”这个因素的影响力会越来越大，处理不好两岸关系，他就很难胜选上台。

冰冻三尺，非一日之寒。要指望民进党在短期内抛弃“台独”党纲可能不太现实。因此，有不少专家、学者为民进党西进大陆支招：比如可以先搁置“台独”党纲、找到大陆可以接受的方式承认九二共识等等。事情应该怎么做，关键还在民进党自己。时事比人强，办法总是有的。有道是：运用之妙，存乎一心。

三年前，民进党一位高层人士曾以公职人员的身份到大陆访问，说过不少感性的话，赢来不少叫好声，让人顿生“民进党有意与大陆沟通”的联想；但可惜的是，当她一回到台湾，心态、言行又一如既往，还做了一些伤害两岸感情的事情，让人扼腕叹息。

民进党的主席想来大陆，与大陆进行接触与沟通，大陆方面是欢迎的，前提是要带着改善两岸关系的诚意而来。在通往大陆的路上，“台独”党纲是绊脚石，九二共识才是敲门砖。如果仅仅是为了选举摆出一些姿态，或者仅仅是叶公好龙的做作，那他的脚步永远迈不过窄窄的一湾海峡。

（中央人民广播电台中华之声《海峡在线》 2012 年 6 月 4 日）

这篇评论于 2012 年 6 月 4 日播出，其新闻由头是 5 月 30 日新当选的民进党主席苏贞昌走马上任。探讨的问题就是评论题目所述——民进党怎样和大陆打交道，评论大致可分为三个部分，第一部分由苏贞昌上任，进而剖析民进党面对大陆的复杂心态。随后，第二部分阐明了民进党与大陆打交道的重要性，就大陆而言，涉及两岸关系长期的和平与稳定。就民进党而言，既然相信自己有两次上台的实力，也应该直面两岸关系。第三部分落到了本评论的核心问题，即民进党应该怎样与大陆打交道？评论指出，"'台独'党纲是绊脚石，九二共识才是敲门砖"。

简而言之，该评论沿着以下思路来展开：新当选民进党主席苏贞昌上任，使民进党与大陆打交道成为现实问题（现实性）——民进党学会与大陆打交道，事关重大（重要性）——民进党应该怎样与大陆打交道（路径）。

作为口播评论，其文字稿同时也是一篇完整的文字评论，完全可以刊发于报刊上。当然，作为说出来的评论，口播评论稿的写作还是要注意口语表达：从而让评论"说"出来，而非"读"出来。具体到这个案例，其行文方面整体上明显追求口语表达，如第三段当中的表达："有些事，说归说，做归做。就像民进党检讨大陆政策一样：在检讨的时候，问题出在哪里，即使嘴上不肯明说，心理却是一清二楚的。"这样的表达宛如朋友之间的聊天，娓娓道来，更能入耳入心。

二、广播述评

讨论广播述评时，有必要从《新闻纵横》讲起。《新闻纵横》开播于 1994 年 10 月 1 日，每周一至周五 7：00 在中央人民广播电台新闻综合频率中国之声首播，节目长度 20 分钟，是一档以舆论监督为主要特色的深度报道节目，也是中国广播界影响力最大的新闻评论节目之一。节目风格犀利、客观、前卫。1995 年、1997 年连获"中央主要新闻媒体十大名专栏"称号，1999 年、2001 年、2003 年蝉联第一、二、三届"中国新闻名专栏"称号，并享有"中国新闻名专栏"荣誉。其收听率在全国广播界名列前茅，听众数以亿计。多年来《新闻纵横》节目坚持正确的舆论导向，对重要事件进行深入的报道和背景分析；对社会经济领域的事件做调查性报道，进行正面引导、舆论监督。其制作播出的《假药流进北京城》《调查东方大学城黑洞》

《江苏打假暗访实录》《霸州枪击案》《寻找小良》《对黄淑荣的精神病调查》等节目，都在社会上引起了强烈反响。[①]

从中国之声官网的介绍中，我们可以看到其对节目性质的定位：是一档以舆论监督为主要特色的深度报道节目，也是中国广播界影响力最大的新闻评论节目之一。就是说，它既是深度报道，又是新闻评论。述评本身就是一种交叉新闻文体，兼具报道与评论的属性。就节目形式而言，常以记者的采访作为节目的主体，有述有评，对评论对象展开深度调查与剖析。

在该节目开播半年多时，主创人员对该节目展开了研讨与总结。《新闻纵横》的节目宗旨为：集新闻、评论、观点为一体，在新闻方面强化深度报道和背景分析，释疑解惑；在评论方面力求评述结合，避免说教，权威点评；对热点问题坚持正确引导，旗帜鲜明，以理服人。该节目选题广泛，主要包括国内外重大新闻事件、正能量事件与现象、负面现象与社会问题。在表现形式上，力求充分发挥广播特点，叙述事件以现场录音为主，手段更丰富；批评、评论又以官员、权威人士为主，体现权威性。[②]

此外，该节目长度是20分钟，其中70%以上配有音响，尽量全用音响，用音响说话、用事实说话是节目的制作原则。而合理巧妙地使用音响，能够极大地激发出听众的想象力、联想力，扩大节目的内涵和冲击力。[③]

不过，需要指出的是，随着媒介环境的变化，《新闻纵横》开播几十年来，历经变迁，时下已发展成为每周一至周日7：00—9：00播出的大板块综合新闻节目。[④] 在本章，我们所讨论的主要是其作为20分钟时长的广播述评阶段的节目特征。

通过《新闻纵横》这一个案，我们对广播述评的特征有了初步的了解，接下来再来看一个典型案例，该广播评论获得第二十二届中国新闻奖一等奖：

---

① 《新闻纵横》，央广网，china. cnr. cn/plb/t20040723 - 504044732. html，2004年7月23日。

② 胡占凡、邓斌：《〈新闻纵横〉节目开播半年多的体会》，《中国广播电视学刊》1995年第8期。

③ 余京津：《博采众长，纵横天下——中央电台名节目〈新闻纵横〉评述》，《新闻爱好者》1995年第8期。

④ 张贞贞、龚险峰：《从〈新闻纵横〉看广播新闻评论节目的变身突围》，《中国记者》2016年第4期。

严禁酒驾带给社会的启示

丁芳、倪晓明、孙向彤

今年5月1日起，正式生效施行的我国刑法修正案（八）中，对“醉酒驾车”和“违反食品安全”的惩处都前所未有地加大力度，两者都是“只要有行为、不论结果”，都将处以严厉的刑事处罚。然而相同的力度却有着不同的结果：全国醉酒、饮酒驾车同比大幅下降；而食品违法行为却屡见不鲜。为什么“严禁酒驾”能够在全国取得良好效果，它带给社会其他领域怎样的启示呢？来听记者丁芳发来的新闻综述：

【检查现场：“请问有没有喝过酒?”“没有。”“用力往这个位置吹。(滴……)噢，显示绿色，您没有喝过酒。谢谢配合。”“有没有朋友因为酒驾被抓住过啊?”“现在没有，以前多，我们是百分之百执行。因为现在抓得严，有典型了，高老师嘛!”】

24号晚，恰逢周末、又是西方的平安夜，23点的西藏路淮海路口依旧人来车往。此时全国范围的“查酒驾”统一行动拉开帷幕。黄浦交警豫园中队在此路口设卡检查。在记者跟随采访的两个小时里，这个点共检车辆约150辆，却没有查到一起酒后驾车行为，黄浦交警支队勤务路设科李科长告诉记者：

【去年我们查酒后驾车最早8点半开始查，基本查到11、12点已经“战果”累累了。5月份入刑以后，查一百部都不一定有。各个区交警支队基本上每天晚上都有设卡。一月份到四月份，醉酒驾车55起，五月1号到现在为止5起，下降90%多。】

25号早黄浦区交警支队汇总数据显示：24号晚的统一行动黄浦共设检查点8个，从23点到凌晨2点共检查车辆1 800辆左右，查获酒驾5起。难怪有社会学者称：“严禁酒驾”取得的成效，可以说是共和国62年历史上，“执法见效”最成功的案例之一。市交警总队事故处陈伟群科长介绍：截至12月15日的数据显示，今年整个上海酒驾人次也大幅下降：

【今年5月1日醉驾入刑后，到目前全市查处的醉酒驾车是1 091起，同比下降约78%。饮酒驾机动车同比下降57%，下降的趋势很大的。】

酒驾大幅下降的成效在全国带有普遍性。如此良好的社会效果只是因为法律上加大惩处的缘故吗？社会学家、上海大学教授顾骏认为，重典固然重要，但更重要的是“执法力度的加大”和所有人在法律面前的“同一待遇”。高晓松案就是一个典型案例：

【它的严格执法程度从未有过，所有的人都不能幸免，拒绝通融，拒绝具体情况具体分析。法律要发挥作用，必须对一切人有效。如果管不住一部分人，法律就管不住所有的人。再有力度的法律规定都没有了意义。】

交警总队勤务处王世杰科长说，现在在查处酒驾方面，不仅对民警执法环节的要求不断提高，对执法者自身的行为要求也比任何时候都严：

【“警务通”抓到了，这个“警务通”就上传到所有公安系统里了，你连求情的时间都没有，就现场了，我们从各个环节堵住漏洞。酒后驾车是严重违法行为，一律顶格处理、一视同仁的，不管你有什么职务、处于什么岗位，只要你酒后驾车了，必须清理出公安队伍。】

“严禁酒驾”的确已在全社会取得良好社会效果，然而法律同样严格“对待”的食品安全问题，依旧和社会其他领域的许多治理一样，面临着“走不出”的困境。市食品安全委员会办公室副主任顾振华介绍：

【上海一年食品安全方面违法案件少说有四五千件，这些查处大部分都是以罚款的形式来进行处罚，上海每年大概有两位数的能追究刑事责任就已经很不错了，酒驾抓到一个就是刑事责任。】

多年从事法制研究的上海市社联党组书记沈国明对这一现象也非常感慨：

【刑法修正案（八）里既规定了醉酒的问题，也规定了食品安全的问题。而且有个共同点，不管有没有压死人、不管有没有吃死人，他是不管后果的，只要你有这个行为，就判刑了。他的力度和醉酒是一样的，但是你看人家甚至都不知道。说明执法认真不认真，造势情况如何、宣传怎样都很重要。】

不可否认，食品安全的查处难度远远高于醉酒驾车，一件食品安全事件的认定远非像“吹口气”来得那么容易，沈国明认为：食品安全问题，的确复杂，但再复杂的事件也有解决的路径，切断“利益链”让法律作主，很重要：

【如果我这个企业在什么区，我对他 GDP 贡献很大，区里也不希望我垮掉的。地方政府就这种很微妙的态度，在某种程度上，它们都有保护伞，它不是一对一，不知道背后有多少力量，都有部门利益、地方利益，所以大家基于利益这个角度来权衡对法律的态度，这使得很多法律都不能得到很好地执行。】

法治社会要求：每个人或每个部门都只对法律负责。严查酒驾的“人人平等”，凸显了法律的作用和威严。然而当下，环保、拆违等很多领域在执法时往往强调事物的特殊性。上海市联合律师事务所高级律师江宪和上海大学教授顾骏分析说：当总是强调特殊性时，问题就出现了：

【我们目前走到今天，确实是由于我们在强调事物的特殊性，忽视了法律主要是针对事物的普遍性的。我们现在总是把法律当作一种很实用的东西，我要用的时候用一用；千万不要搞成法律只是治一部分人，却放过另外一部分的。执法者首先必须守法，法律管不住执法者，执法者就管不住普通人。】

改革开放以来，中国加快“立法”建设，基本解决了无法可依的状态。江宪律师说，中国当今的问题不是法制缺失的问题，而是要充分体现法律的公正性和严肃性：

【我们现在的问题是有法不依。在有些事情上严肃执法了、有法必依了，但有时又有法不依了，这样造成整个社会起起伏伏（沪语）。】

建立一个健全的法治社会，受益的将是社会中的每一个人。而每一个人又都是法治社会的推手。市绿化市容局的一组数据值得深思：今年1月至10月，本市工程渣土车涉及的交通事故共50起，其中28起是由助动车主、自行车或行人负主要责任。上海人大法工委主任丁伟说，公众在强调权利的同时不能忽视责任和义务。“警在法在”的现象要改变：

【现在整个国家的法的发展趋势是不断限制“公”的权利。公权力加以限制我认为是社会进步的标志。相对来讲私权利就扩张了。现在普通社会公众你们准备好了没？如果你们遵法守法意识没跟上的话，那，我认为这个社会也会不稳定。】

越来越多的事例告诉人们：社会治理没有什么其他办法，唯有依法。

人们只有敬畏法律，把法当真，管理部门像查处酒驾一样来查处所有的违法行为，社会一定有条不紊。

（上海人民广播电台新闻广播《990早新闻》　2011年12月26日）

作为第二十二届中国新闻奖的获奖作品，本节目属典型的广播述评。主创团队从醉驾入刑后得到有效治理入手，联想到同样入刑的违反食品安全问题，展开比较与分析。节目架构清晰，长达 7 分多钟的节目分为三个部分，第一部分通过采访录音呈现醉驾得到有效治理的状况，先有点上的执勤细节，后有交警支队李科长的受访呈现面上的情况，由此引出话题。紧接着第二部分进行多方采访，就醉驾获成功治理的原因展开探讨，受访者包括上海大学教授顾骏、交警总队王世杰科长，顾教授认为关键在于严格执法及平等执法，王世杰科长强调了该法律对执法者自身提出了更严格的要求。第三部分，话题转向食品安全问题，问的是为何同样入刑，食品安全治理却未见明显成效。受访者包括上海市食品安全委员会办公室副主任顾振华、上海市社联党组书记沈国明、律师江宪、上海市人大法工委主任丁伟。上述受访者从不同角度对问题进行了回答，包括宣传不到位、执法不够认真、违法企业有保护伞等。在此基础上，节目得出结论：只有敬畏法律，严格执法才能真正解决问题。

就节目形式而言，本节目充分发挥了广播的优势，以录音作为节目的主体，少量的解说词仅仅起到穿针引线的作用，采访对象多元，包括专家学者、政府官员、执法人员，具有专业性与权威性。

三、谈话评论

讨论广播谈话评论的时候，可以中央人民广播电台的《新闻观潮》节目为典型。《新闻观潮》是中央人民广播电台新闻综合频率中国之声于 2004 年 1 月 1 日改版后推出的一档全新的直播节目，每周一至周五 21：10—22：00 播出。《新闻观潮》是中国之声倾力打造的大型直播谈话、互动节目。在新改版后的中国之声频率中堪称独树一帜，聚集热点新闻事件、抢眼的新闻人物，以及受关注的探讨与争鸣。节目主持人穿针引线、节目嘉宾抛砖引玉，热线电话、手机短信、网上评论，多渠道并举，网友、听众同时全方位参与其中，尽可以围绕新闻各抒己见、畅所欲言。该节目以其新闻敏感度极高的选题、颇具亲和力的主持风格，以及以贴近听众为核心的策划理念深深吸引了相当一批思想活跃、参与意识强的听众，听众互动参与性之强在中国之声频率的所有节目中名列前茅。开播不到四个月，好评如潮。其间，《留学低龄现象面面观》《春运特别节目：火车票为何如此难买》《由密云灯会重大伤亡事故透视公共场合的安全问题》《马加爵落网天涯海角》《关注未成年人思想道德建设系列节目》等节目均收到很好的社会效果。[①]

从以上来自中国之声官网的相关介绍可知，《新闻观潮》定位为大型直播谈话、互动节目，谈论的话题包括新闻事件、新闻人物、新闻现象与争议。就形式上而言，有主持人、嘉宾、网友、听众的共同参与，主持人穿针引线，嘉宾作为评论主体，网友、听众作为参与者。热点话题、权威评论、广泛参与成为该节目的核心竞争力。

有研究者撰文指出，该节目从每天大量新闻事实中挑选出具有讨论价值的热点话题，极大地拓展了节目的选题范围并使话题选择紧跟社会热点。节目采用“主持人—嘉宾—听众”的互动模式，有效地形成了一个“缩影的公众论坛”，话题表达具有多维性。[②]

接下来，我们以《新闻观潮》的一期具体节目为例进行分析：

《新闻观潮》聚焦：立法保护动物太超前还是势在必行

据中国之声《新闻观潮》21 时报道，“动物是人类的朋友”，这句话常常被人们引用。然而，我国虐待、虐杀动物的事件时有发生。如何保护并禁止虐杀一般性动物，在我们的法律领域是个空白。目前，我国首部《中华人民共和国动物保护法》（建议稿）已基本完成，正在进行最后的修改。今天的《新闻观潮》就来说说我国首部《动物保护法》。

主持人：你有你的观点，我有我的看法！今天《新闻观潮》的评点嘉宾是动物保护专家、北京麋鹿苑博物馆副馆长郭耕，中国之声特约观察员丁兆林。

郭耕：大家好。

丁兆林：主持人好，听众朋友大家好。

主持人：在你身边有没有虐待动物的现象？虐待动物致死要负刑事责任，你有什么样的看法？立法保护动物是太超前了还是势在必行？邀请收音机旁的听众朋友来参与我们的节目中，发送短信参与节目，编辑短信，写上你要说的话，发送到 10669500168，每条短信资费 0.5 元，不含通信费。也欢迎登录中广论坛 bbs. cnr. cn ，发表您的观点。

---

① 《新闻观潮》，中央网，china. cnr. cn/plb/t20040723 - 504044732. html，2004 年 7 月 23 日。

② 申启武、安治民：《广播新闻谈话类节目的模式建构与创新——以中央电台“中国之声”〈新闻观潮〉为例》，《中国广播电视学刊》2009 年第 11 期。

我国首部《中华人民共和国动物保护法》（建议稿）已基本完成。《动物保护法》强调“动物福利”，并对伤害动物处以罚款，虐待动物致死，追究一定的刑事责任。应该如何界定对动物伤害和虐待？《动物保护法》能不能纠正国人根深蒂固的对动物权利的漠视？“人的福利”还没有完全到位，立法保护动物是不是太奢侈？《新闻观潮》正在关注：立法保护动物是太超前还是势在必行？

动物福利主要包括动物的心理的、生理的、环境的福利

主持人：说到人的福利大家知道了，关于动物的福利似乎是一个新的概念，郭耕老师因为工作的关系，你和动物可以说是密切接触，能不能以您最熟悉的麋鹿为例，给我们说说究竟什么是动物福利？

郭耕：动物福利主要包括了动物的心理的福利、生理的福利、环境的福利、卫生的福利和行为的福利。比如说，我们工作的麋鹿苑饲养或者保护的对象麋鹿，我们不能惊吓它，这就提到了一个心理的福利，我们必须给它以基本的吃、喝和洗澡的权利，因为麋鹿是一种湿地动物，所以我们提供了水域，保证它的吃喝，这是生理上的要求。既然它是典型的湿地动物，要保障它的环境福利，另外它的清洁、卫生应该让饲养员尽职尽责，自然就不成问题，但是在人工饲养条件下可能存在粪便或者密度过高的卫生问题。行为福利上，我们要保障它的自由，什么自由呢？追逐的自由，求偶的自由，亲子的自由，雄性跟雄性之间争斗的自由，甚至打架的自由。

主持人：比如说追逐的自由，不知道你跟我有没有同样的感受，麋鹿苑博物馆有一定范围来保护麋鹿，如果真的去追求追逐的自由，咱们应该给它放到野外，是不是它的福利会更好一些？

郭耕：没错，我们目标是把它放到自然，麋鹿是 1985 年回到祖国的，到今天不仅实现了从国外到国内的回归，更实现了从人工到大自然的回归，中国自然界的麋鹿有 2 000 多头，北京有 100 多头，都是人工不断地送往自然，去年刚刚送了 10 头，那边的麋鹿在那儿繁殖了。

主持人：福利待遇特别好，我们再来具体一些，其实是动物应该享受五大自由，应该不要饥渴，要生活得舒适，不要受到病痛的伤害和侵袭等，这几条往人身上套的话，福利也相当不错了。

丁兆林：我相信很多人会把自己往上套的，因为人也是动物，这个意

义上讲每个人都有五种权利，这几种福利。所以我觉得，现在人作为一种高等动物现在知道保护别的动物了，这是人类的一种进步，某种意义上来说，可能离动物更远了，但是离人更近了，这是一个进步的思想。

《动物保护法》越来越有“猪情味”了

丁兆林：从另外角度来讲，作为一个动物保护法当然也是必要的，在这个过程中，我就觉得仅仅是有一个动物保护法，本身可能不能完全诠释人类对动物的行为或者态度，从法律角度讲它是硬性的，对动物的伤害是硬性的规定，这里面会产生一个矛盾，动物保护法对于屠宰场会是什么感受，对于这些非吃素的人又是一种什么感受，或者怎么一个说法，这需要说清楚，是不是有专门的人具有屠宰动物的权利，获得证书才能去屠宰动物，如果没有获得证书是不是不能去屠宰动物。

主持人：取得证书是经过一系列的培训的。

丁兆林：经过特别的培训或者特别机构的授权，整个社会链条完善的话，这个法律它在一定程度上，可能是有针对性的。如果这个社会链条没有一定的完善，那么很可能法律会被架空。比如说我看见一个屠夫在杀猪，我是不是能对他进行起诉?

主持人：大家很容易地想到我们接触最密切的餐桌上的动物，有了这部《动物保护法》之后，宰杀猪牛是不是也是违法呢?

郭耕：社科院法学所的常纪文教授有一个解释，宰杀农场的动物不在违法之列，但必须保证它们被饲养、运输、宰杀过程中，不受任何虐待和屠杀。尤其在宰杀的时候，必须采用麻醉后屠宰的方式，减少动物在宰杀过程中的痛苦和伤害，如果违反规定，将来这部法律出台之后，屠杀要受到严厉的处罚。

主持人：宰杀猪牛，满足人类正常的营养摄取是可以的，但是要把这个过程，要把动物福利的概念纳入这个过程中去，这个过程当中特别的细，如果说还要持证上岗，拿着证的人要知道最底下的细节，猪在运输 8 个小时之后，得让它休息 24 个小时。

丁兆林：不能疲劳坐车。

主持人：猪和猪告别的时候，应该把它分开，不能让另外一头猪看着它被宰杀时候的痛苦，而且还要用麻醉，等等，让它幸福地死去。

郭耕：越来越有人情味了。

丁兆林：这应该是越来越有“猪情味”了。

（中央人民广播电台中国之声《新闻观潮》 2009 年 6 月 17 日）

这一期节目，谈论的话题是《动物保护法》，其新闻由头在一开头就交代了——我国首部《中华人民共和国动物保护法》（建议稿）已基本完成。谁来谈呢？评论嘉宾有两位，一位是动物保护专家、北京麋鹿苑博物馆副馆长郭耕，另一位是中国之声特约观察员丁兆林。很显然，前者是话题涉及领域的专业权威人士，后者是专业的评论工作者。节目分为三个部分，第一个部分是主持人介绍背景，引出话题。第二部分主要讨论什么是动物福利，或者说，对动物的必要保护具体体现在哪些方面。第三部分讨论一旦《动物保护法》实施后，可能遇到的实际问题——如何处理保护动物与屠宰动物（为满足人类正常的营养摄取）之间的矛盾。在整个节目中，主持人扮演了谈话组织者的角色，嘉宾扮演了发言人与评论者的角色，听众则是参与者的角色。在节目开始阶段，主持人即有意识地引导听众通过发送短信或登录中广论坛参与讨论。

总之，广播谈话评论形式相对简单，本质上是谈话，且谈话主要是在主持人与嘉宾之间展开，其所要解决好的关键问题在于“谈什么？谁来谈？怎么谈？”——要选择能吸引特定节目听众的话题，寻找到好的评论者（具备专业性与权威性），符合逻辑地展开话题，并能把握好推进的节奏。

复习思考题

1. 简述广播新闻评论在我国的发展历程。
2. 简述广播新闻评论的特征。
3. 简述口播评论、广播述评与谈话评论。

第九章

电视新闻评论

第一节　电视新闻评论概说

一、我国电视新闻评论节目的发展与流变

迄今为止，我国电视新闻评论节目的发展与流变大致经历了如下三个阶段：

（一）第一阶段：电视新闻评论的缺位

我国的电视事业起步于1958年，该年5月1日，中央电视台的前身——北京电视台开始播出黑白电视节目，从这时起到“文化大革命”结束，我国的电视事业步履艰难，除在新闻节目中口播《人民日报》、新华社等发表的评论外，尚未出现电视台自己的新闻评论。

（二）第二阶段：电视述评和谈话节目的兴盛

这一阶段大致起于1980年7月中央电视台《观察与思考》栏目的开播，终于1999年凤凰卫视《时事开讲》栏目的出现。

1979年，中央电视台专题部成立，一些从新闻部抽调过来的记者、编辑开始酝酿筹备一个既具有新闻性、又兼有政论性的电视评论栏目。1980年7月12日，一档名为《观察与思考》的电视栏目开播，节目融音响、画面、文字于一体，融记者采访、各方人士参与议论和记者有针对性的分析点评于一体，意味着中国电视开始探索符合其自身传播特性的评论样式。1988年11月，该栏目改名为《观察思考》，设立了固定的节目主持人——肖晓琳，于每周日晚上固定时间播出。

1994年4月1日，中央电视台《焦点访谈》栏目开播，标志着具评论性质的电视深度报道的大发展，其强烈的新闻性和舆论监督色彩及其在国家级电视台黄金时段播出等因素，产生了巨大的社会影响，并在业界引起了广泛的效仿，各省、市级电视台纷纷开办类似的以舆论监督见长的、具评论性质的电视深度报道栏目。

1996年3月16日，中央电视台《实话实说》栏目开播，该栏目由主持人、嘉宾和现场观众三方组成，就某一话题展开讨论，主持人主要扮演谈话组织者和引导者的角色，嘉宾是主要的发言人，留有一定时间给现场观众提问和发表见解。栏目

的话题较为广泛，既有新闻事件和社会热点，又有社会生活和情感类话题，后来栏目的定位有所变化，致使话题的时效性和新闻性有所减弱，其更多地趋向探讨软性话题。

1996 年 5 月 17 日，中央电视台《新闻调查》栏目开播，节目时长达 45 分钟，作为一个大型调查性报道栏目，《新闻调查》借鉴了以《60 分钟》（*60 Minutes*）为代表的国外电视深度报道栏目的模式，针对某一广受关注的新闻事件和新闻现象，由记者到达现场展开调查，步步逼近真相，间中带有记者和主持人的评说，节目以详尽的调查和透彻的分析见长，带有“揭丑报道”的印记，其整体表现代表了中国电视新闻报道的最高水准。

在谈话节目中影响较大的还有凤凰卫视 1998 年 4 月开播的《锵锵三人行》，节目以主持人与两名嘉宾谈话的方式展开，一般以新闻事件为由头展开谈话，但其谈话信马由缰，不拘一格，有很强的娱乐色彩，与真正的电视新闻评论相去甚远。

从《焦点访谈》到《实话实说》，再到《新闻调查》，央视新闻评论部三年间推出三档评论类节目，从述评到谈话节目再到调查性报道，均取得了成功，并在全国产生了模式效应，被当时的中央电视台台长杨伟光称为“加强新闻评论的三大步”。

发端于《观察与思考》，成熟于《焦点访谈》的电视述评，使中国电视找到了属于自己的一种独特的样式。关于电视述评的具体特征，我们将在下一节进行详细论述。但需要指出的是，电视述评属于新闻领域的一种杂交品种，兼具新闻报道节目和新闻评论节目的特征，并非纯粹的新闻评论节目，纯粹的新闻评论节目直到凤凰卫视《时事开讲》的推出才出现。

（三）第三阶段：电视时评与电视读报节目的兴盛

1999 年 8 月 22 日，凤凰卫视《时事开讲》栏目开播，该栏目由董嘉耀主持，曹景行、何亮亮担任主讲，就当天重大的新闻热点事件进行评论。作为一档纯粹的新闻评论节目，《时事开讲》以强烈的时效性、权威的解读、精辟的分析，从独特的华人视野出发，以高质量的意见信息吸引着电视观众。栏目开播以来，获得了良好的经济效益与社会效益。

在《时事开讲》的影响下，凤凰卫视的一系列评论节目纷纷出炉，除了《时事开讲》，还有《新闻今日谈》《有报天天读》《时事辩论会》《骇客赵少康》《世界论中国》《总编辑时间》《解码陈文茜》《一虎一席谈》等，并首创了新闻评论员制度。

其中，值得特别介绍的是杨锦麟主持的《有报天天读》，该节目于2003年初播出，主持人主要选取国内外报纸有价值的新闻介绍给观众，并加以即时的个性化的点评。这档节目播出后广受欢迎，全国各地电视台纷纷效仿，使电视读报成为一种节目类型。

2003年5月1日，中央电视台新闻频道推出一档全新的新闻评论栏目《央视论坛》，由原《新闻调查》记者兼主持人董倩主持，在演播室邀请两名嘉宾就新闻热点发表意见、进行评论。

凤凰卫视《时事开讲》及其后《央视论坛》的出现，意味着我国的电视新闻评论节目走向成熟。

二、电视新闻评论的特征

电视新闻评论是电视媒体与新闻评论相结合的产物，因而谈论电视新闻评论的特征，既要看到其作为新闻评论所具有的共性，又要看到其作为电视节目所具有的传播特性。

与报纸、广播和网络上传播的新闻评论一样，电视新闻评论也具有新闻性、说理性和鲜明的倾向性。

电视新闻评论又独具个性。这种个性无疑来自电视媒体的传播特性，在传播符号方面，电视新闻评论可以综合采用声音、画面（活动图像与静止画面）、文字等各种传播符号，声画俱备、形象生动是其独特的优势。

第二节　电视新闻评论的基本模式

一、电视新闻评论节目的分类

关于电视新闻评论节目的分类，学界存在不同的看法。较有代表性的是以下两种意见：

一种观点认为，电视上除了类似于报纸上的评论员文章的本台评论外，还发展起了一系列适应电视媒体特点的新的新闻评论模式。比较典型的有四种：《焦点访谈》模式、说新闻式评论、沙龙式新闻评论、家常式新闻评论。①

另一种观点认为，电视评论大体可归为两类，一类源于报刊评论，样式与广播评论相仿，即口播评论，包括本台评论、本台评论员文章、本台短评及编前话、编后语等。在播出方式上基本采用播音员播诵的方式，屏幕上只出播音员图像及评论体裁或标题的字幕。另一类是视听结合的评论，即更加注意电视自身传播特性的评论。其节目形态大致可分为三种：谈话体评论、主持人评论和电视述评。②

比较上述两种观点，在大的分类上是一致的，即一类是从报刊评论、广播评论移植过来的评论，另一类是电视媒体特有的评论样式。二者的分歧在于对第二类即电视特有的评论样式的进一步分类。两相对照，后者更为严谨、科学。

对于第二类即电视特有的评论样式，笔者认为可以分为两大类：一类是谈话体评论，包括以《时事开讲》《央视论坛》为代表的电视时评、以《实话实说》为代表的谈话节目、以《有报天天读》《新闻日日睇》为代表的电视读报节目、一对一的访谈式评论等；另一类是电视述评，其代表为《焦点访谈》。

当前，在电视屏幕上影响最大的新闻评论节目是电视时评、电视读报节目和电视述评。接下来我们将针对这三类节目展开具体分析。

二、电视时评

若从1999年《时事开讲》的推出为起点，电视时评在我国还是一种相当年轻的评论体裁。这一体裁具有什么样的特征和要求呢？下面就通过此类节目中最具代表性的两档节目——《时事开讲》和《央视论坛》来进行具体分析。

《时事开讲》是一个每天一期的时事评论节目，每周一至周五23：05—23：20播出。主讲曹景行和何亮亮针对当前最热门的新闻话题，与主持人以精辟见解及不凡口才，对国际和两岸的重大事件、突发新闻，从华人的角度与视野作出分析评论；并展望事态发展的状况，请来相关专家，深入讨论事件的真相及内幕，为观众提供更多的最新信息和背景资料，使观众更立体、更全面地了解和判断国际与两岸形势。《时事开讲》于《新周刊》举办的“2002中国电视节目榜”中获选为“最佳新闻类节目”。此节目亦于凤凰网的“2002年凤凰卫视十大观众最喜爱节目评选”中获第

① 杨新敏：《电视新闻评论的几种模式》，《电视研究》2003年第11期。

② 胡文龙、秦珪、涂光晋：《新闻评论教程》，北京：中国人民大学出版社，2002年，第395－396页。

五名，是时事类别中排名最前的节目。

《央视论坛》这档节目的定位是纯粹的电视新闻评论性栏目，在表现形式上运用了媒体中极为流行的表现形式“论坛”，是一个演播室的访谈型节目。通常情况下，节目录制都是在演播室完成的，主持人和由专家学者组成的特约评论员，代表本节目对其他各种媒体提供的新闻事实中最引人注目、最具谈论空间的内容进行评论、分析和解读；节目的口号是“透过现象说本质”，力求表达独到的观点，以此吸引观众。

通过以上两个节目的对比，我们可以发现，其基本样式是演播室访谈，以时事热点为评论对象，由主持人组织串联，并参与讨论，具专家学者身份的嘉宾为主要评论者，对新闻进行分析和解读，发表意见和观点。节目选题具有很强的时效性，且多针对硬新闻，以深度、权威和独到的观点吸引观众。从这两档节目的实践来看，我们也可以将其称为专家（学者）评论。

以 2006 年 3 月 7 日播出的一期《央视论坛》为例，本期节目的选题是房价问题，主持人为董倩，节目邀请了四位嘉宾：中国人民大学公共政策研究中心社区治理项目组研究员舒可心、北京师范大学管理学院教授董藩、北京某房地产公司负责人李建国、北京某房地产经纪公司负责人段枚焱。

在节目开始，主持人先向观众介绍了演播室的四位嘉宾，并以两个短片引出当晚的话题：

> **主持人**：今天我们是一个特别节目，所以今天我们请来的四位嘉宾在这儿将采用他们的虚拟身份进行讨论，为什么要用虚拟身份呢？我们是希望我们的视角更加丰富，我们可以交换思考。两会期间代表和委员都是共商国是，所以我们《央视论坛》的特别节目在两会期间，也就老百姓所关心的热点和难点问题进行讨论，今天讨论什么题目呢？我们首先看个短片。
>
> 【短片一：中华人民共和国成立以来的住房制度变迁】

短片一对中华人民共和国成立以来的住房制度变迁进行了一个简要的回顾，导出自 2000 年以来房价持续上涨的势头以及可能因过度投机而引发的泡沫问题这一民众关注的焦点，自 2005 年以来，国家出台一系列宏观调控政策，但并未从根本上解决住房结构性矛盾。短片播出后，主持人明确点出讨论话题：

主持人：没错，今天我们要讨论的就是房价问题。其实居者有其屋是每个人的愿望，但是我们发现这些年来房价越来越贵，以至让很多老百姓觉得难以承受。刚才说四位嘉宾将采用虚拟的身份进行讨论，那么现在，段先生虚拟的是来自海滨市的一个人大代表，董先生虚拟的是来自海滨市的一位政协委员，舒先生虚拟的是海滨市的市长，李先生虚拟的是海滨市的一位房地产开发商。首先我们来看一个来自海滨市的虚拟的景象。

【短片二：购房者与开发商对话】

一个购房者在售楼处怯怯地说："这房子怎么这么贵？"

开发商傲气地说："我的房子就是给富人盖的，你要是嫌贵，别买呀！"

购房者莫名惊诧，讪讪地问："那你为什么不给我们穷人盖房呢？"

开发商理直气壮地说："你有买房子的自由，我有盖房子的自由。你管不着！"

购房者失望地说："如果你们都给富人盖房子，那我们穷人该住在哪儿呀？"

开发商出了个馊主意："富人住富人区，你们可以先住在穷人区呀！"

购房者晕倒。

主持人：这是一个夸张得像小品一样的短片，但其实我们看到最近有这样的讨论，就是说它所反映的现象实际是真实的，而且现在确实有很多老百姓感觉房价太高。我不知道作为人大代表和政协委员的两位，在你们的生活当中接触到这样的议论是不是特别多呢？

随后，讨论正式开始。讨论基本分为两个部分，包括房价居高不下的原因，以及穷人如何去解决自己的住房问题。

首先关于房价居高不下的原因，扮演人大代表角色的段枚焱认为与老百姓的观念有关，认为"居者有其屋"是居者能够有住的房子，而不是居者拥有这个房子。所有的人都要拥有一套自己的房子这种想法推高了房价；作为开发商代表的李建国认为土地招标加大了成本，而且开发商都在建高档房；以学者和政协委员身份出现的董藩教授则从需求的角度看待房价的上涨，认为人多地少、城市化进程加快导致需求旺盛是房价上涨的原因；扮演政府官员角色的舒可心认为政府在监管经济适用房的建设和分配方面能力明显不足，另外跟舆论导向也有关。

至于如何解决穷人的住房问题，董教授的观点极具建设性：

董：我觉得这个问题好像也不能完全这么考虑，作为这一项住房保障工作来讲，它主要还是体现为一种行政工作，政府在这个过程当中应该充分发挥作用，是不是可以考虑按照这样的一个思路？高端的房子完全交给市场去做，或者中高端的。中偏下以至低端的，特别是低端的这一块是谁来做呢？应该是政府来做，也就是廉租房，基本上体现为一个公共产品。

节目至此告一段落，转入第二部分，其过渡是这样进行的：

主持人：其实刚才我们在讨论现在房价为什么这么高，而且说穷人怎么去解决自己的住房问题。在讨论过程当中大家实际从不同角度提供了不同的思路。但是从社会舆论来讲，大家都有一个期望，期望我们政府能通过一种手段或者调节，把过高的房价抑制住。其实近几年，我们政府也注意到这方面的问题了，而且也采取了一定手段，我们再看一看，经过几年调控之后，我们虚拟的海滨市现在的情况。

【短片三：海滨市某售楼处两名房地产销售人员在对话】

甲：以前房价天天涨的时候，卖房子就像卖白菜 。

乙：就是，两万元一平方的房子，要夜里排队才能领到号！

甲：现在倒好，房价跌下来了，看房的人反而少了。

乙：最可气的是有几个买了房的人还吵着要退房，要我们赔偿他们炒房的损失！

甲：放心吧，老板说了，房价还会涨上去的，只要我们挺住这轮行情就行啦！

乙：是啊，哪儿那么容易就降下来啊！就怕我们老板想降，银行还不答应呢！

主持人：现在来看，经过调控，有一些地区涨幅过高的房价确实稳定了，或者下降了。我不知道两位怎么看待这个情况，是不是将来也是这样一个趋势？我们想买房的工薪阶层就可以买得起了。

其后的讨论集中在政府应如何调控房价：舒可心认为，政府应是包括人大在内的一个广义政府，其能做的主要也就是如加息等，给社会一个信号，此外，低收入者的房子仍然是要由政府拿税收来想办法补助，来盖经济适用房或者盖其他的一些廉租房；段枚焱认为，政府控制房价除了“精神原子弹”之外，还有好多方式，一是提高首付比例，二是增加税收，三是增加交易成本；李建国认为，可以用货币补偿的办法，真正找出低收入者来，用一种福利的办法去补贴他们，而不是让每一个人都去拥有房子；董潘认为，今后政府面临两项任务，第一是个人收入的监管问题，第二是信用制度的建设问题。但是这两项工作的建设都是一个漫长的过程，在这个过程当中政府也不能推卸责任，该做的还是要做。

节目最后，主持人进行总结。

> **主持人：**总的来说我们看到，其实房价是一个非常复杂的问题，大家实际是在用虚拟的身份提供各方面的信息，反映出自己的思考，我们只是希望通过这样一个思考的碰撞，能给解决这样的问题一些启迪。

从选题的角度来看，这期节目选择的是与百姓生活紧密相关的一个热点话题，也是两会热点话题，在两会期间播出，选题重大，时效性强，有着极强的现实性和针对性。从嘉宾身份来看，以学者和房地产业界人士为主，具有权威性，谈话注重理性和建设性。从节目的样式来看，演播室访谈、嘉宾发言是节目的主体，同时发挥电视媒体的传播特性，运用电视短片作为评论由头和场景过渡。

通过对这期节目的分析，我们可以看到电视时评的基本模式，从节目样式来看，电视时评并不复杂，其要旨在于挖掘准确的选题和拥有一批能发出理性独到见解的嘉宾，从长远来看，资深的新闻评论员的培养实乃加强电视新闻评论的当务之急。

三、电视读报节目

电视读报节目是较为流行的一种节目类型，各级电视台都有自己的读报节目，且多取得了不俗的收视战果，此类节目形式简单，由主持人选取报纸新闻信息简要介绍给观众，与此同时对新闻加以简短的评论。

下面我们以凤凰卫视的《有报天天读》为样本，对此类兴起的电视新闻评论节目进行分析。

《有报天天读》每周一至周五 13：00—13：25 首播，17：35—18：05 回放，早年由杨锦麟主持。《有报天天读》与其他信息节目不同的地方是，其内容充实，信息丰富，节奏明快，充满动感和创意，既有个性，也有独到见解。

节目分为六个环节，分别是："天天头条""天天两岸行""天天浮世绘""天天焦点""天天有话儿""天天点题"。"天天头条"和"天天有话儿"，主要是立足于世界范围的重大新闻事件的介绍；"天天两岸行"，重点关注海峡两岸暨港澳的政经要闻；"天天浮世绘"是主题新闻图片的荟萃；"天天焦点"是当日报纸有关中国事务的焦点话题；最后是用几个字来"总结"的"天天点题"。[①]《有报天天读》搜罗全球主流的媒体和重要报纸、杂志的最新信息和精华焦点，其中包括美国《纽约时报》《华盛顿邮报》《洛杉矶时报》《华尔街日报》；英国《泰晤士报》《金融时报》《卫报》等，以及来自中国台湾、中国香港、日本、韩国、东南亚、中东地区的主流传媒。不少观众网民评价"节目主持人杨锦麟的评论声情并茂""言简意赅，切中要害""语带讽刺""有令人意犹未尽之感"。《新周刊》评选的"2003 中国年度新锐榜"中，本节目更获颁"年度电视节目奖"。

一档读报节目能办得风生水起，叫好又叫座，原因何在？

首先在于其所提供的高质量的信息，这种高质量的信息来自两个层面：一是来自全球主流报纸的信息精华，这些报纸尤其是境外的主流报纸是许多观众尤其是内地观众难以接触到的，全球主流报纸今天在关注什么？世界是怎样报道中国的？世界是如何看待中国的？这样的信息需求可以在节目中得到一定程度的满足。二是主持人的独到的见解，为观众提供了高质量的意见信息。

其次在于栏目具有包含中国传统文化韵味的独特包装。主持人一身中式长衫、桌上一壶茶、一台笔记本电脑出现在观众面前。甚至对片头片尾的字幕的处理也是别具匠心，栏目组的人员名单以毛笔字体亮相、配以悠扬的音乐，以对联的方式徐徐展开，让人回味无穷。唐装、清茶、书法、民乐，这些中国传统文化的代表性元素在节目中的运用，营造出浓浓的中国风情和书卷气息，深受华人观众的喜爱。

最后是电视画面的独特处理，在整个电视画面中，左边三分之二的荧屏是电脑显示出的报纸剪报内容，右边三分之一是主持人读报的情形。除此之外，在屏幕下方还添加了滚动新闻，内容主要是当天头条的补充，可以避免观众听新闻产生的误差。当然，电视读报在不改变报纸新闻文字化特点的同时，还运用了电视媒体自身的一些声音、画面的手段。如在"天天浮世绘"中配上背景歌曲，让受众在上一节

---

① 方奇：《电视读报的魅力——凤凰卫视〈有报天天读栏目〉评析》，《新闻实践》2004 年第 10 期。

紧张地听、看新闻之后，放松一下心情。栏目六个板块的剪辑衔接也编排得古香古色，或一节音乐行云流水，或一缕茶香若隐若现，营造出看书读报的幽然氛围。[①]

当然，必须指出的是，形式上的模仿并不难，难的还在于主持人深厚的学术功底和丰富的媒体从业经验所带来的对新闻价值的判断力和有深度的个性化评论。通过以上分析，我们也可以得出结论，电视读报节目以主持人为中心、靠报章信息精华和独到评论吸引观众。因此，对报纸新闻价值的判断力，主持人的分析、解读信息的能力，是办好此类栏目的前提。

四、电视述评

自《焦点访谈》推出以来，在新闻奖的评选中，人们经常为此类节目的归属所烦恼，是把它看作新闻专题还是新闻评论？翻阅《焦点访谈》历年获奖节目单，可以看到其所获奖项虽然大多为评论类奖，但也曾两次获专题类奖、一次获社教类奖。在电视深度报道中，《焦点访谈》是一个典型的样本，在电视新闻评论中，它同样有着里程碑式的意义。那么电视深度报道是否等于电视新闻评论？它们之间是什么样的关系？此外，与此相联系的是，人们还经常责难《焦点访谈》“述多于评”，评论所占比例过少，以至对业界形成误导。

要厘清这一问题，应从理解述评开始。何谓述评？胡文龙等人编写的《新闻评论教程》一书中是这样界定的：“述评又称为新闻述评或记者述评，是新闻领域中的一种边缘体裁，以融新闻和评论于一体为基本特点。述评介乎新闻与评论之间，兼有两者的特点和优势。它既报道事实，又对新闻事实做出必要的分析和评价，有述有评，评述结合。从述评的篇幅来看，述往往多于评，但它的重点在于评，目的是评，述是为评服务的。”[②]

在准确地把握了述评这一文体的特性之后，上面所提出的问题也就迎刃而解了。作为电视述评的《焦点访谈》等节目，本来就属于一种边缘体裁，兼具报道事实和评论事实的双重功能，且从具体的节目来看，往往“述”（报道事实）所占的时长要远远超过“评”（发表议论）的时长。它既是电视新闻评论的一种样式，也是深度报道的一种方式，但这并不意味着电视新闻评论等同于电视深度报道。因为除了

---

① 方奇：《电视读报的魅力——凤凰卫视〈有报天天读栏目〉评析》，《新闻实践》2004 年第 10 期。

② 胡文龙、秦珪、涂光晋：《新闻评论教程》，北京：中国人民大学出版社，2002 年，第 307 页。

电视述评外，电视新闻评论还有其他的样式，除了《焦点访谈》外，电视深度报道也还有其他的模式。进一步说，电视述评恰好处于电视新闻评论与电视深度报道的交叉之处。

接下来，我们通过《焦点访谈》这一案例来分析电视述评的特征。

《焦点访谈》于1994年4月1日开播，其性质是以深度报道为主、以舆论监督见长的电视新闻评论性栏目。在节目形态上，《焦点访谈》采用演播室主持和现场采访相结合的结构方式，这种编排方式使得报道有着落、评论有依据，述与评相互支持、相得益彰。《焦点访谈》在这些年的新闻评奖中取得了突出成绩，其中，《“罚”要依法》《巨额粮款化为水》《难圆绿色梦》《和平使沙漠变绿洲》《“粮食满仓”的真相》《吉烟现象》《铲苗种烟　违法伤农》《河道建起商品楼》《洗不掉的恶行》《追踪矿难瞒报真相》《想要通知书　先拿十万来》等节目曾经在社会上引起广泛反响。《焦点访谈》曾两次被评为“中央主要新闻单位十大名栏目”，获中国新闻名专栏奖等奖项。

《焦点访谈》历来为人们所关注和喜爱，其选择“政府重视、群众关心、普遍存在”的选题策略，坚持“用事实说话”的方针，反映和推动解决了大量社会进步与发展过程中存在的矛盾和问题。《焦点访谈》的许多报道成了有关方面工作的决策依据和参考。有人称，《焦点访谈》所进行的舆论监督推动了中国的改革开放和民主法治的进程。

那么，在具体的节目中，《焦点访谈》的特色是如何体现出来的呢？以下结合获得第八届中国新闻奖一等奖、中国广播电视新闻奖评论类一等奖的节目——1997年11月25日播出的《“罚”要依法》来进行分析：

节目开始是主持人在演播室的开场白，导出整个报道：

【画面提示：演播室大屏幕，“黎城人民笑迎天下客”标语牌特写】

主持人：各位观众大家好，欢迎收看今天的《焦点访谈》节目。公路上“乱设卡、乱收费、乱罚款”所谓的“三乱”现象是个老话题。为了治理“三乱”，上至中央、国务院，下到各级政府都做了大量的工作。通过前一阶段的工作，各个部门乱上路、乱收费的现象有了明显的好转。但是最近一些司机反映在有些路段，“三乱”现象还是非常严重。那么在乱上路、乱收费得到明显控制的情况下，为什么有的司机还在叫苦连天？是什么人继续违反中央政策和有关的法律，在公路上制造“三乱”现象呢？最近我们的记者在山西省的309国道上，就亲身经历了这样的事情。

【画面提示：由在309国道上行驶的运煤车转为路旁竖立的“文明路段”的标语牌】

解说： 贯穿山西、河北等几个省的309国道，是晋煤外运的主要通道之一，对山西、河北及邻近省市的经济发展发挥着重要的作用。然而，近一个时期以来，很多司机反映这条公路上的乱罚款现象多了起来。尽管这条国道上由于种种原因，超载车辆的确不少，但有关部门执法的依据和态度，令很多司机感到不满。

接着转入事件的调查过程，展现记者的现场采访，首先是采访309国道旁的两名运煤汽车司机，通过他们的口说出乱罚款现象在这一带的普遍存在。

接下来是记者的第一次随车上路暗访：

解说： 11月15日，记者搭乘一辆运煤的空车，在309国道河北省涉县到山西省长治市230公里的路段进行了采访。正常行驶中的车辆，在山西省黎城县遇到了这样一件事。

【画面提示：记者乘坐运煤车偷拍，到黎城县遇到民警】

记者： 多少？

刘代江（山西省黎城县交警大队民警）： 二十。

记者： 给十块算了。什么钱这是？这是什么钱？

刘代江： 来来来，下来告诉你。下来我告诉你。

记者： 啊？

刘代江： 下来我告诉你。

记者： 你给我写上吧？

刘代江： 我给你写的有啊。

记者： 照顾一下吧。

刘代江： 再来二十。

记者： 谢谢，谢谢。

刘代江： 拿来！

记者： 你照顾一下算了。

刘代江： 快点！

记者：谢谢。

刘代江：四十！

记者：多少？

刘代江：往前走一下好不好？往前走一下，不要你钱了，往前走，往前走，往前走一下好不好？

司机C：算了，再说就揍你了。给他四十算了，你不要再掏钱了，给他四十算了。

随后，记者拿着罚款单来到黎城县交警大队，就罚款原因采访了黎城县公安局交通警察大队副大队长王联国，王联国支支吾吾说是“不按规定超车”，但从电视屏幕显示出的当时画面看不出超车。

然后是记者在当天晚上进行的一次公开身份的采访：

解说：当天晚上，我们来到309国道山西潞城县慢流河段，看到这里也有民警像在黎城县一样，见车便罚。

记者：您好！我们是中央电视台记者。您这是在罚款吗？

周宏（潞城县交警大队民警）：我们是在检查车辆。

记者：检查什么呀？

周宏：我们在检查灯光不全，防挡板不全，反正车辆违章。

记者：这辆车有什么违章吗？

周宏：这不检查吗？正准备。

记者：我们看到过去好多辆车，好像您都给罚款单子了。

周宏：我刚上，还没到两三分钟。

记者：刚才好像有车您给罚款了？

周宏：刚刚吗？刚刚没有。我才上两三分钟。

记者：那前面这些（单据）呢？您手里这么多钱是……

周宏：这个钱是……这不是领导在这呢，我给你叫一叫。

【画面提示：记者跟民警进屋】

解说：当记者随后跟这位民警进屋时，他却不见了踪影。

记者：怎么黑屋里又不见了？

记者调查求证的过程并未就此结束，第二天又进行了第三回合的上路采访：

解说：第二天，为了慎重起见，我们专门请我们准备跟踪采访的运煤车过磅称重。

【画面提示：货车在过磅称重的现场，记者采访运煤汽车司机】

记者：多少吨？

司机 C：9 吨车。

记者：9 吨。22 减 9 还剩 13，煤的重量是 13 吨，你的车载重量是 15 吨，那么就说还有两吨的富余。

【画面提示：记者站在山西省潞城县的慢流河段上，镜头摇至“309 国道文明路”路标】

记者：观众朋友，这里是山西省路城县的慢流河。我身后呢有一块路标，上面写着 309 国道，由慢流河至河北省界 34 公里，是文明路。

【画面提示：正在山西省潞城县的慢流河段罚款的交警大队民警】

解说：那辆根本没有超载的运煤车，开到了头天晚上我们曾来到过的潞城县的慢流河这一所谓的“文明路段”。

记者：我看您在这收费，是收什么费？

韩旭东（潞城县交警大队民警）：主要是罚款。

记者：罚什么款呢？

韩旭东：超载。

记者：前面有一辆车它没有超载，您也罚款了。

韩旭东：哪个车没超载？

记者：那咱们去看一下好吗？去看一下吧。

韩旭东：没有超载的？

记者：对，没有超载，但是您也罚款了。走，咱们去看一下吧，在前面。前面这辆车超载了吗？

韩旭东：这个车，你像他这个车，超……超载。再一个说这个灯光不全。

记者：是超载？还是灯光问题？

韩旭东：超载。灯光不全。

记者：不超载。您刚才说超载，而且罚了款。

韩旭东：一般……反正都是超载。

记者：一般超载，那这辆车超载了没有？

韩旭东：这辆车它护网不全，防挡板不行，这都能处罚它。

一辆完全没有违章超载的车却被以超载的名义罚款了，道理何在，至此，事件真相已大白于天下。接着，记者又采访了潞城县交警大队教导员苗义河，巧妙地暗示了交警知法犯法。

【画面提示："现场罚款决定书兼罚款收据""交通民警道路执勤执法法规"特写，转为采访山西省潞城县交警大队教导员】

解说：罚款单上的罚款理由只用一个对勾表示，这种"欲加之罪，何患无辞"式的罚款，自然找不到一个正当的理由。即便这辆车的灯光确有问题，根据《交通民警道路执勤执法法规》第十三条规定："民警在白天不得拦路检查过往车辆的照明灯。"

记者：一般来说民警在上路值勤，或者是维护交通安全，应该具备什么样的警风警纪呢？

苗义河（潞城县交警大队教导员）：证件齐全，服装整齐。

记者：需要佩带警号吗？

苗义河：需要啊。

记者：那您看这位民警带这些东西了吗？

韩旭东：我这个坏了。

苗义河：时间长了，他就有丢失的东西。因为我们的服装就证明我们是公安交警，因为我们不是冒牌的货。

【画面提示：插入路边竖立的"执行政策，遵章守纪，文明值勤"的牌子特写】

记者：这块牌子上写着"执行政策，遵章守纪，文明值勤"。

苗义河：那不是我们的，那是煤站的。

记者：您觉得这个标语跟您没有关系？

苗义河：有关系，跟我们是相似的，我们也是"执行政策，遵章守纪，文明值勤"。

记者：你们这几条做得怎么样？这几条在这儿做得怎么样？

苗义河：这是抽象地讲，我觉得我们交警值勤还是比较规范的。

在随后对一名司机的采访中，交警与记者发生正面冲突：

【画面提示：记者在路旁采访汽车司机，插入一汽车司机的“行车日记”内容特写】

司机 D：这是11月13日至11月15日的出车日记。光空车一去，不管别的，就罚款140（元）。

记者：在哪儿罚的呢？

司机 D：都在山西。

记者：空车为什么还要罚款？

司机 D：哎。一停车，只要交警一指你，你就要停车，什么都不要说。

记者：空车50（元），这50块钱是在哪罚的？

司机 D：一路上查到你哪，罚你哪。哎，交警来了，我得走了。

【画面提示：潞城多名交警强行拦车检查运煤车并抢夺记者摄像机、阻拦拍摄的混乱场面】

解说：看来这位司机的担忧，并不是没有道理的。潞城县交警大队教导员苗义河等民警，看到没能以正当的理由，对没有超载的那辆运煤车进行罚款，于是开着警车追上记者的那辆车。需要说明的是，这时记者早已行车到黎城县境内，他们强行拦车已属越权执法。

民警 B：来来来，你们来这路上采访的手续有没有？

记者：有。

民警 B：你拿个摄像机来了吓唬人，拍什么！拍什么！拍什么！拍什么！砸机器。告诉你们这些车，以后过来就要卸下煤，告诉你说吧。

【画面提示：记者采访山西潞城县交警大队教导员苗义河，镜头推至一辆警车车牌“晋·D0060警”的特写】

记者：你说卸煤有根据吗？这是您执法范围的事吗？

苗义河：你说怎么办？罚款对不对？

记者：卸煤有根据吗？这是您执法范围的事吗？

苗义河：不要采访我，没意思。

接下来，记者就交警乱罚款现象采访村民和司机，让他们出镜发表意见：

【画面提示：记者采访慢流河村村民，插入交警在路上罚款的镜头】

村民 A：我感觉到这样做其实很不好，这个影响也不好。不管怎样，国家三令五申，一直强调不要这样搞，他们继续搞这个事，他们一个是不规范，老百姓反映，我也有切身体会，他们在这不是很规范的。

【画面提示：记者在路旁采访运煤汽车司机】

司机 E：中央领导同志让我们先富起来，这些人根本不心疼我们司机，不符合中央的精神。

节目最后回到演播室，由主持人进行总结性发言，直接表明电视台的立场和态度，进行有力的舆论引导：

【画面提示：演播室背景大屏幕，上面显示出山西 309 国道宣传牌】

主持人：在采访的时候，我们的记者注意到，在山西省 309 国道的路旁竖着一个大大的宣传牌。这个宣传牌的一边写着“有困难找交警”，另外一边写着“视人民如父母”，我们现在这个身后的大屏幕放的就是这个画面。那么我们看到的今天节目中这几个交警的所作所为，难道是按照这个宗旨行事的吗？我们现在都清楚地记得济南交警、漳州 110 报警台，还有南昌的好民警邱娥国，他们正是因为遵照了“视人民如父母”，全心全意为人民服务，所以他们的所作所为赢得了全国人民的赞誉。我们也知道，全国广大公安干警也是因为遵照这样的宗旨努力地工作着，所以才有了今天人民热爱警察、信任人民警察，我们相信今天节目中这几个交通民警的所作所为是极个别的，同时我们也相信他们这些所作所为，不但是公路沿线这些司机们所无法接受的，也是全国人民不认可的，更是广大公安干警所无法容忍的。

法律是有尊严的。我们相信，每一个司机在出车的时候都应该考虑到自己要严格地遵守这些交通法规。因为只有这样，才是对自己，也是对他人生命的最好的一种保护。同时，法律也要求执法者必须遵守这些法律。执法者必须先遵守法律，才是公正、严格执行法律的一个最基本的前提。

好，感谢大家收看今天的《焦点访谈》，再见。

在这个节目中，我们可以看到“述”的成分明显多于“评”，整个节目是以记者的调查过程为线索的，节目首先回答的问题是在山西省的309国道上交警乱罚款现象是否存在，它到底是一种什么样的状况。通过记者的艰苦细致的采访和多方求证，事实和真相被鲜活地揭示出来。以此为基础，节目展开对事件的评论。记者首先采访了村民和司机，让他们发表了见解，最后是主持人代表媒体进行发言，真正的评论在于最后一句话：“法律也要求执法者必须遵守这些法律。执法者必须先遵守法律，才是公正、严格执行法律的一个最基本的前提。”

在“述”的部分，即对事实调查过程中，记者的采访是不畏艰险、深入细致的。据记者的采访手记反映，在两天时间里，记者先后换了5辆运煤车，在涉县至长治的309国道上先后往返3次，行程达700多公里，中间只休息了几个小时，途中靠面包和矿泉水充饥。在结束整个采访，回到邯郸洗澡的时候，顺着头发留下来的是墨汁一样的黑水。[①] 采访对象包括司机、交警、村民等与事件相关的人士。不仅要忍受生活上的种种不便，还遇到了暴力阻拦采访的危险。

从形式上来看，节目对同期声和现场画面的运用也可圈可点。除了演播室的主持人评论外，节目中的声音基本上都是现场的采访对话和背影同期声录音，如民警韩旭东在回答罚款的理由时，在记者的步步紧逼下，先说超载，后说灯光不全、再说反正都是超载，最后又说护网不全、防挡板不行。其言语前后随意变化，充分反映了“欲加之罪，何患无辞”的实质，类似的精彩对话随处可见，生动地反映出乱罚款的事实。

再来看画面的运用，除了常规性的采访镜头外，画面细节的运用达到了极佳的传播效果，如民警刘代江拦车收费的镜头、货车过磅称重的现场画面、多名交警强行拦车阻拦拍摄的画面等，都以特有的电视画面语言，增强了节目的可视性和真实性。节目中对比手法的运用也恰到好处，典型地体现在三个标语牌特写的运用上，包括节目一开始打出的“黎城人民笑迎天下客”标语牌特写、随后出现的309国道路旁的“文明路段”的标语牌，采访教导员苗义河时插入的路边竖立的“执行政策，遵章守纪，文明值勤”的牌子，以及309国道上“有困难找民警”“视人民如父母”的宣传牌，这些标语与交警的乱罚款行为形成了强烈的对照，从而产生了反讽效果。

节目对“度”的把握也是非常到位的，在片头即点明“公路上‘乱设卡、乱收费、乱罚款’所谓的‘三乱’现象是个老话题。为了治理‘三乱’，上至中央、国

① 严三九主编：《新闻精品导读·广播电视卷》，上海：复旦大学出版社，2004年，第558页。

务院，下到各级政府都做了大量的工作。通过前一阶段的工作，各个部门乱上路、乱收费的现象得到了明显的好转”。这说明309国道上的乱罚款属个别现象。在节目最后的主持人评论中，又再次指出，大家在节目中看到的交警的所作所为是极为个别的。换句话说，不能因为少数交警的错误就否定了全国的警察队伍，否定了各级政府在治理“三乱”方面所作出的努力和取得的成绩。在针对交警的乱罚款提出批评的同时，也不忘敬告司机严格遵守交通规则。

通过以上对《焦点访谈》的分析，我们可以看出，深入细致的采访、来自现场的鲜活画面和同期声、精辟公正的评论是电视述评的要旨所在。

第三节　融媒体时代电视新闻评论节目的创新

如本章第一节所述，我国电视新闻评论节目发展与流变历经了三个阶段，从电视新闻评论节目的缺位，到电视述评和谈话节目的兴盛，再到电视时评与电视读报节目的兴盛。而谈话体评论与电视述评则成为电视新闻评论主要的节目类型。伴随融媒体时代的到来，电视观众向手机端小屏迁移，电视台对此积极作出应对，依托新媒体平台，进行电视新闻评论节目创新，以新的电视话语方式贴近融媒体时代受众的媒介使用习惯，中央电视台所推出的《主播说联播》《中国舆论场》即为其中典型。

一、《主播说联播》

《主播说联播》是中央广播电视总台新闻新媒体中心于2019年7月29日正式推出的短视频栏目。《主播说联播》中，主播结合《新闻联播》当天播出的重大事件和热点新闻，用通俗语言对新闻进行一分钟的解读和评论，并以短视频的形式发布哔哩哔哩、抖音、微博、微信公众号等新媒体平台。①

---

① 王艳：《新闻评论节目短视频创新传播研究——央视〈主播说联播〉实践回眸》，《视听》2021年第4期。

图 9－1　《主播说联播》

（一）选题设置

作为一档新闻评论节目，首先要解决的是“说什么”的问题。既然是《主播说联播》，那么自然是说《新闻联播》中的新闻，也就是说，其评论素材来源于当天《新闻联播》里的各类新闻。具体包括一些什么新闻，或者说其在选题上有何倾向呢？我们来看表 9－1 的统计：

表 9－1　2023 年 7 月《主播说联播》选题一览

时间	评论选题	类别
2023 年 7 月 1 日	建党 102 周年	国内时政要闻
2023 年 7 月 2 日	中国女篮战胜日本队，夺得亚洲杯冠军	国内体育新闻
2023 年 7 月 3 日	视障女孩亦非高考取得了不错的成绩（身残志坚）	国内社会新闻
2023 年 7 月 4 日	习总书记出席上合组织会议，对时代之问给出了中国方案	国际要闻
2023 年 7 月 5 日	日本为达到核污排水，拉来国际原子能机构背书，但打错了算盘	国际要闻
2023 年 7 月 6 日	习主席视察东部战区机关，强调“四个要”	国内时政要闻
2023 年 7 月 7 日	总书记考察江苏，提出四点“新”希望	国内时政要闻

（续上表）

时间	评论选题	类别
2023 年 7 月 8 日	哈尔滨获得第九届亚洲冬季运动会举办权	国内体育新闻
2023 年 7 月 9 日	乌克兰局势：美国批准向乌克兰提供集束弹药	国际要闻
2023 年 7 月 10 日	网信办发出了关于加强自媒体管理的通知，提出 13 条具体要求	国内时政要闻
2023 年 7 月 11 日	今天入伏了，如何应对高温	国内社会新闻
2023 年 7 月 12 日	商务部发出通知，要促进城市一刻钟便民生活圈建设	国内经济新闻
2023 年 7 月 13 日	今天，上半年外贸成绩单出炉	国内经济新闻
2023 年 7 月 14 日	北约峰会前两天闭幕，北约峰会“碰瓷”中国	国际要闻
2023 年 7 月 15 日	近日，习近平总书记对网络安全和信息化工作作出重要指示	国内时政要闻
2023 年 7 月 16 日	今天，东航喜提第二架国产大飞机	国内经济新闻
2023 年 7 月 17 日	经济半年报：上半年 GDP 增长 5.5%	国内经济新闻
2023 年 7 月 18 日	全国生态环境保护大会在京召开，习近平总书记出席发表重要讲话	国内时政要闻
2023 年 7 月 19 日	今天，全球首台超大容量海上风电机组在福建成功并网发电，创下多个世界第一	国内经济新闻
2023 年 7 月 20 日	习近平总书记在北京会见美国前国务卿基辛格	国际要闻
2023 年 7 月 21 日	全军党的建设会议在京召开，习近平总书记出席并发表重要讲话	国内时政要闻
2023 年 7 月 22 日	今天晚上，《非遗里的中国》播出收官之作	国内文化新闻
2023 年 7 月 23 日	世界大运会即将于成都开幕	国内体育新闻
2023 年 7 月 24 日	中共中央政治局召开会议，分析当前经济形势	国内时政要闻
2023 年 7 月 25 日	中央政治局就如何加强军事治理进行集体学习	国内时政要闻
2023 年 7 月 26 日	70 年前的 7 月 27 日，抗美援朝战争取得伟大胜利	国际要闻
2023 年 7 月 27 日	前两天，习总书记考察四川，大运会即将在成都召开	国内体育要闻
2023 年 7 月 28 日	今晚，成都大运会开幕	国内体育要闻
2023 年 7 月 29 日	昨天晚上的大运会开幕式，开幕式上表演的彝族姑娘	国内体育要闻
2023 年 7 月 30 日	用一个“活”字，盘点一周大事	国内时政要闻
2023 年 7 月 31 日	京津多地遭遇强降水	国内社会新闻

表9－1列出了2023年7月《主播说联播》的全部选题及其类别，就其所呈现的状况来看，国内时政要闻共10条，占32.3%；国内体育新闻与文化新闻7条，占22.6%；国内经济新闻5条，占16.1%；国内社会新闻3条，占9.7%；国际要闻6条，占19.3%。

仅从2023年7月的情况来看，《主播说联播》选题广泛，涉及时政、经济、社会、体育、文化各类新闻，但以时政要闻居多，尤其偏重有国家主要领导人出席的政要新闻。就地域而言，既有国内新闻，也有国际新闻，但更偏向国内新闻。

当然，仅参考一个月的统计数据有一定的局限性，比如当月体育新闻选题偏多就有着特殊的原因——7月28日世界大运会在成都召开。从更长的时间跨度来看，《主播说联播》的选题又呈现出何种状况呢？据相关研究，其选题大致可以分为人物、政治、社会事件、科技、国际、经济六个方面。其中，社会事件占据了较大的比重，达41%，体现出节目对社会议题的关注。即在满足受众信息需求的基础上，开展舆论引导。占比第二的是人物事件，约占28%，节目重视对普通人的报道，贴近受众心理，增加节目的亲和力。此外，政治事件占15%，是《主播说联播》的第三大关注点，主播将中国处理政治事务的态度方法用通俗的网络化语言传达出来。[①]

（二）播报模式

有了如此丰富的选题，《主播说联播》的主播们具体是“怎么说”的，来看以下三个案例。

央视主播笑怼台湾节目！宵夜建议上点榨菜

今天的联播有一条快讯，说的是7月我国居民消费价格指数（CPI）同比增长2.8%，物价水平总体平稳。最近这几天，7月份的一系列经济数据陆续发布，总体评价也是一个字：稳。当然特别需要提一下的是，今天华为正式发布了鸿蒙操作系统。面对打压，华为的表现可以说非常稳。

咱们这么稳，有些人怕是坐不稳。比如，在台湾，有人居然“振振有辞”地说大陆人民现在吃不起榨菜了。消息一出，网友乐了。因为这种井

---

① 王艳：《新闻评论节目短视频创新传播研究——央视〈主播说联播〉实践回眸》，《视听》2021年第4期。

底之蛙的心态，真的是让人忍俊不禁。其实，我们能笑出来还是因为我们真的稳。近来不少事情纷纷扰扰，很多人会更加深刻地认识到，乱是祸，有稳才有福，才有稳稳的幸福。

宵夜时间到了，要不，上点儿榨菜？

这是2019年8月9日播出的《主播说联播》，当期的主播是欧阳夏丹。这期节目，以一个“稳”字串起了7月居民消费价格走势、华为发布鸿蒙操作系统两条正面新闻，反讽了台湾“名嘴”说大陆人民吃不起榨菜的奇谈怪论。从头至尾，使用日常生活中的口语，结尾一句“宵夜时间到了，要不，上点儿榨菜？”尽显幽默，谈笑间，给台湾“名嘴”最后一击，可谓四两拨千斤。

欧阳夏丹怼台湾名嘴让人津津乐道，2019年10月16日康辉怼美国政客更是让网友直呼过瘾：

美国政客，劝你们善良

今天联播连续播发报道和评论，亮明中方对于美国众议院通过所谓涉港法案的态度。

要说这个世界上有谁特别善于颠倒黑白，我看美国国会一些政客肯定是名列前茅，说瞎话的水平真是没谁了。而针对香港事务，中方的立场一直很清楚：香港是中国的香港，香港事务不容外来干涉。

美国一些政客如此赤裸裸地干预香港事务和中国内政，这黑手伸得够长。要我说，他们和香港那些黑衣暴徒有一点比较类似，都够黑！不过，黑手遮不了香港的天，东方之珠的光芒也不会被他们给黑了。因为伸手必被捉，中方已经表明，一旦这个所谓的法案真正成为法律，中方必有反制措施。中国人向来说到做到。最后我还想说，企图通过这样的黑手段破坏香港、牵制中国，这里有几个字可以提醒他们：嘿嘿，醒醒！别痴心妄想了。劝你们真的要善良！

针对美国众议院通过涉港法案，粗暴干涉中国内政一事，康辉接连用了“颠倒黑白、名列前茅”两个成语来进行定性，对于事件的前景，又直指美方是“痴心妄想”，我们会“说到做到”。网络语言也是信手拈来——“说瞎话的水平真是没谁了”，“嘿嘿，醒醒”与“劝你们真的要善良”等则仿佛百姓日常生活中的聊天，让人倍感亲切。

继康辉之后，2023 年 7 月 14 日严於信怼北约也是金句频出：

“碰瓷”中国的北约，还是别约了

这次峰会开得有些闹腾，不仅因为乌克兰入约问题引发广泛关注，还因为峰会公报十几次提到中国，和往年相比明显增多。穿越半个地球来“碰瓷”中国，北约峰会还真有点“疯”会的意思，因为这疯言疯语实在是有点多，比如污蔑中国构成所谓的系统性挑战、破坏国际规则，等等。这样的老调重弹不免让人呵呵，一看就是拾美国人的牙慧。破坏国际规则，挑起冲突对抗，杀害无辜平民的不正是北约和美国自身吗？中国从来都是世界和平的建设者，也是国际秩序的维护者。

最近这几年，北约东进亚太的意图，可以说是司马昭之心，路人皆知。一方面，区域内有些国家甘当联络人和引路人，与北约一唱一和，不惜引“狼”入室，搅动亚太。另一方面，美国把中国当成竞争对手，处处打压中国，美国这些小弟自然是嗅觉灵敏，闻风而动，极尽配合之能事。要知道，北约本来是一个区域性组织，突破自身条约规定的地理范围，到处越界乱窜，如此找不着“北”，真是有点不伦不类。它还不如改个名，叫“背约”或许更恰当，这不仅与其近来的动向更吻合，也是因为它有一个习惯毁约退群的带头大哥。

从当年的南联盟到伊拉克，从利比亚到阿富汗，北约造成的伤痛、留下的祸害一直没走远。靠煽动对抗、树立假想敌来“续命”的北约，最好还是别约了。

北约峰会公报屡屡提及中国，主播称其“碰瓷”，而峰会也因此变成“疯会”，北约到处越界乱窜，乃找不着“北”，北约成为“背约”，最好“别约”。短短一段话，可谓妙语连珠。既有借喻，又有谐音，充满语言的智慧。

有研究者指出，《主播说联播》节目的叙事风格改变了受众对《新闻联播》的传统认知，通过平民化、网络化、故事化、形象化的语言表达方式，将重大、严肃的时政新闻转化成接地气的“家长里短”。这种富含着情感和温度的新闻语态，更容易被受众接受，引发情感共鸣。特别是一些词汇使用上的“神来之笔”在网络上热传，被网友追捧为“主播语录”，进一步强化了主播们的“个人IP”，使主播们平实、亲切的形象更加深入人心，更加容易吸引受众的关注。[①]

《主播说联播》除了语言符号的创新之外，在非语言符号的应用上也体现出新意。首先，在肢体语言上，主播们改变了在《新闻联播》中的“正襟危坐”，多以站立的姿态，以更为轻松、常带笑容的形象出现，类似于前些年地方电视台民生新闻主持人的“说新闻”的状态，拉近了与观众之间的距离。其次，该节目直接使用手机以竖屏的形式录制，适合移动互联网时代的传播与接收。最后，音乐、特效、弹幕等短视频元素的加入，则进一步增强了传播效果。

二、《中国舆论场》

《中国舆论场》是央视中文国际频道（CCTV4）推出的国内首档融媒体新闻评论节目。节目关注最新舆情、最热话题，明辨是非，凝聚共识；借助大数据每天发布的舆情指数，权威专家客观点评，引入在线观众席，多屏互动，给人以不一样的新闻体验。节目于每周日19：30—20：30首播，每周一9：00—10：00重播。[②]

图9-2　《中国舆论场》

---

① 刘涛：《传统主流媒体时政新闻短视频报道突围路径——以央视〈主播说联播〉为例》，《新闻世界》2021年第1期。

② 《中国舆论场》栏目介绍，央视网，http：//tv. cctv. com/2016/03/17/ARTINuFXhF7KjelaOrhfgFjZ160317. shtml?spm=C45305. PhugLOESb2Xx. S38466. 1，2016年3月17日。

这档节目于2016年3月20日在CCTV4全新亮相，8月17日被国家新闻出版广电总局评为2016年总局第二季度广播电视创新创优节目。具体来说，其创新之处何在呢？

作为央视推出的大型融媒体节目，其第一个板块是“舆情榜单”，有10条新闻列入舆情榜单，先以简讯、提要的形式依次播出，随即发布所入选的10条新闻的舆情指数。在观众对相关新闻及舆情热度有了基本了解后，主持人便引领观众进入热点新闻的呈现板块。首先是榜单头条新闻的呈现，主持人通常会连线在现场的央视记者，通过现场报道，呈现事件的最新动态。除了现场报道，还通过卫星雷达数据和手机信号等，采集有关头条新闻的关注情况大数据，进一步呈现相关外围新闻，该板块占15分钟左右。

第二个板块是“一榜知舆情”，在此板块，主持人甲（该主持人主要负责线下互动，承担电视节目主持人功能，通常为男性）从榜单上选择一条新闻打开，以新闻短片形式呈现。随后，主持人乙（负责与线上观众互动，通常为女性）推送参与节目的网友针对该条新闻所提出的问题。网友的问题再被主持人甲交给现场评论嘉宾，嘉宾立即展开现场评论。在嘉宾评论过程中，屏幕上还滚动播出网友的实时留言。通常演播室现场有三位嘉宾，主持人乙也会推送三个问题，依次由不同的嘉宾来回答。之后，进入对所讨论新闻的现场连线报道环节。在简短的现场连线报道之后，又进入问答环节，同样是由主持人乙将网友提出的问题给到现场嘉宾，再由嘉宾现场作答。这一部分是节目的主体，占35分钟左右。

第三个板块为“热点全网罗”，是对另一条新闻的报道与讨论，基本形式与“一榜知舆情”类似。

从形式上来看，《中国舆论场》实现了线上与线下的融合互动。线下部分，综合采用了简讯、现场报道与演播室评论等多种形式。线上部分，一是设置了双主持人，有一位主持人专门负责与网友的实时互动，并向现场嘉宾推送问题。值得指出的是，嘉宾回答的绝大部分问题来自网友。二是在演播室大屏上设置了在线观众席，由网友头像组成。三是在节目播出过程中，网友参与实时互动，其观点意见在屏幕上滚动播出。四是在大屏节目结束后，网友可以在手机小屏与专家继续互动。

从功能上来看，《中国舆论场》实现了多种信息的传递与互动。一是事实信息的传递。该节目为观众呈现了最近的新闻热点及其最新动态，也提供了相关的背景信息，让观众对一周热点新闻有了更全面的了解。二是意见信息的传递。节目邀请嘉宾对热点新闻展开专业、理性的分析，让观众对国内外热点新闻有了深度的理性认知，在客观上也起了主流媒体的舆论引导作用。三是互动交流。该节目实现了线上线下、场内场外、传受双方的实时互动，也让线上和线下的观众真正能够参与到节目的进程中来。

本节我们通过对《主播说联播》《中国舆论场》两档节目的分析可知，融媒体时代的电视新闻评论节目应充分利用自身优势，从受众角度出发，就节目选题、内容、传播方式、技术呈现等进行全面的创新和改革，从而提升节目质量，提高关注度，以发挥新闻评论积极的舆论引导作用。

复习思考题

1. 试论中国电视新闻评论的发展历程。
2. 简述电视新闻评论节目的分类。
3. 简述融媒体时代电视评论的创新路径。

第十章

网络新闻评论

第一节　网络新闻评论概说

一、网络新闻评论的发展与流变

1994 年，中国正式全面接入互联网，数十年来，网络媒体以惊人的速度发展，不仅改变了中国的传媒生态，也深深地切入了人们的生活、学习和工作，并以其独特的方式发挥着强大的舆论力量，影响着中国社会的进程。

2024 年 3 月 22 日，中国互联网络信息中心（CNNIC）发布第 53 次《中国互联网络发展状况统计报告》（以下简称《报告》）。《报告》显示，截至 2023 年 12 月，我国网民规模达 10.92 亿人，较 2022 年 12 月新增网民 2 480 万人，互联网普及率达 77.5%；我国 IPv6 地址数量为 68 042 块/32；“.CN”域名保有量为 2 013 万个，连续 9 年稳居世界第一；3 家基础电信企业发展蜂窝物联网终端用户 23.32 亿户。①

回望 30 年来中国网络新闻评论的发展，大致经历以下三个阶段。

（一）第一阶段：新闻跟帖、论坛评论阶段

从时间上来看，第一阶段主要是指 1994 年中国正式接入互联网起至 2009 年微博诞生前。

这一阶段，一些特殊的新闻事件所引发的广泛讨论成为关键节点。1998 年的印尼排华事件，新加坡《联合早报》电子版于 7 月 16 日开通“印尼局势读者论坛”，该论坛成为华文网络新闻评论发展的一个里程碑，让人们看到了网络媒体在形成舆论、表达民意、影响社会方面的独特作用。然后是 1999 年中国驻南斯拉夫大使馆被炸事件。事件发生于 1999 年 5 月 8 日，当天晚上，人民网开设“抗议北约暴行论坛”。6 月 19 日晚 9 时，“抗议北约暴行论坛”正式改名为“强国论坛”，后来，该论坛发展成为中国时政论坛的第一品牌。“强国论坛”的设立，大大地提升了网络媒体的地位，使网络新闻评论的发展踏上了一个新的台阶。

---

① 中国互联网络信息中心（CNNIC）：《第 53 次〈中国互联网络发展状况统计报告〉》，https://www.cnnic.cn/NMediaFile/2024/0325/MAIN1711355296414FIQ9XKZV63.pdf，2024 年 3 月 22 日。

进入21世纪后的2003年则被称为中国的网络舆论元年，网络舆论发展到了一个新的高峰。这一年，孙志刚事件、刘涌案、宝马撞人案等一系列重大的事件，由于网络舆论的持续高度关注，在不同程度上改变了事件的结局。

（二）第二阶段：微博评论、微信评论与短视频评论的兴起

第二阶段以2009年微博的诞生及2011年微信的推出为标志。

2009年8月，新浪微博上线，当年12月，获得《新周刊》颁发的“年度传媒网站荣誉”。2010年被称为“微博元年”，这一年，“江西宜黄拆迁事件”让微博一跃成为网络舆论表达的理想公共空间，微博评论也成了重要的网络新闻评论形式。其后，2011年的“7·23”甬温线动车事故、2011年春节期间的微博打拐、2012年的“表叔”杨达才事件、2013年的唐慧案、2016年的雷洋案，微博热点舆论事件一再出现，进一步巩固了微博评论在公共舆论场的重要地位。①

2011年1月，微信正式推出，此后用户规模快速增长，2012年3月注册用户超过1亿，2013年6月活跃用户即超过3亿，至2016年1月活跃用户已超过7亿。②对于网络评论的发展而言，尤其重要的是微信公众号功能自2012年7月上线，机构媒体、自媒体纷纷开设公众号，使微信成为继微博以后的另一个网络新闻评论主阵地。与此同时，快手、秒拍等短视频平台应运而生，短视频评论也随着平台的发展步入用户的视野。

（三）第三阶段：人工智能生成的网络评论的出现

2012年，算法驱动的今日头条出现；2016年抖音诞生，智能传播威力显现。伴随智能传播时代的到来，算法程序、社交机器人、摄像头、服务器和人工智能程序等开始成为第三阶段网络新闻评论主体。③ 典型如“微博热搜”，它是新浪微博上线以后推出的一项应用功能，它显示的是新浪微博在特定时间段内被大量搜索和关注的热点事件或热点词汇。微博“热搜榜”会实时显示50条热搜内容，并按照热度，即搜索量进行排名，每分钟更新一次。④

---

① 黄浩宇、方兴东、王奔：《中国网络舆论30年：从内容驱动走向数据驱动》，《传媒观察》2023年第10期；张志安、孔令旖：《从微博十年发展看网络舆论变化轨迹》，《南方传媒研究》2019年第5期。

② 张志安、孔令旖：《从微博十年发展看网络舆论变化轨迹》，《南方传媒研究》2019年第5期。

③ 黄浩宇、方兴东、王奔：《中国网络舆论30年：从内容驱动走向数据驱动》，《传媒观察》2023年第10期。

④ 雷丽莉：《微博“热搜榜”与互联网信息服务的规制》，《新闻记者》2019年第10期。

从新闻跟帖、论坛评论到微博评论、微信评论、短视频评论，再到人工智能生成的评论，网络新闻评论的发展大致历经了三个阶段。但需要说明的是，新的网络新闻评论形态的出现并不意味着旧的网络新闻评论形态的消失，它更多地意味着网络新闻评论形态的丰富以及主要形态的转移。

二、网络新闻评论的特征

（一）评论主体的多元化

从大的层面来看，网络新闻评论的主体有人类与非人类。作为人的评论主体包括媒体专业人士、专家学者与普通网民。跟传统媒体时代相比，媒体专业人士以外的专家学者尤其是广大普通网民获得了话语权，就社会公共事务发声，形成舆论，影响社会的进程。更具革命性意义的是，非人类的算法程序、社交机器人、人工智能也成为新闻评论的主体，其给新闻评论与人类公共生活带来的影响还有待时间的证明。

（二）言论空间的拓展

毋庸置疑，网络新闻评论使我国的言论空间得到了极大的拓展，这是网络新闻评论的另一个重要贡献。通过互联网，人们能够更加真实而且自由地表达自己的观点，对同一事物或现象的不同观点在网络上得以呈现并且交锋，使意见的多元化局面得以形成。尤其值得注意的是网络评论中批评性意见的比例远远高于传统媒体，媒体的舆论监督功能得到了更好的实现。

（三）文体形式的创新

除传统的文字评论、广播评论、电视评论之外，社会还出现了一批新的新闻评论样式。包括单条新闻之后的留言板跟帖、论坛评论，依附于“两微一端”而生的微博评论、微信公众号评论、短视频评论，跟随智能传播时代而来的人工智能（如ChatGPT）生成的评论等。这些新的评论样式，拓展了新闻评论的文体边界，也开启了新的传播样态。

第二节　网络新闻评论的形态

经过数十年的发展，我国的网络新闻评论已经进入一个全面发展的阶段，呈现出多元化的形态，主要有文字评论、短视频评论、论坛评论、微博评论、网络问政等。

一、文字评论

无论是在新闻网站的言论频道，还是在微信公众号、新闻客户端上，文字评论依然是主力军。下面我们就以第三十三届中国新闻奖二等奖作品《“建议专家不要建议”，是希望专家好好说话》为例，来分析网络新闻文字评论的特征。

最近，“建议专家不要建议”的话题两度冲上热搜——先是5月19日，“专家不建议年轻人掏空六个钱包凑首付”“专家称买房比租房划算”“专家称今年6到10月是购房好时机”，这三个与买房有关的话题同时上了热搜，随后，“建议专家不要建议”冲到热搜第一；

再是5月24日，“专家建议：不要多用空气炸锅”上了热搜，随后“建议专家不要建议”再次上榜，还有媒体设置议题“年轻人为什么反感专家建议”。

尽管在第二个新闻中，有网友出来澄清说专家没有这样建议；涉事专家表示，没有接受过相关媒体采访。但这些声音几乎都被淹没在“建议专家不要建议”的汹涌舆情中。

网友们的态度明确：说得不好，下次别说了！

专家到底惹谁了？

首先有必要明确，当人们排斥一些专家的言论时，针对的往往只是专家这个群体中的少数人，而少数人是不能代表这个群体的整体素养和形象的，也就是不能一竿子打翻一船专家。

然后，我们再来讨论，那些被建议“不要建议”的专家，到底出了什么问题。

综观以往类似新闻事件，不难发现，人们反感的专家建议主要有几类：

其一，有些专家建议的含金量偏低，多是“正确的废话”。

在公众看来，专家的话应该是专业的、深刻的，是大多数人不了解、不掌握的信息和知识，而有些专家的建议往往达不到这个预期，有的建议还自相矛盾——上午有专家说“喝咖啡有利于身体健康”，下午就有专家主张“喝咖啡可能导致骨质疏松”……

其二，有些专家建议不接地气、不食人间烟火。

前段时间，一段专家建议低收入者把闲置的房子租出去、用私家车出去拉活儿的视频被曝光，不少网友看后惊掉了下巴——低收入者不仅有房有车，而且有闲置房？如此“站在云端、指点民众”的专家，说出来的话自然给人“何不食肉糜”之感。

其三，有些专家建议可能是拿人钱财、替人说话。

一种保健品到底有没有效果、一个设备到底有没有技术突破和创新、一种举措有没有推行的必要……对这些问题，有些专家可能并不是站在专业角度、实事求是地给出判断，而是受到资本的裹挟、权力的干预或者其他因素的影响。

当然，还有这样的情况，有些专家的建议本身没有问题，但媒体在报道时，断章取义，假专家之名，语不惊人死不休。更有甚者，只是打着专家的旗号，说了自己想说的话。在流量为王的背景下，类似情况或许不在少数。换句话说，有些专家是“背锅”了、被冤枉了。

“建议专家不要建议”，一方面表达了人们对一些专家建议的不满意、不服气，对其能力和水平的质疑；另一方面反映了人们对专业、科学、严谨的高质量专家建议的渴盼，对专家建议有指导性、权威性，能够真正为人们解疑释惑、指点迷津的期待。

事实上，在专家这个群体中，并不缺乏令公众尊重、崇拜、信服的专家。就像有的法学专家能够用通俗易懂的语言和案例，告诉公众哪些行为违法、什么事情做了要面临法律制裁；有的物理学教授能够化身科普达人，用铁锅、扫帚、气球等简单的道具，向公众讲解“中国天眼”怎么工作、太空中的宇宙射线长啥样、火箭怎么上天……

这些专家之所以能够成为网红，收割无数粉丝，除了有“有趣的灵魂”，更重要的是有深厚的专业根基，有坚定的职业操守。

“建议专家不要建议”，不是让专家都“闭嘴”，而是希望专家能好好说话——多一些“爱惜羽毛”，多一些审慎科学，多一些设身处地，多一些人文关怀。①

该文于 2022 年 5 月 26 日首发于工人日报客户端（见图 10－1），文章的评论由头“建议专家不要建议”连续多日登上微博热搜。文章从现象入手，具体分析了专家建议受到网友批评的原因，对于某些“含金量低、不食人间烟火”，甚至“收人钱财，替人吹捧”的所谓专家建议进行了批评，同时指出，有的媒体在报道时对专家言论断章取义，导致误读；更有甚者，假借专家之名，说自己的话，此种情况则应由媒体承担责任。难能可贵的是，作者并未对专家建议一棍子打死，对于那些有操守、真正专业的专家给予了必要的肯定。作者并未陷入情绪性的一边倒的批评之中，而是始终站在公正的立场展开理性的分析，得出了让人信服的结论，发挥了主流媒体的正面引导功能。与刊发于纸质报刊上的文字评论相比，该文在内容与形式上并无明显区别，只是首发于新闻客户端，并配有插图。可见，作为网络新闻评论的主要品种，网络新闻文字评论可以视作报刊文字评论在网端的延伸。

“建议专家不要建议”，是希望专家好好说话

来源:工人日报客户端 2022-05-26

作者:龚先生

最近，**“建议专家不要建议”的话题两度冲上热搜——**

先是5月19日，“专家不建议年轻人掏空六个钱包凑首付”“专家称买房比租房划算”“专家称今年6到10月是购房好时机”，这三个与买房有关的话题同时上了热搜，随后，“建议专家不要建议”冲到热搜第一；

再是5月24日，“专家建议：不要多用空气炸锅”上了热搜，随后“建议专家不要建议”再次上榜，还有媒体设置议题“年轻人为什么反感专家建议”。

图 10－1　工人日报客户端 2022 年 5 月 26 日发布的《“建议专家不要建议”，是希望专家好好说话》截图

二、短视频评论

伴随移动互联网时代的到来，短视频成为主要的内容传播方式，在手机端刷短视频成为大众主要的媒介产品消费方式，由此短视频评论也成为一种重要的网络新

① 龚先生：《“建议专家不要建议”，是希望专家好好说话》，工人日报客户端，http://web.app.workercn.cn/news.html?id=221195，2022 年 5 月 26 日。

闻评论形式。

那么，短视频评论具体情况如何呢？让我们来分析一件第三十二届中国新闻奖一等奖作品——央视新闻客户端推出的时政现场评论《跟随总书记的脚步　到塞罕坝看树看人看精神》（见图 10－2）。2021 年 8 月 23 日，习近平总书记来到河北省塞罕坝机械林场考察，央视时政报道团队派出特约评论员杨禹深入总书记重点考察的塞罕坝机械林场月亮山、尚海纪念林，进行现场评论、现场采访和制作，重点阐释和解读总书记考察期间的重要讲话精神。该节目创新国内时政现场评论形式，评论员第一时间在核心现场围绕总书记重要指示精神展开评论，创新拍摄制作方式，在现场评论中加入小窗口视频画面、AE 包装字、航拍出镜和特色转场等，使评论更加鲜活、利于传播。该节目由央视新闻客户端首发，央视新闻视频号、抖音等平台接力推出。节目推出后，新华网、人民网等主流媒体纷纷转载。①

图 10－2　央视新闻客户端 2021 年 8 月 25 日发布的《时政现场评｜跟随总书记的脚步　到塞罕坝看树看人看精神》视频截图

随着微信成为最重要的用户平台，越来越多的机构媒体或知名媒体评论员开设了专门的评论视频号，推出短视频评论。如，“人民日报评论”微信公众号设置了《评论君开讲》，“新京报评论”微信公众号推出了《新京报薇薇说》。另外，一批

① 中央广播电视总台：《中国新闻奖作品推荐表之〈跟随总书记的脚步　到塞罕坝看树看人看精神〉》，中国记协网，http：//www.zgjx.cn/2022－11/01/c_1310668221.htm，2022 年 11 月 1 日。

传统电视时代的知名电视评论员，也纷纷抢滩微信平台，如由何亮亮主持的视频号“时事亮点”，由吕宁思主持的视频号“思路话语”在网端均有上佳表现。

就内容与形式而言，短视频评论的主体内容即为评论员出镜直接发表意见，辅以一些必要的资料转场性画面。与传统的大屏电视评论相比，省去了主持人和演播室，评论员直接在客厅甚至卧室等生活空间出镜，以日常面目示人，评论语言力求口语化。每期评论视频短则一两分钟，长则五六分钟。讲求开门见山，直接亮明观点与立场，讲明白即止，依靠时效与观点取胜。

三、留言板跟帖与论坛评论

在对网络新闻评论进行分类时，有研究者将网络新闻评论分成两类，一类是网页新闻评论，“即以文章形态存在于专设的言论专栏页上发表的新闻评论”，另一类是 BBS 新闻评论，“即 BBS 论坛上以讨论的形式发表的评价性意见”①。

网络新闻评论主要有三个发布平台，一是网站专门的言论频道，二是单条新闻背后设置的留言板，三是专门设置的 BBS 论坛。因此笔者认为，从网络新闻评论的发布平台角度，我们可以将网络新闻评论分为言论频道新闻评论、留言板跟帖与论坛评论。

言论频道的新闻评论一般都是独立成篇的，具备完整的文章形态，除了发布平台的不同，它与平面媒体的文字评论并没有本质上的区别。实际上，这两者也是互相交叉的，言论频道本身就集纳了大量的来自平面媒体的评论文章，而言论频道中一些优秀的原创评论文章也常被报刊所转载。

与言论频道的新闻评论不同，留言板跟帖与论坛评论则是网络媒体所特有的两种评论形式。由于具备超链接的功能，网络新闻的编辑者常在单条新闻的背后设置一个区域，即留言板，专门供网民针对新闻发表自己的意见和看法，与其他人进行交流和即时互动。让我们来看一个案例，2024 年 6 月 19 日，《南方都市报》公众号发布了一条新闻《斯坦福博士考乡镇公务员！引发热议》，新闻下方即设有读者留言区，新闻发布不久，已有 12 条留言，这些就是留言板跟帖（见图 10－3）。此类跟帖可以是一句话、一段话，或一篇文章，也可以是一个词，一个表情，可谓形式不拘，多数情况下是一两句简短的话，类似日常生活中的即兴口语评论。

---

① 王振业、李舒：《新闻评论与电子媒介》，北京：中国广播电视出版社，2004 年，第 225 页。

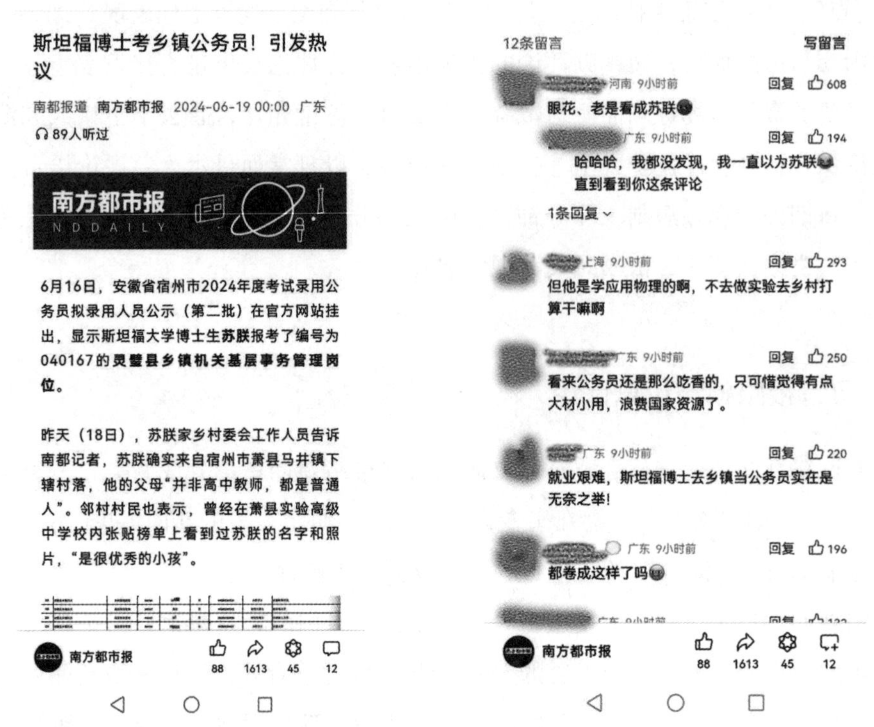
斯坦福博士考乡镇公务员！引发热议

南都报道 南方都市报 2024-06-19 00:00 广东

89人听过

南方都市报

NDDAILY

6月16日，安徽省宿州市2024年度考试录用公务员拟录用人员公示（第二批）在官方网站挂出，显示斯坦福大学博士生苏朕报考了编号为040167的灵璧县乡镇机关基层事务管理岗位。

昨天（18日），苏朕家乡村委会工作人员告诉南都记者，苏朕确实来自宿州市萧县马井镇下辖村落，他的父母“并非高中教师，都是普通人”。邻村村民也表示，曾经在萧县实验高级中学校内张贴榜单上看到过苏朕的名字和照片，“是很优秀的小孩”。

南方都市报 88 1613 45 12

12条留言 写留言

河南 9小时前 回复 608

眼花、老是看成苏联

广东 9小时前 回复 194

哈哈哈，我都没发现，我一直以为苏联直到看到你这条评论

1条回复

上海 9小时前 回复 293

但他是学应用物理的啊，不去做实验去乡村打算干嘛啊

广东 9小时前 回复 250

看来公务员还是那么吃香的，只可惜觉得有点大材小用，浪费国家资源了。

广东 9小时前 回复 220

就业艰难，斯坦福博士去乡镇当公务员实在是无奈之举！

广东 9小时前 回复 196

都卷成这样了吗

南方都市报 88 1613 45 12

图 10－3　2024 年 6 月 19《南方都市报》微信公众号发布的《斯坦福博士考乡镇公务员！引发热议》及部分评论

再来看论坛评论，我们可以将论坛看作一个放大了的留言板，二者在交流方式上是一致的。只不过论坛并不附着于单条新闻的背后，而是一个独立的交流平台。大凡新闻网站都有一个大型的虚拟社区，该社区又划分成一个个论坛，如人民网的强国社区就由“强国论坛”“深入讨论”“反腐倡廉”“两岸论坛”等 28 个论坛组成，而新华网则由“发展论坛”“城市论坛”“生活论坛”等数十个论坛组成，目前最具影响力的时政论坛当属人民网的“强国论坛”和新华网的“发展论坛”。

单条新闻背后的留言板跟帖是针对某一条新闻的交流和讨论，论坛评论则是针对社会某方面内容的交流与讨论。论坛的页面是分层级的，在第一层级的页面上往往只显示主帖的标题、作者、发布时间、回复情况，点击后进入第二层级的页面，即可读到主帖的正文和所有的跟帖。主帖既可是一条新闻，也可是一篇评论，或简单的一句话。跟帖也是如此，不过跟帖一般都是简短的口语化的评论。当然，论坛还有另外一种交流方式——嘉宾访谈。由网站请来嘉宾与论坛上的网民进行即时交

流，这些嘉宾主要有两类：一是热点新闻事件中的新闻人物，其中又以娱乐界和体育界的明星居多。如“超级女声”比赛结束后，李宇春就在新浪论坛与网民们进行交流。另一类则是专家学者，针对某一个问题和现象为网民进行解读。

浏览留言板跟帖和论坛评论，我们可以看到它们都明显地带有人际传播的特点，一方面是表述的自由和真实，另一方面是过激和非理性。但也许正因为它显露出粗糙的外观，方使其回归到评论的本质——真实地表达自己的意见，即使这种意见并不动听。

四、微博评论

什么是微博评论？顾名思义，就是发布于微博平台上的新闻评论，相对于此前已有的网络新闻评论，包括言论频道新闻评论、留言板跟帖与论坛评论等，它有什么新的特点？对于这一问题，有学者给予了这样的界定：“微博评论一是针对社会问题、现象，直抒胸臆发表的看法、意见，以发布一条微博为主要方式；二是基于微博‘评论功能’发表的后续评论，是对主帖信息场域的再构建。”① 也即是说，微博评论存在两种主要的类型：一是博主针对新闻事件（现象、观点）所发布的一条评论性质的微博，就文本形式而言，这条评论性质的微博可以是一段完整的文字，也可以是一句话，或一个符号（包括标点符号、表情、文字）；二是在每条微博后所设置的评论功能区的跟帖评论，作为微博后的跟帖评论，实际上与前面所说的留言板跟帖是一样的。让我们来看一个案例：

复旦大学教授张志安长期致力于新媒体研究，也长期活跃于微博平台。他在2023年7月25日发布了一条微博，这条微博的评论对象是某地中学体育馆坍塌事故：7月23日下午，某地中学一体育馆发生坍塌。事故发生时，馆内共有19人，其中4人自行脱险，15人被困，事故共造成11人死亡。对于该事故，博主张志安在微博上发表了如下评论：

> 【某地中学体育馆坍塌事故】地方政府要做什么？（1）快速救援和应急处置，排查潜在隐患；（2）及时沟通和致歉，主要对家长、其次是公众；（3）查明原因并问责；（4）完善监督机制、避免类似危机再发生。昨

---

① 赵文晶、刘军宏：《全要素/全过程视角下的微博评论创新路径》，《中国软科学》2012年第5期。

天，对家长这个“直接利益相关者”，真诚及时透明的沟通没做到位，反倒是“维稳”思路占上风。

评论正文共121字，从地方政府如何应对这一突发事件的角度入手，提出了4条具体建议。在此基础上，又对政府前一天与家长的沟通状况进行了批评。由于受到字数的限制，评论没有起承转合的完整结构，也略去了论证的过程，而是以一段简短的文字，直接提出观点与意见。这就是上文所言的微博评论的第一种类型——博主评论。而在这条微博下面，又有多条跟帖评论，多数跟评网友用一句话来表达自己的观点，也有的仅仅是将博主的评论再转了一次：

网友A：//@张志安：【某地中学体育馆坍塌事故】地方政府要做什么？(1) 快速救援和应急处置，排查潜在隐患；(2) 及时沟通和致歉，主要对家长、其次是公众；(3) 查明原因并问责；(4) 完善监督机制、避免类似危机再发生。昨天，对家长这个“直接利益相关者”，真诚及时透明的沟通没做到位，反倒是“维稳”思路占上风。

23-07-25 16：03 来自北京

网友B：这个思路就让人最反感。

23-07-26 08：02 来自上海

网友C：权责要清晰才是首要的吧。

23-07-28 07：15 来自吉林

网友D：道理都知道。

23-07-25 19：32 来自江苏

以上展示的几条评论就属于第二类微博评论——网友的跟帖后续评论。

综上，就文本形式本身而言，微博评论并不复杂，除了字数限制外，与此前已出现的各种网络新闻评论相比，没有形式上的突变。然而，微博评论在舆论场上所产生的作用却远超此前的各类网络言论。细究起来，这种作用主要来自微博平台本身，凭借独特的内容生产与信息传播机制，微博实际上成为公共信息与社会舆论的广场。对于微博影响力的来源，北京师范大学教授喻国明认为是三种传播机制，即“‘点对面’的即时传播、建立在叠套社会关系网络上的传播、拥有关系资源‘背书’的内容传播”[①]。也有学者对微博与微信进行了比较，认为微博基于弱关系、侧重于大众传播、受众具有隐匿性，属于开放空间的一种扩散传播。[②] 微博用户既可以是博主，也可以是粉丝。作为博主，他可以随时随地发布自己信息与意见，为微博平台提供原创性内容。作为粉丝，他通过单向关注，即可与任意博主建立联系，获取、评价、转发所感兴趣的信息。从而，每个微博用户都具有生产者、传播者、接受者的三重身份。而信息也可在微博平台上得到多次传播，甚至是裂变式传播，微博也因此成为数字化时代的线上言论公共广场。

五、网络问政

严格说来，网络问政是网络时代公众借助互联网平台就公共事务进行意见表达，参与公共生活与政治生活的一种方式。有研究者认为，“网络问政是公众以网民身份通过互联网表达政务服务诉求，开展政务工作监督的过程。网络问政经历了从单向获取信息到双向互动服务的过程，促使民众的意愿逐渐从隐性走向显性，网络问政也从简单的信息公开过渡为双向的交流沟通，演变成现在的多元互动服务”[③]。

我们以第二十七届中国新闻奖一等奖作品《问政湖南》为例，来了解网络问政栏目的具体情况。在中国新闻奖推荐表中，我们可以看到这个栏目的基本情况：《问政湖南》于2011年2月正式成立，是湖南第一个政府与公众可以直接互动的网络问政平台，是湖南各级领导干部通过互联网践行党的群众路线的主平台、主阵地。

推荐表还提供了两个成功的典型案例：

> 2016年4月，红网网友给永州市市长易佳良留言，建议永州市应该对经营危险化学品甲醇的不合格企业予以取缔。留言发布当天，《问政湖南》编辑立即与网民沟通，对问题进行了初步核实，并同步将留言内容转交当地。之后，永州市委网宣办将留言交办至永州市安监局。随后，冷水滩区、零陵区、经开区组织各乡镇、办事处对辖区内的甲醇经营点、运输车辆进行了全面细致的排查，并对发现的问题一一责令改正。零陵区则直接取缔一家无证经营企业。最后，在对所有发现的问题查处到位后，永州市安监

---

① 喻国明：《微博影响力的形成机制与社会价值》，《人民论坛》2011年第A12期。

② 李林容：《微博与微信的比较分析》，《中国出版》2015年第9期。

③ 潘田：《从网络问政看新型主流媒体的“服务+”功能》，《媒体融合新观察》2023年第3期。

局还通过《问政湖南》予以了公开回应。红网编辑对网民进行回访，网民对处理结果表示满意。

2016年8月25日凌晨，网民向邵阳市市长刘事青举报新宁县拟任副县长冷立群窃取他人身份入学、学历造假一事。红网《问政湖南》栏目编辑在初步核实后，迅速将帖文内容转交当地，并得到了邵阳市委、市政府主要领导及市委组织部的高度重视。当日下午，邵阳市委组织部调查组赶赴新宁县开展调查，初步查实了冷立群确实存在网友所说情况。8月26日，邵阳市委组织部将调查处理进展情况在《问政湖南》栏目公布。8月28日，邵阳市委在宣布新宁县领导班子调整方案时，作出了中止冷立群副县长候选人人选提名程序的决定。8月30日上午，邵阳市委研究决定，立即取消冷立群副县长候选人提名资格，对其违纪违规行为依纪依规予以严肃处理。本处理结果于当日公布在《问政湖南》栏目。①

由上述两个案例可以看出，网络问政在操作上其实并不复杂，就是网民就公共事务留言，通过网络问政栏目，其公开表达的意见直达官员与政府部门，促成问题的解决。由此，网络问政成为连接政府与公众之间的桥梁，也成为政治运作的一种机制。但其实际效果，可能还要取决于相关层级政府对此的支持程度。

综上，网络新闻评论呈现出短视频评论、微博评论、留言板跟帖、网络问政等多种形态，在互联网的不断发展下，还可能演变出新的评论形态，但网络新闻评论的功能始终未变，其仍然是反映舆论和引导舆论的重要场域。因此我们要把握好网络新闻评论的原则，引导网民理性思考，让网络新闻评论发挥其舆论的正向引导作用，维护良好的网络评论生态，营造风清气正的网络评论空间。

复习思考题

1. 简述网络新闻评论的发展历程。
2. 简述网络新闻评论的特征。
3. 简述网络新闻评论的主要形态。

① 《中国新闻奖作品推荐表之〈问政湖南〉》，中国记协网，http：//www. xinhuanet. com//zgjx/2017 - 06/19/c_ 136371148. htm，2017年6月19日。

后　记

新闻评论是新闻传播学专业的必修课程，有很强的实操性。本书吸纳了前人的研究成果与业界的最新实践成果，力求在以下三个方面有所创新：一是反映当代中国新闻评论的最新发展趋势，二是提供业界近年涌现出的最新优秀案例，三是力求贯通新闻评论的历史、理论与实践。

就内容结构而言，本书可分为上、下两部分，共十章：前五章属于一般原理，主要讲述新闻评论的概念与功能，回溯新闻评论的发展历史，进而依据文字新闻评论的写作流程，讲述选题、论证、谋篇布局各个环节的要求与操作要领；后五章属于常见评论的写作（制作），讲述了报刊新闻评论、广播新闻评论、电视新闻评论、网络新闻评论的特点及写作（制作）要领。

本书在《当代新闻评论学》（广东高等教育出版社，2007 年）的基础上修订而成，其中，第一、二、六、七、九、十章的内容，在原书的基础上进行了内容的修订，尤其体现在老旧案例的更新。第三、四、五、八章的内容，则由笔者重新撰写。本书的出版得到广州市宣传思想文化领军人才培养经费的支持，在此表示特别感谢。

做好新闻评论需要具备很强的综合能力，希望本书能为读者提供有益的启示，也期待读者的批评与指正。

田秋生

2024 年 9 月 26 日于广州大学城